十力

一代狂哲

孙建勇◎著

风华人物

珍藏版

畅销作品

台海出版社

图书在版编目（CIP）数据

熊十力：一代狂哲／孙建勇著. —北京：台海出版社，
2016. 1

ISBN 978 - 7 - 5168 - 0823 - 8

I. ①熊… II. ①孙… III. ①熊十力（1884～1968）—
传记 IV. ①B261

中国版本图书馆 CIP 数据核字（2015）第 319434 号

熊十力：一代狂哲

著　　者：孙建勇

责任编辑：阴　鹏

装帧设计：张子航　　　　　　版式设计：红　英

责任校对：史小东　　　　　　责任印制：蔡　旭

出版发行：台海出版社

地　　址：北京市朝阳区劲松南路 1 号　　邮政编码：100021

电　　话：010 - 64041652（发行，邮购）

传　　真：010 - 84045799（总编室）

网　　址：http://www.taimeng.org.cn/thcbs/default.htm

E - mail：thcbs@126.com

经　　销：全国各地新华书店

印　　刷：河北信德印刷有限公司

本书如有破损、缺页、装订错误，请与本社联系调换

开　　本：880 mm×1230 mm　1/32

字　　数：194 千字　　　　　　印　张：8.75

版　　次：2016 年 6 月第 1 版　　印　次：2024 年 5 月第 2 次印刷

书　　号：ISBN 978 - 7 - 5168 - 0823 - 8

定　　价：46.00 元

引　言

毋庸置疑，熊十力是一个很有故事的人。

他没爹可拼，没学历可包装，却硬是从一个货真价实的"屌丝"成长为"高大上"的哲学大家，演绎了一个经典的逆袭传奇。

陈毅说："熊十力是中国的国宝。"

蔡元培称之为"两千年来以哲学家之立场阐扬佛学最精深之第一人"。

《大英百科全书》把他与冯友兰并称为"中国当代哲学之杰出人物"。

在这样一位杰出的哲学家身上，更有着独特的气质品性令人着迷，那便是他的率真与狂放。梁漱溟说：熊十力是中国唯一的"狂者"。

"举头天外望，无我这般人。"说这话时，熊十力还是个十来岁的孩子，与其说这是不知天高地厚的狂妄，不如说是一种自信的率真。事实上，在其八十四载人生历程中，熊十力确乎给这话作了生动的阐释。

在人生岔路口，熊十力弃政从学，率真得伟大。以哲学名世的他，幼年的人生理想并非做学问，而是闹革命。长大后，他成为辛亥革命的猛将，担任过湖北督军府参谋，后来又追随孙中山参加护法运动。护法运动的失败给了他巨大打击，目睹世风日下，"党人竞权争利"，痛惜"革命终无善果"，常常"独自登高，苍茫望天，泪盈盈雨下"。未来的路该怎么走？如果随波逐流，谋个一官半职，对于他来说并非难事。但是，他天生有忧国忧民之情怀。经过一番思索，他觉得国家祸乱不断，皆因军阀官僚贪淫侈糜、卑屈苟且、残忍猜妒、诈骗伪善，以及国民昏然无知。

革命不如革心。于是，他决然脱离政界，致力于学术研究，以期探讨人生的本质，增进国民的道德。这是熊十力人生中的重大转折，与当年的鲁迅弃医从文，如出一辙。他曾自谓："决志学术一途，时年已三十五矣，此为余一生之大转变，直是再生时期。"

在学术论辩中，熊十力"脚踢"同侪，率真得独特。废名，本名冯文炳，与熊十力是湖北老乡，对佛学也有深厚造诣，在北大任教时，熊十力常与废名探讨佛经，但是观点常常不同，每次两人凑到一起，总是吵得不可开交。有一天，两人碰面后，照例争吵，声音挺大。突然，有人听见房里声音戛然而止，推门一看，只见两人已经扭在一起，互相卡住对方的脖子，根本发不出声音。众人将两人拉开，熊十力趁废名不备，踢了一脚，废名也不示弱，报以拳头，熊十力斗不过，边骂边落荒而逃。可是，没过两天，两人又凑到一块，依然又辩论得面红耳赤。国学大师梁漱溟也常常与熊十力观点不同，有一次两人争论不休，熊十力气得不行，趁梁转身时，偷袭三拳，还大骂其"笨蛋"，可不久两人又和好如初。

在课堂教学时，熊十力掌击学生，率真得可爱。在讲课的时候，熊十力喜欢站在中间，口若悬河，滔滔不绝，并伴以各种手势，像慷慨激昂的演说家。讲得兴起时，常常会随手在学生头或肩上猛拍一掌，然后哈哈大笑。以至于很多学生对他"惧怕不已"，上课时尽量找那些远离先生的位置。哲学家张东荪比熊十力小一岁，有一次，他听熊十力讲哲学，像学生一样恭敬肃立，洗耳静听。讲着讲着，熊十力把持不住，一巴掌拍在张东荪的肩上。由于力度太大，使得张东荪呲牙咧嘴，连连后退。熊十力见状，禁不住大笑不止，张东荪早就耳闻他这个"怪癖"，自然也不介怀。

在日常生活中，熊十力好恶随心，率真得可敬。35 岁时，熊十力从师学佛，穷得只有一条裤子，夜晚洗了，晾干接着穿，有时没得换，他就光着腿，外套一件长衫，人送绰号"空空道人"，他欣然接受。他虽学富五车，但对现代交通和电力则少有了解，听说寄信是走水路，就一定要家人到江边邮局去交寄，若有寄往铁路沿线的邮件，一定要人送到火车站去邮寄，说是如此投信才到得快一些，固执得让人觉得好笑。为了专心治学，他的书桌上长期贴着一张字条："说话勿超过三分钟"，以提醒到访者不可久坐。他曾独住一小院，常有人敲错门，于是他在门上贴出一张白纸，上书几行字："近来常常有人来此找××人，××人以前确是在此院住，现在确是不在此院住。我确是不知道××人在何处住，请不要再敲门。"其憨态跃然纸上。有一次，朋友王元化来访，他在洗澡，便招呼王元化进门，自己仍裸身坐在澡盆中，对谈多时。熊十力爱吃鸡，学生或者朋友到访时，如果能捎带一只鸡，他基本上会照单全收。在重庆结识郭沫若后，郭每次到访，总会带一只鸡作见面礼。然而，蒋介石曾多次让人送他金钱，前后共计几百万元，他则坚辞不受，并大骂老蒋。

熊十力的学生徐复观曾在蒋介石侍从室工作，邀请他赴宴。晴天朗日，他打着灯笼来到酒楼。徐复观不解地问："先生，何故白日打灯笼？"他则说："如今暗无天日，一片漆黑，岂能不掌灯？"相传还有一次，邵力子邀他一起为蒋介石祝寿，席间，高官显贵们吟诗作赋，赞颂老蒋。他刷刷写好诗后，佯装尿急而逃席。众人拿诗一看，那诗写道："脖上长着瘿葫芦，不花钱买篦梳子，虮虱难下口，一生无忧，秃秃秃，净肉，头！"脑袋光光的蒋介石气得差点背过气。

熊十力就是这么一个有情、有趣、有料的大怪人、大善人、大哲人。罗曼·罗兰曾说："一个勇敢而率真的灵魂，能用自己的眼睛去观察，用自己的心去爱，用自己的理智去判断。不做影子，而做人。"是的，诚如此言，率真狂放的熊十力一生不做影子，而做人。

2015 年 4 月于湖北黄冈

目　录

第一章
放牛伢的春暖花开

机灵古怪的"人来疯"

那年那月的那一天，既无电闪雷鸣，也无霞光满天，更无百鸟和鸣，总之，没有任何异象。但是，这天一声新生儿的啼哭，预示了中国哲学界一个新时代的到来。

清光绪十一年（1885年）正月初四，在湖北黄冈县一个名叫张家湾的小村庄里，蒙馆先生熊其相的妻子诞下第三子。这个孩子天庭饱满，哭声洪亮，取名为熊继智，字子真。此时此刻，谁也不会料到，很多年以后，这个呱呱坠地的孩子会以另一个称号"名垂"中国现代哲学史。那是一个极具佛学意味的名字：熊十力。

据说，属鸡的男人，性情直率，敢于仗义执言，主持正义；

处事严谨、果决，精明能干，有领导组织能力；对事物要求很高、力求完美；精力旺盛，有很强表现欲，喜欢在做事中实现自己的价值，寻找自己的出路；有良好的心理素质，敢于幻想，敢于迎接挑战，敢于行动，往往能干出一番事业。又据说，双鱼座的男人，最本质的性格特点是爱思考，能洞察别人的心理，更能分析事情的本质。熊子真是一个典型的属鸡的双鱼座男孩，在往后的岁月里，上述这些性格特点在他的身上体现得淋漓尽致。

不过，熊子真的诞生并没有给家里带来太多惊喜，甚至可以说，因为家境贫穷，他的诞生其实是一种负担。关于这一点，身为蒙馆先生的父亲熊其相感触最深。熊家五代以上家境殷实，男丁中似乎个个都是"高富帅"，然而，曾祖父、祖父、父亲三代以降，状况极为惨淡，田无一陇，地无一方，男丁中虽然模样都很周正，却没人能进入"高大上"的行列，不是卖苦力，就是在蒙馆中教书度日。

熊其相完全继承了这个传统。由于家大口阔，他不得不一边干农活，一边到蒙馆担任教职。不过，他是一个货真价实的好老师，不仅博学，而且尽责。正是基于这一点，在他教导下的三儿子熊子真才得以出类拔萃，成为闻名乡里的"神童"。

相传，熊子真的禀赋在他周岁生日的那天就有所显现。在鄂东南的湖北黄冈等地，小孩周岁时有一个重要仪式，就是举行"抓周"，以测试小孩未来志向。那天，熊其相吩咐妻子陈氏准备了一个米筛放在床的东头，里面摆放了糖果、笔墨、书籍、算盘和首饰等物品，同时把儿子熊子真放在床的西头，然后，在众人的见证下，再逗引儿子从床的这头爬到那头去抓取米筛中的物件。

熊子真在众目注视之下，有点"人来疯"的感觉，丝毫不怯场，忽闪着大眼睛，咯咯地笑，很"配合"大人们的游戏规则。他快速地爬过去，没有抓亮闪闪的金银首饰，没有抓透着香味的糖果，也没有抓造型有趣的算盘，偏偏抓了那支不起眼的毛笔。众人见罢，纷纷向熊其相夫妇道贺，熊其相夫妇也乐得合不拢嘴。原来，根据当地风俗习惯，"抓周"的物品都是有讲究的：先抓金银首饰，预示将来大富大贵；先抓糖果，将来苦尽甜来；而先抓笔墨，预示将来读书中举当大官。

自此，熊其相对这个儿子格外地喜欢，甚至有些溺爱，他想将自己身上未实现的梦想在这个儿子身上延续。也许是受到相对较多的爱护，熊子真的性格比起他的哥哥们要暴烈、淘气得多，满山地爬，满河里游，经常浑身泥巴狗的地跑回家，但很少会遭到母亲的训斥和打骂。

张家湾附近有一条河，名叫巴河，古称巴水，是西阳五水之一，全长151公里，流域面积近600平方公里。每年夏天，张家湾一帮孩子都会到巴河里洗"冷水澡"。熊子真年纪小，大孩子不准他下水，只让他在河滩上玩河砂，造城堡，顺便帮助看守其他孩子的衣服。起初，熊子真还算听话，次数多了，就不爽了，嘴巴撅得老高，硬是要跟着大孩子下水，并威胁道："不要我洗冷水澡，我就把你们的衣服丢进河里。"大孩子没办法，只得松口，安排其他孩子教熊子真洗"冷水澡"。没想到，熊子真下水后，只扑腾了几次，就学会了游泳，而且还游得很快。大孩子不服气地说："你小子真行啊，我当初硬是学了两个月，才达到你这个水平。"

张家湾后有一座东西走向的山，蜿蜒如蛇，故名"蛇山"。山不大，也不高，长满树木，远望满眼苍翠，近看枝繁叶茂，还有那虫鸣鸟啭，兔奔狗追，生机盎然。这便是熊子真的乐园，他常常约上三五个小伙伴，在山林间捉迷藏，或者拣蘑菇，掏鸟窝。隔三差五，他用衣服兜回家一些菌菇和鸟蛋，往厨房里一放，对母亲说："姆妈，这些给我爸下酒，山上还有很多，我过两天还要去搞些回来。"每当这时，母亲总是怜爱地把他拉到怀里，一边扯过毛巾在他脸上和手上擦着，一边说："看你邋遢得这个样子，多难洗啊！"

有一年夏天，熊子真和几个伙伴准备上山去玩，路过一片西瓜地。有人提议道："我们搞个西瓜吃吧。"大伙都说好。正当准备猫腰动手的时候，熊子真拦住大家，悄声说："莫急！我刚才看见瓜地那头有个草棚，说不定是看瓜的。我先去侦查一下，如果没人，大家再动手。""还是子真精明，是应该提防看瓜人，如果被他发现了，我们肯定要挨揍。"有人说。

得到大家支持，熊子真悄悄摸近草棚，伸头一看，棚里无人，放了心。正准备给伙伴们发信号，却突然有了新的发现。他看见草棚的角落里有一只兔子趴着一动不动，似乎是在睡觉。"太好了，这回有肉吃了。"熊子真心里一阵暗喜，问题是怎么把兔子抓到手呢？他没有贸然行动，仔细打量了一下草棚，棚子很小，很简陋，四下里到处是缝隙，如果惊动了兔子，它肯定会从缝隙里钻出去跑掉。好在棚口处有一把镰刀，熊子真没有动步，伸手抓过镰刀，深吸一口气，朝着兔子，将镰刀甩了出去，镰刀像回力标一样旋转着，咔嚓一下，刀尖扎进了兔子的身体。"砍中啦！砍中啦！"熊子真拎起兔子，开心地大叫着。棚外的伙伴听见喊声，纷纷跑过来。

真是乐极生悲，接下来发生的事情，让几个孩子都措手不及。原来，在草棚的前檐角，有一窝马蜂，这也正是草棚里没有住人的原因。现在，这群孩子一闹，马蜂受惊扰了，嗡嗡地向熊子真他们袭来。"快跑!"熊子真大叫一声，拔腿就跑，最终，他的脸上和手上还是被了蛰了两口，鼓起了两个大包。

几个孩子见状，吓得哭了起来。一个孩子带着哭腔说:"这可怎么办啊? 我爸说，被马蜂蛰了会死人的，子真，你会不会死啊?"熊子真疼得呲牙咧嘴，说:"莫急，我有办法。你们帮我到那边田里，挖些烂泥过来。"一个孩子赶紧跑到田边，捧了一坨黑黑的烂泥，交给熊子真。熊子真接过来，敷在被马蜂蛰过的地方，然后对一旁焦急的伙伴们一摆手，说:"现在没事了! 走，回家!"

果然，这个法子很管用，没过几天，熊子真被蛰过的地方完全好了。"你是怎么知道这个法子的呢?"事后，有伙伴问熊子真。他故作神秘地说:"去年，我哥也碰到过这种事情，上巴河一个郎中就是用这个法子给诊治的，过了半个时辰，就止痛消肿了。"

"子真，你真行，以后，我们都听你的。"伙伴们都佩服地望着熊子真。

从此，小小年纪的熊子真就拥有了一帮"铁杆粉丝"。

过目成诵的"小神童"

有一天，一家人围在一起吃饭，熊其相突然问:"子真啊，听说你最近常常跟别的读书伢一起玩，会认很多字，是吗?"

熊子真点了点头，回答道:"是的，百家姓上的字，我都会认。"

"是吗? 你会认百家姓?"熊其相有些不信，扭头吩咐大儿子熊仲甫，"去把我的那本百家姓拿来，让你弟认给我看看。"

"哥，不用拿了，我会背的。"熊子真搁下碗，站到父亲的面前，张口背诵起来："赵钱孙李，周吴郑王，冯陈褚卫，蒋沈韩杨……"

熊其相越听越高兴，对熊子真说："儿子，从今往后，爹爹就是你的师傅了，你一定要好好地学，将来为我们熊家考个状元郎回来。"

"好，我听爹的!"熊子真眼里放出兴奋的光芒。

熊其相虽然答应教儿子，但是却不能天天授课。原来，自从熊子真出生以来，为了养家糊口，熊其相不得不应聘到外地蒙馆教书，那样的话，挣得钱会多一点，为了节省盘缠，只有每月的初一和十五才能回家。

每个月的这两天，是熊其相集中讲解的日子，熊子真会认真地听父亲解说的每一个典故，每一篇文章，每一个句子。其他的时间，熊其相只能给儿子列出书目，让他自己诵读，等下一次回家的时候，再对儿子的学习效果进行抽查。

有一次，熊其相回家听妻子陈氏说，儿子在家学习非常自觉，根本不要人管束，什么时候出去玩，什么时候在家学，他都自己安排得很好。熊其相有些不信："他一个五六岁的孩子，能有这本事?""不信，你可以考考他。"陈氏说。

于是，熊其相把熊子真叫到跟前，问道："我上次给你开列的《增广贤文》习得如何?"

熊子真头一昂，脆声答道："全背下来了。"

"好，背来听听。"熊其相闭目，等着儿子背诵。

昔时贤文，诲汝谆谆。集韵增广，多见多闻。观今宜鉴古，无古不成今。知己知彼，将心比心。酒逢知己饮，诗向会人吟。相识满天下，知心能几人？相逢好似初相识，到老终无怨恨心。近水知鱼性，近山识鸟音。易涨易退山溪水，易反易复小人心。运去金成铁，时来铁似金。

……

熊子真摇头晃脑津津有味地背诵着。熊其相频频点头，他想起了曾国藩小时候读书的典故，心中不禁感叹道："相比童年曾文正公，我儿真乃神童也！"

曾国藩是中国近代史上非常有影响的人物之一，但他小时候天赋并不高。有天夜里，曾国藩在家背书，一篇文章不知道重读了多少遍，还是没能背下来。有个小偷潜伏在他家的屋檐下，想等眼前这个小孩睡觉后下手，可是等啊等，就是不见他睡，还是翻来覆去地诵读那篇文章。小偷实在忍无可忍，推门进去说："这种水平还读什么书？这么简单的一篇文章，我听都听会了。"接着，小偷真的将那篇文章顺畅地背诵了一遍，然后扬长而去。"儿子，你比当年的曾国藩强啊，但愿你将来能像曾国藩一样，有一番大作为。"熊其相接着向儿子讲了曾国藩不如小偷的故事，熊子真听完，笑得直揉肚子。

"笑归笑，曾国藩小时候虽然不行，但是，他刻苦勤奋，最后成了国家栋梁。这叫勤能补拙。儿子，你的头脑很灵光，千万不可懈怠，不能辜负了你的这个禀赋，我真怕你成了《伤仲永》里那个孩子啊。"熊其相语重心长地说。

"爸，你放心，我不会成为方仲永的，我要做张居正！"熊子真非常自信地说。

"张居正？"熊其相有些惊奇，他还没有给儿子讲过张居正的事迹，想必是他自己读书了解到的，"你说来听听，为什么要做张居正呢?"

"张居正被誉为'江陵神童',两岁时,就认得《孟子》上的'王曰'二字,5岁入学,老师给他出了一条字谜:有头无尾,有尾无头,有头有尾,无头无尾,分别猜四字。结果,张居正略加思索,便猜出来了,他说:'有头无尾是由字,有尾无头是甲字,有头有尾是申字,无头无尾是田字。'他10岁通六经,12岁去考秀才,主考官想试探他,便吟出上联:山人仙手指何处?张居正对下联:白水泉眼望楚天。主考官指着殿前两棵大柏树,又出上联:大文庙两棵树,顶天立地。张居正将手中的笔一举,对道:小学生一支笔,定国安邦。张居正最后成为了一代名臣,主持万历新政,力主改革,建立了不朽功勋。"熊子真对着父亲侃侃而谈。

"不错!不错!"熊其相抚摸着儿子的头,赞道,"学张居正,做治世之能臣,我儿好志向!"

得到了父亲的夸奖,从此,熊子真的学习劲头更足,涉猎的范围更加广泛。

第二年,熊其相应聘到路口柯家山的蒙馆教书,路口离黄州不远。黄州历来是"州"、"府"、"县"驻地,一直有"古名胜地,人文薮泽"之称,无数迁客名宦都曾经与黄州结缘。"一生好入名山游"的诗仙李白曾畅游黄州赤壁而有感,遂作《赤壁送别歌》,留下了"二龙争战决雌雄,赤壁楼船扫地空"的豪迈诗句。唐会昌二年,大诗人杜牧任黄州刺史,在两年又五个月的黄州刺史任上,扶危济贫,澄清吏治,兴利去弊,成效卓著。宋真宗咸平二年,王禹偁谪居黄州,作《黄州新建小竹楼记》抒发情怀。宋元丰三年,已近知命之年的苏轼因"乌台诗案"被贬谪黄州,躬耕东坡,自筑雪堂,泛舟长江,献圣方,救溺婴，并留下"一词二赋"等脍炙人口的不朽诗篇。北宋韩琦寄居黄州发奋读书，终成一代名臣；"苏门四学士"之一的张耒三次谪居黄州，作《别黄州》，慨叹"别之岂无情，老泪为一洒"。宋孝宗乾道五年，陆游受命为四川夔州通判，次年，他沿江前往赴任，过黄州时作《黄州》，发出"君看赤壁终陈迹，生子何须似仲谋"的慨叹。康熙初年，于成龙任黄州知府，励精图治，兢兢业业，赢得"清廉第一"的美誉。所以，熊其相迫切地想带上儿子熊子真去黄州长长见识，尤其要游一游东坡赤壁，去看看苏轼"一词二赋"的碑刻。

令他没有想到的是，在他带着儿子游览赤壁，看过"一词二赋"碑刻后，不到八岁的儿子竟然已经把"一词二赋"都装进了自己的小脑袋里。随便他点到哪一段，只需起个头，儿子都能够流利地接着背诵下去。

这是熊其相有生以来，第一次见识到真正的过目成诵，其欣慰之情溢于言表。

爱思考的熊孩子

熊子真不仅记性好，而且还是一个爱思考的孩子。父亲所讲授的知识，他在听过之后，不仅仅能够全部记在脑袋里，而且还会说出自己的体会，提出一些并不容易回答的问题。

有一次，熊其相讲授"焚书坑儒"这个典故，熊子真提出的问题就令熊其相很为难。

那天，熊其相手拿一部《史记》，坐在堂屋的椅子上，向埋头习字的熊子真问道："子真啊，想不想听听秦始皇的故事啊？"

熊子真点点头，放下毛笔，合上习字本，把小板凳挪到父亲的脚边，摇着父亲的腿说："快讲，快讲，我早就想听秦始皇的故事了！"

熊其相轻咳一声，饮了一口茶，摩挲着儿子的小脑袋，滔滔不绝地讲了起来。父子俩，一个讲得神采飞扬，一个听得全神贯注。

秦始皇三十四年（前213年），已经做了始皇帝的嬴政，在咸阳宫举行宴会，召集七十多位博士一边饮酒，一边讨论国家大事。秦朝的博士是一种官职，掌管全国古今史事及书籍典章，编撰著述，以备咨询，充当着皇帝的顾问，也就是说，博士通常都是一些大学问家。

这七十多个国家顶级知识分子能够和皇帝一起宴饮，每个人都感到莫大的荣光，纷纷向始皇帝敬酒。所谓敬酒，其实就是专拣好听的词儿把始皇帝夸一遍，以哄得皇上开心。

有个叫周青臣的仆射（官名），率先端着酒杯，向始皇帝敬酒，高声道："从前秦国地不过千里，皆因陛下神灵圣明，才最终平定天下，驱逐蛮夷，如今，凡是日月能照到之地的百姓，没有谁不臣服于陛下。陛下把诸侯国改为郡县，人人安居乐业，再无战祸，这份伟大的功业完全可以万代相传，从上古到现在，根本就没有人能够与陛下的威德相比啊！"这马屁拍得堪称到位，秦始皇听后，十分高兴，将酒一饮而尽。

博士淳于越在一旁听完周青臣的发言，认为他完全是在蒙蔽皇上，便忍不住站起来向始皇帝进言道："臣听说殷周君王统治天下千年，分封子弟功臣，用以辅佐自己。如今陛下拥有天下，而陛下的子弟仍是平民老百姓，一旦出现像齐国田常、晋国六卿之类的臣子，如果没有贴心辅佐之人，将靠谁来救援呢？我没有听说过不效法古人而能长久的事情。刚才，周青臣当面对陛下阿谀奉承，以加重陛下的过失，依我看，他根本就不是一个忠臣。"

秦始皇听了淳于越的一番言辞后，未置可否，而是让群臣进行讨论。

故事讲到一半的时候，熊子真插话说："我觉得，这个周青臣好像比淳于越说得有道理些。"熊子真想了想，接着说，"倒不是因为周青臣用词华丽，我才赞同他，而是因为他提到了一个'改'字，说秦始皇把诸侯改为郡县，我觉得，正是这个'改'字，能够比较客观地反映秦始皇的功劳。而淳于越，啰嗦了半天，无非就是强调'效法古人'的重要性。如果只知道效法，而不知道改变，嬴政岂非还是一个秦王，哪里能够成为始皇帝？"

熊其相听儿子这么说，颇为吃惊，他没有料到儿子小小年纪竟有如此见识。他又喝了一口茶，说："儿子，你说得不错，当年的丞相李斯也是不赞成淳于越的。"听到父亲的夸奖，熊子真很开心，托着腮帮子，让父亲继续往下讲。

接下来故事是：身为秦朝丞相的李斯针对淳于越的言论，进行了一番犀利的驳斥，并最终导致了一场文化浩劫。他大意是说，在五帝时，制度没有一代重复一代，夏商周时，制度也没有重复前代，而是各自凭着自己的制度来治理天下。并非他们刻意要彼此不同，完全是因为时代不同而导致情况有变。如今，陛下建立万世不朽功业，本来就不是愚笨的儒生们所能理解的。淳于越所说的夏、商、周三代的旧事，根本没有效法的价值！古代天下散乱，没有人能统一它，之所以诸侯并起，都是因为称赞古人，非难当今，粉饰虚言，混淆真假，人人只欣赏自己私下所学的知识，而非议朝廷所建立的制度。儒生们一听说朝廷有命令下达，就根据各自所学加以议论，入朝时就在心里暗自指责，出朝后就去街巷议论，浮言欺主以谋求名利，标新立异以抬高自己，率领民众制造谣言。这样如果还不禁止，那么君主的威势就会下降，而下面党羽的势力就会形成。

最后，李斯给秦始皇提出建议：将天下收藏的《诗》《书》和诸子百家著作，全都交到地方官那里一起烧掉；有敢聚在一块儿议论《诗》《书》的，处死；有借古论今的，满门抄斩；官吏如果知情而不举报的，以同罪论处；下达命令后，三十天仍不烧书的，处以黥刑，并发配去筑城四年。李斯还建议，医药、占卜、种树之类的书籍，可以不必烧毁；有人如果想学习法令，只能向官吏求教。

始皇帝听了李斯的建议，认为有道理，当即同意焚毁天下之书。

"李斯这家伙好可恶！"熊子真噌地一下站起来，气愤地说："他建议焚毁天下之书，那么后来的人又到哪里找书看呢？"

熊其相说："是的，他们的确是做了坏事，如果不是秦始皇焚书，我们会看到更多的先秦著作。"

"坑儒又是怎么回事呢？"熊子真要父亲继续往下讲。

秦始皇一直梦想长生不老，迷信方术和方术之士，以为他们可以为自己找到神仙真人，求得长生不老之药。方士侯生和卢生便投其所好，宣称自己能够找到神仙，求得仙药，从秦始皇那里骗得了大量钱财，却始终找不到长生不老之药。眼看骗局将要败露，侯、卢两个方士便携款潜逃，逃跑之前还不忘散布谣言，说之所以找不到仙药，完全是因为秦始皇"刚戾自用""专任狱吏""贪于权势"。秦始皇知道后大怒，下令把咸阳四百多名术士统统抓起来，严刑逼供，让他们说出侯、卢的去向。

其时，侯、卢二人早溜之大吉，哪里能够找得到？极端恼怒的秦始皇，让人将抓起来的术士全部活埋。

"我觉得这里面有点问题。"熊子真忽闪着大眼睛，说："既然秦始皇一直是迷信方术和方术之士，怎么可能仅仅因为方士们供不出侯、方二人，就将四百多人全部活埋呢？我觉得，这些人的死，很可能另有原因。是不是他们联合起来想越狱，才招致全部被杀呢？爹爹，你说有没有这种可能？"

对于儿子的这种猜测，熊其相感到很新鲜，很有趣，便笑而不答，心中对儿子的喜欢不免又增加了几分。

还有一次，熊其相回到家里，讲述不久前发生在武穴的一个大案子，也引发了熊子真接连不断的询问。

武穴的这个大案子就是曾震惊全国的"武穴教案"。

1891 年 4 月 29 日，天主教徒欧阳理然带着四名孩子，到江西九江法国天主教堂，但在路过湖北广济县武穴镇码头时，四个孩子中有个孩子不幸死掉了。具体是怎么死的，当地老百姓并不知情，都说孩子是被洋教会害死的。本来大家就对洋教会积愤已久，现在更是怒不可遏。于是，一千多人在武穴屠户郭六寿的带领下，围攻英国循道会福音堂，打死了英国的金教士和海关检查员格林，焚毁武穴教堂。后来，在外国势力的强大压力下，湖广总督张之洞将郭六寿等领头的人处死，又处分地方官一名，将七人充军或笞杖，赔款六万五千元结案。

"洋人为什么要在我们这里开教堂？好端端的一个孩子怎么就死了呢？张之洞为什么要帮外国人杀死郭六寿呢？"熊子真把这些问题一股脑地扔给父亲。

熊其相一时半会儿还真就回答不上来，最后只说了一句：这些事情等你长大就会懂了。

那一年，熊子真七岁，幼小的心灵里开始懵懵懂懂地知道了一种名叫仇恨的东西。

对答如流的放牛伢

穷人的孩子早当家。熊子真开始为家里出力、为父亲分担的时候，年仅 8 岁。

8 岁，本来是一个应该在父母面前撒娇的年龄，是一个需要大人悉心呵护的年龄，是一个享受童年快乐的年龄。但是，这一切对于 8 岁的熊子真来说，都是奢望。

熊子真出生之后，熊家继续添丁加口，到他 8 岁时，家中吃饭的嘴是越来越多，仅靠熊其相做蒙馆教师的微薄收入，根本应付不过来。

经过家庭会议，熊其相决定让老大熊仲甫、老二熊履恒、老三熊子真都出去找事情做，挣点钱贴补家用。老三熊子真年龄尚小，肩不能扛，背不能驮，只能找点轻散事情做。恰好，村里一户比较宽裕的人家需要人帮忙放牛，熊子真正好填补了这个空缺。

临去放牛的那天，母亲陈氏流下了眼泪，她抚摸着熊子真的头，叮嘱道："子真，注意安全啊，少骑到牛背上去，免得摔下来；莫钻到牛胯下，免得被踩着了。"

"姆妈，我晓得，你放心吧。"熊子真像个男子汉，拍着胸说，"你儿子是天上的文曲星下凡，哪个牛敢摔我，敢踩我，我割下它的角当尿壶。"

母亲破涕为笑，望着儿子的背影，心中无数遍地念着："阿弥陀佛，菩萨保佑！"

　　熊子真很勤快，在放牛之外，也帮助主人家打扫庭院，或者捡些柴火，有时甚至还帮着捡粪积肥。所以，主人家感到很满意，并未对他作过多要求，只要他把牛照看好就行，这就给熊子真留下了较多的自由空间。

　　熊子真的放牛场在蛇山一带，附近有一家教馆。与蒙馆不同的是，教馆主要教授经史子集，属于较高层次的学馆，学生也大多是经过蒙馆教育后的人，年龄一般都在二十多岁，有的接近三十岁。

　　教馆的老师叫何圣木，是一个举人，学问很大，性格古怪，对一般人根本看不上眼，在上巴河一带，唯一能和他谈得来的人就是熊其相。两人经常聚在一起，讨论程朱理学。

　　有一段时间，何圣木在授课的时候，发现窗外廊檐下，总有一个小屁孩坐在那里，好像是在玩石子，又好像是听大人讲话。小孩不吵不闹，何圣木也就没有太在意。

　　这个孩子就是熊子真。蛇山上，青草肥美，离田较远，在那里放牛，可以解开绳索，任其自牧，既不会走失，也不会损毁庄稼，所以，熊子真总能得空坐在教馆的廊檐下，一边休息，一边蹭何圣木的课。

　　一天，何圣木教授《吕氏春秋·顺民》篇，首先通读了一遍原文，然后，开始逐句进行讲解。窗外的熊子真侧耳聆听，边听边想，不敢有丝毫懈怠。

　　第二天，何圣木在教馆里检查学生们的学习成果，一连向几个二十多岁的学生提问，结果他们都回答不上来。何圣木非常生气，骂道："真是孺子不可教也！"

　　"先生，我可以回答您的提问。"一个童声童气的声音从窗外传进来。

何圣木扭头一看，经常坐在廊檐下的那个小孩正趴在窗户上，伸进脑袋，忽闪着大眼睛，望着他。

"你是何人？"何圣木问。

"他是放牛伢。"学生们嬉笑着抢答。

"你果真是放牛伢？"何圣木很诧异，"你能回答我的问题？"

"是的。"熊子真点了点头，"先生的课，我很认真地听过。"

"哦？"何圣木更加诧异，"你回答给我听听。"

熊子真走进教馆，面对二十多个学生，一点都不怯场，把何圣木提的几个问题回答得头头是道，甚至还能引用原文中的句子，丝毫不差，若非记忆力超群者根本做不到。在场的所有人都惊得目瞪口呆。

"你叫什么名字？"何圣木如获至宝似，问道，"是谁家的孩子？"

"我叫熊子真，我爸也是教书先生，他叫熊其相。"熊子真朗声答道。

"怪不得啊，原来你是其相兄的公子！"何圣木喜出望外，"你放牛简直太可惜了，赶紧到我的学馆来上课吧。我不收你学费。"

"我得回家商量商量。"说着，熊子真从学馆里跑了出来。

这是熊子真最露脸、最畅快的一天。原来，一个人拥有了学问，感觉竟然是这么威风啊！走在回家的路上，熊子真开心地大笑不止，笑声在蛇山的山谷之间久久回荡。

子曰诗云的小叔子

那天从何圣木的教馆回到家里，熊子真并没有向家里人说起上学之事。他很懂事，知道一旦上学，就不能放牛，不能放牛，就不能给家里增加收入。

不过，在熊子真 10 岁这年，父亲还是满足了他上学的愿望。那年，熊其相回到附近乡塾教书，便把熊子真带到身边，教他学习五经章句和历史。熊子真非常珍惜这样的上学机会，学习自然是刻苦又用功，成绩顶呱呱。在很多年以后，他回忆童年往事时，认为在乡塾学习的这段生活是他童年时最快乐的一段时光。

然而，这段好时光并没维持多久，就发生了变故——父亲病倒了，再也不能在乡塾里授课。熊子真也不得不离开仅仅上过一年多一点的乡塾，重新替人家放牛，重新去何圣木的教馆蹭课。

更不幸的是，父亲的病越来越重，拖了几个月后，最终不治，撒手人寰，不久母亲也郁郁而终。这时，熊子真年仅 12 岁。

熊子真的大哥熊仲甫不得不挑起家庭的重担，废学务农，维持生计。其实，熊仲甫也是一块读书的材料，早在他 8 岁的时候，父亲设馆授徒，就把他带在身边随读。现在父母离世，弟妹们还年幼，熊仲甫必须把塌下的天重新撑起来。

有一天，教馆先生何圣木找上门来，对当家人熊仲甫说："令弟可真是块好材料啊，耽误不得！让他到我那里去读书吧，我不收学费。"接着，何先生把熊子真如何在他那里旁听课程，如何悟性高等等情况一五一十地跟熊仲甫讲了一遍。熊仲甫听了，非常高兴，向何圣木连连道谢，表示一定会把弟弟送去上学。

熊仲甫完全相信何圣木先生的判断，弟弟熊子真的确天赋异禀，是块读书的好材料。关于这一点，他曾有过领教。

那是在几年前，熊仲甫带着熊子真到溢流河老屋坳的王屠户家做客。王屠户为人豪爽，十分健谈，但是，所谈内容并不对熊子真的口味。熊子真坐不住，便悄悄跟哥哥说了一声，跑到另外的房间，目的是想看看有没有可以阅读的书。说来也巧，长条桌上还就真有一个线装的本子。可是，他拿起来一看，上面写满了数字和人名，从头翻到尾，也找不到一点更有趣的内容。

百无聊赖之下，熊子真就翻看一页撕掉一页，甚至还撕成碎末，抛撒到空中作雪花纷飞状。正玩得开心时，王屠户和哥哥走了进来，看见地上满是纸屑，王屠户捡起纸片一看，不禁叫苦不迭，对熊仲甫说："大事不好了，你弟弟把我的账本给扯了。我今天刚杀了一头猪，都是记的赊账，没有账本，我找谁讨要肉钱呢？"

知道弟弟闯了祸，熊仲甫训斥道："你真是害人啊，把人家重要的账本扯了，你说怎么办？"见哥哥和王屠户实在着急，熊子真不慌不忙地说："没得什么大不了的，我再重写一本就是了。"

"重写？说得轻巧，你能够都记下来？"哥哥不信。熊子真也不争辩，从长条桌上拿起笔，在一个空本子上刷刷写了起来。不一会工夫，他把本子往王屠户跟前一递，说："看看吧，那些欠账户都在上面。"

说来还真就那么厉害，王屠户事后一对账，果然一点不差。

从那以后，熊仲甫对弟弟的记忆力佩服得五体投地，深信他就是天上的文曲星下凡。

在哥哥的支持下，熊子真辞掉了放牛工作，成为了何圣木先生教馆里年龄最小的一名学生。12岁的放牛伢与一群二十多岁的人在教馆里一起学习，消息很快传遍了十里八乡，大家都翘着大拇指赞叹道："熊家三儿子真是了不得，简直是神童！"

对于熊子真来说，上学的日子永远是快乐的。他每天准时准点，从没有迟到旷课过。

有一天，他放学回家，不小心脚板被扎进了一根木刺，忍着疼回到家里，恰巧看见大嫂洗完衣服进屋，熊子真忙求助道："大嫂，我的脚扎了刺，疼死了，你帮我挑出来吧。"

嫂子想故意捉弄他一下，便说："挑刺简单，不过我有一个条件。"

"什么条件？"熊子真捂住脚问。

"挑完刺，你要以此为题作一首诗才行。有没有这个本事？"大嫂在使用激将法。

"这有何难，你尽管快些帮我挑刺。"说着，熊子真把脚一伸，等着挑刺。

嫂子进里屋拿来一根针，点亮油灯，将针烤了烤，然后抱过熊子真的脚，左手掐肉，右手拿针，一阵拨弄，一根长长的木刺被挑了出来。

"好了！"嫂子松了口气说。

"我的也好了！"熊子真说。

"诗，这么快就想好了？"嫂子问。

"当然。"熊子真得意地说，"你还没有挑完，我的诗就想好了。"

> 小小黄泥埂，有个木将军。
> 侵犯脚板国，攻进皮掌城。
> 杀到骨肉府，鲜血溢淋淋。
> 哎哟哎哟喂，痛得泪珠滚。
> 跟跄逃回家，禀告穆桂英。
> 桂英持银枪，威武出了征。

撵到皮川县，追至骨肉城。

挥枪大血战，活捉木将军。

斩首来示众，谈笑收了兵。

熊子真调皮地吟出一首儿歌。

嫂子听后，大笑起来，说："你真是一个小精怪啊！"

其实，发生在熊子真身上的精怪事情，后来还有很多很多……

第二章
巴河边 45 度角的仰望

狂放大闹菩萨庙

在进入何圣木教馆就读之前，熊子真已经表现出对各种知识的渴望，对天下事也有了一个大致了解，知道张家湾之外还有黄州府，黄州府之外还有湖广，湖广之外还有神州大地，神州之外还有很多国家。

随着知识的积累和眼界的不断开阔，熊子真思想中叛逆的因子被彻底激活。在这一点上，似乎跟当年的少年孙中山有得一比：少年时期的孙中山，还不叫孙中山，叫孙帝象，是个非常叛逆的孩子，他出生于中国广东省香山县翠亨村农民之家，是家中第三子，17 岁那年，他曾经做了一件让乡邻震惊不已的"大事"。

　　事情是这样的：在翠亨村有一座北帝庙，供奉着北帝君和金花娘娘的神像。每逢过年过节，人们都会蜂拥到北帝庙来烧香拜佛。有年中秋节，县太爷方继清带着小老婆也慕名跑到北帝庙烧香，翠亨村的乡绅认为这是莫大的"荣幸"，便趁机大造声势，借口翻新北帝庙而向村民募集钱财。孙帝象对此非常反感，一直琢磨着要"闹他一闹"。

　　有一天，他约上好朋友陆皓东来到北帝庙前，看到那里人流不断，乡绅们都提带着各种供品敬拜神灵。

　　"哼，这帮家伙，装模作样，借助这些泥菩萨，不知道搜刮了多少钱财。"孙帝象愤愤不已，把手一摆，对陆皓东说，"走，今天我们去闹它个天翻地覆，怎么样？"

　　陆皓东一听，兴致很高，点头答应，随着孙帝象进入庙内。北帝庙内，香客众多，热闹非凡。供桌上，香烟缭绕，烛光闪烁，贡品铺列，一尊又一尊菩萨塑像在高台上，或坐或卧，或喜或怒，接受着一帮信众的顶礼膜拜。有的人诚惶诚恐地用前额敲击着地上的方砖，梆梆作响，额头都被磕得青肿，但还是念念有词地嘀咕着："求求北帝菩萨保佑吧！求求……"

　　见此，孙帝象感到非常滑稽，便大声说："求这些菩萨有什么用？北帝君连他自己也保不住，怎么能保护你们？"接着，他跳上供桌，指着北帝君对大家说，"它不过只是一尊雕塑，是那帮骗子用来骗取香火钱财的。"

　　一时间，在场的香客和乡绅都吓懵了。说时迟，那时快，孙帝象拉住北帝君的胳膊，用力一踢，雕塑顿时断为两截，露出木屑、稻草和泥土。孙帝象对发愣的香客说："你们看，我折断了它的手，它照样对我笑，它能保佑谁呢！连自己都保不住！"接着，又扯下北帝君的两撮胡须说："看看吧，它连痛都不知道，还是对我笑呢！"

乡绅和香客们被这一幕弄得心惊肉跳，冲着被毁坏的泥菩萨连连磕头。这时，陆皓东也大着胆子跳上供桌，掏出衣袋里的彩笔在菩萨的脸蛋上乱画一气，还揪下泥菩萨的耳朵扔在地上。

"快抓住这两个作孽的疯子！"一个管事的叫了起来，被吓呆的人们这才缓过神来。孙帝象拉着陆皓东跳下神台，推倒供桌，逃之夭夭。这就是少年孙中山大闹北帝庙的故事。无独有偶，少年熊子真也有一次大闹庙宇的"壮举"。也许，孙中山和熊子真这两个相差十九岁的叛逆少年，在革命性这一点上有着某种传承关系吧。

话说在何圣木教馆隔壁就有一座庙宇，香火很旺，其大雄宝殿里面菩萨林立，姿态各异，很多善男信女虔诚地磕头烧香，礼拜如仪。

有一天，何圣木外出做客，教馆放假。熊子真便溜达进了大雄宝殿。此时，无人烧香，只有一个老僧坐在隔壁禅房的蒲团上，闭目参禅。熊子真环顾众菩萨，忽然有所感悟：这些菩萨面前摆满了供品，可是，有谁见过菩萨为善男信女们解决一个问题？母亲陈氏一生吃斋念佛，糖果、油饼、水果等供品没有少送，可是到头来，又得到了哪个菩萨保佑？什么菩萨不菩萨，不过都是些骗人的把戏而已。

熊子真越想越觉得有气，顺手从竹扫帚上抽出一根竹条，对着财神尊菩萨猛抽一鞭，口中大骂："王八蛋！你个狗屁财神，莫看你相貌周正，其实烂肠黑心，独霸一方，要人家给你上香磕头，可是你保佑了几人发财？老子今天来抽你几鞭，看你还神气不神气？"边骂边抽，一连把福、禄、寿、禧等几个菩萨都挨个抽了个遍。

听到佛堂里有响动，老僧从禅房跑进来，看见一个小孩对诸菩萨大不敬，惊得面容失色，双手合十，嘴里不停地喊道："阿弥陀佛，罪过，罪过！你这胆大顽童，怎么能冒犯神灵，还不赶快住手！"

熊子真根本不吃他这一套，冲老僧嚷道："什么罪过不罪过？莫说这几个泥塑的小菩萨，就是真的玉皇大帝、菩提老祖，我也想抽他几鞭子，出出我这心中的恶气！"说完，丢下竹条，撒腿就跑。气得老僧面色青紫，半天说不出话来。

第二天，熊子真怒打菩萨的事情传遍了上巴河。教馆的资助人是个虔诚的佛教徒，听说此事，慌张地找到老僧了解情况。老僧添油加醋地一说，资助人深感问题严重，责任重大，恐遭天谴，赶紧招来何圣木，说："何先生，你教的那个叫熊子真的学生，长的尽是反骨，我看啊，再不能留着他读书了。赶紧让他走！留着是祸患，说不定会搞出更大的乱子！"

一边是心爱的学生，一边是教馆资助人，何圣木陷入了两难境地。"何先生，你不能再犹豫了，我可不想我的教馆毁在一个毛孩子手里！"资助人生气地一甩袖子，头也不回地走了。

教馆的房子是人家的，连自己都是人家请来的，身在屋檐下，怎能不低头？只能怪熊子真这小子太不懂事，干出这样出格的事情来。看来，硬保是保不住了，何圣木这样想着，心痛难耐。

就这样，神童熊子真被教馆除名，辍学在家，成了哥哥熊仲甫犁田打耙的帮手。

熊仲甫问："后悔不？"

熊子真答："不后悔！"

熊仲甫问："真不信佛？"

熊子真答："信有何用?"

是的,信与不信又有什么区别,父亲和母亲曾经都是那么虔诚的信徒,最终又怎样? 熊子真不禁怀念起父亲和母亲来。他想到那一年夏天,父亲放旬假,夜晚,一轮明月高挂在天空,父子俩搬了张竹床,坐在门前的空地上乘凉。

父亲说:"子真啊,我们来对句好不好?"

熊子真爽快地答应:"好啊! 您出联吧。"

父亲想了想,说出上联:"巴河流水归沧海。"

熊子真对道:"蛇山紫气荡云天。"

父亲沉吟片刻,又出一联:"父在外,谋生育士。"

熊子真马上想到了自己,对道:"儿居家,放牛读书。"

……

那一夜,父子俩聊得很晚,很晚。

想到这儿,熊子真泪流满面,对哥哥说:"爹爹和姆妈要是还活着,该有多好!"

被开除的熊子真并没有改变自己的禀性,后来又多次到庙里去。他不是去向和尚道歉,而是去那里乘凉睡大觉。曾经有人看见他脱得赤条条地躺在庙里的香案上,老和尚来了,也不跑不躲。

"子真啊,你为什么要赤条条地躺在庙里啊?"有一天,熊仲甫问道。因为早就有人到他这里告状了。

"哥,我以天地为屋宇,以庙宇为衣裤,有何不可?"熊子真说着,哈哈笑了起来。

熊仲甫知道弟弟原来是以晋人刘伶为榜样,也就不再多说什么了。

刘伶是魏晋时期沛国人,"竹林七贤"之一,曾是建威将军王戎幕府下的参军。他一生嗜酒如命，特立独行，蔑视传统礼法，曾作《酒德颂》，宣扬老庄思想和纵酒放诞之情趣。《世说新语·任诞》中记载：有一天，刘伶光着身体会见客人。客人看见后，取笑他。刘伶坦然自若，回答道："我以天地为栋宇，屋室为裈衣，诸君何为入我裈中？"

以天为庐，以地为床，以房屋为衣裤，刘伶这是何等"狂放"！显然，少年熊子真以刘伶为榜样，追求的是一种卓尔不群的境界。

裸行，潇潇洒洒

其实，熊子真最初的行为导师并不是刘伶，另有其人。

当年父亲熊其相把一部《论语》交到他的手中时，他很快通读了一遍，在父亲的指点下，对书中的要义已经领悟不少。

有一天，熊子真读到《论语·雍也》篇：仲弓向孔子询问子桑伯子。子曰："可也，简。"仲弓曰："居敬而行简，以临其民，不亦可乎。居简而行简，无乃大简乎？"子曰："雍之言然。"熊子真并不十分懂，便求父亲解释。

熊其相逐字逐句解释了一遍：仲弓向孔子询问子桑伯子这个人怎么样。孔子说："此人还可以，办事简要而不烦琐。"仲弓说："居心恭敬而行事简要，像这样来治理百姓，是可以的；但是居心马虎，又以简要的方法办事，这岂不是太简单了吗？"孔子说："冉雍，这话你说得对啊。"

"子桑伯子是谁啊？"熊子真追问道。

熊其相沉思了一下，转身从书橱里抽出《楚辞》和《说苑》两部书，说："子桑伯子，也叫'桑户'或者'子桑户'，是春秋末期鲁国的一个隐士，他的事迹已经不可考了。你看，在这《楚辞·九章·涉江》中有一句：接舆髡首兮，桑户裸行。这里的桑户就是子桑伯子，喜欢光着身子到处跑，行为狂放而倨傲，但是，孔子对这个人却很欣赏。在《说苑·修文》中有记载：孔子见子桑伯子，子桑伯子不衣冠而处。弟子曰：'夫子何为见此人乎？'曰：'其质美而无文，吾欲说文之。'这《庄子·大宗师》中也说：子桑户死，未葬，孔子闻之，使子贡往事焉。意思说，孔子认为子桑伯子本质很好，在子桑伯子死后，孔子特地派自己的学生子贡前去祭奠。"

"一个人为什么要光身到处跑呢？"熊子真打破砂锅问到底的劲头又上来了，"子桑伯子这样做，也许有什么目的吧？"

"在古代，很多隐士行为古怪，目的是为了表现自己不合流俗的超然气度。"熊其相进一步给儿子解释道，"子桑伯子是个隐士，就是因为看不惯当时的社会现象而隐处山乡鄙野，经常裸露身体。后来的晋人刘伶也是这样的，他们一脉相承。"

"哦，我明白了，他们其实是以一种特殊的方式表达不满，是吧？"熊子真望着父亲问。

"是这样的。"熊其相点着头。

"这个子桑伯子很有意思，我喜欢。"熊子真大声说。这也许是他第一次明白，赤裸身体有些时候并不是一件坏事，而是俗人无法达到的一种境界。

也就是从这以后，每到夏天，熊子真就经常到巴河边去，脱光衣服，跳进水里畅游一番，然后赤条条地爬上岸，躺在岸边青草上，吹着和煦的风，晒着温暖的阳光。他称之为"水浴、风浴和日浴"，体会着古人的那份狂放与洒脱。

然而，在赤裸身体被认为有伤风化的年代，熊子真的这种行为显然是不被人理解和认可的。

有一次，熊子真照例到河边进行他的"三浴"，他父亲的一个姓余的学生正好路过，看见熊子真不甚雅观的样子，赶紧跑过来，以兄长的身份训斥道："子真啊，儒有衣冠中，动作慎。你这样成何体统啊？简直就是放荡不羁嘛！"

熊子真一听，跳了起来，成 45 度角仰望着浮云飘过的天空，说出了一句堪称惊世骇俗的豪言壮语："举头天外望，无我这般人！"

此语出自南宋陆九渊的《仰首》一诗：

> 仰首攀南斗，翻身倚北辰。
>
> 举头天外望，无我这般人。

陆九渊，号象山，字子静，江西抚州市金溪县陆坊青田村人，中国南宋著名理学家和教育家。与当时著名的理学家朱熹齐名，史称"朱陆"，是宋明两代"心学"的鼻祖，被后人称为"陆子"。相传，四岁时的陆九渊就向父亲提出了一个天才的问题："天地何所穷际？"天地的边际在哪里？这是一个无法回答的问题，父亲当然没有告诉他答案。从那以后，陆九渊自己对这个问题苦思冥想，几乎到了废寝忘食的地步。疑团横亘陆九渊心中十年，待看到古书"宇宙"二字之注解"四方上下曰宇，古往今来曰宙"时，陆九渊突然开悟道："宇宙即是吾心，吾心就是宇宙！"于是，开创了"心即理"的学说，震动天下。

听到熊子真像模像样地吟出陆九渊的诗句，余姓学长暗自吃惊，方知熊子真的胸怀博大，便不再多言，转身离去。

夜闯"鬼"庙又何妨

熊子真不仅行为狂放，而且胆子很大，同他一起玩耍的小朋友送他一个外号"熊大胆"。

有一段时间，张家湾一带人心惶惶，都听说熊家堰回龙庙里闹鬼，每到夜晚，鬼魅横行，阴森恐怖。所以，家家天一黑就关门闭户，不敢出门。哪家孩子不听话，大人就会吓唬他："再不听话，就送你到回龙庙去！"孩子们便吓得一声不吭，乖乖听话。

有一天，熊子真正在山坡上一边放牛一边看书，他的两个小伙伴熊岳如和李圣贞气喘吁吁地跑来。

熊子真看到他们的狼狈样，笑着问："你俩喘得像牛似的，为什么啊？"

熊岳如把气喘匀后，说："真是太吓人了！"

李圣贞也点着头附和道："嗯，好吓人！"

"什么吓人啊？快说来听听。"熊子真的兴趣一下被挑了起来。

"回龙庙里闹鬼，这事你知道吧？"熊岳如故作神秘地说。

"当然知道。"熊子真说，"不过，那都是人吓人的事情，哪有什么鬼啊！"

"可不能这么说。"李圣贞压低声音说，"刚才，我跟岳如一起从那边过来，看见一个好大的怪物，大概有你家的山墙那么高，我看那肯定是鬼了。"

熊岳如接着添油加醋地说："是的，肯定是鬼，眼睛像灯笼，鼻孔像酒盅，青面獠牙，舌头有一丈长，走起路来摇摇晃晃，幸好我和圣贞躲在暗处，没有被它发现，要不然我们俩肯定没有命了。"

"我不信！"熊子真摇着头，笑着说，"肯定是你俩白天做梦了。"

"骗你是小狗！"熊岳如发誓说刚才所讲千真万确。李圣贞也拍着胸脯证明刚才所说一点不假。但是，熊子真不管他俩怎么讲，就是不信。

熊岳如急了，说："不信是吧？你有种。那好，敢不敢夜晚到回龙庙去？"

"哪有什么不敢的？"熊子真大声说，"别说去庙里，就是到那里睡一觉，我都敢！"

"哼，先别吹牛！"熊岳如进一步激将道，"敢不敢打赌！"

"赌就赌！"熊子真情绪完全被挑动起来，问："怎么个赌法？"

熊岳如看看李圣贞，想了想说："明天白天我们俩约几个人到回龙庙，在五圣菩萨神龛前放上五枚铜钱，你要是敢在半夜里去取出来，就算你赢。从今往后，我俩都服你。"

"好！就这样，一言为定！"熊子真伸出巴掌，分别和熊岳如、李圣贞的巴掌拍在了一起。

回到家里，熊子真没有把这事告诉家里任何人，他知道，一旦说了，他们肯定不会让他半夜去回龙庙的。但是，没有不透风的墙，熊岳如他们则早在村里传开了，说熊子真将夜探回龙庙。

哥哥熊仲甫得知后，把熊子真叫到跟前，问："那种地方也是你去得的？"

　　熊子真见瞒不住了，就说："哥，你也读过王充、范缜等人的书，应该知道这世界上根本没有什么鬼。我这次去回龙庙里走一遭，就是要戳穿那些闹鬼的谣言，免得村里一直人心惶惶。"

　　"你这么想，很好！"熊仲甫说，"明晚哥陪你一起去吧！"

　　"不用！"熊子真说，"哥，你是为我好，这个我知道。不过，我跟人打赌，是一个人前去，如果有哥哥陪着，岂不给人留下口实？"

　　"那好，到时候你一定要当心啊！"熊仲甫叮嘱再三。

　　熊子真认真听着，不住地点头。

　　第二天晚上，前半夜还月朗星稀，临到半夜的时候，突然狂风大作，电闪雷鸣，暴雨倾盆。去，还是不去？熊子真有过犹豫。最终，他还是戴上斗笠，披上蓑衣，摸黑前往回龙庙。一路上泥泞不堪，十分难行，加上四周黑魆魆的，根本看不清道路，熊子真一连摔了好几个跟头，泥水湿透了衣衫。

　　决不能退缩！熊子真显然没有被眼前的困难吓倒。跌倒了，爬起来，再跌倒，再爬起，也不知走了多久，借助闪电之光，熊子真终于摸索着到达目的地——阴森恐怖的回龙庙。

　　庙门是紧闭着的，熊子真推门而入。一只黑猫从暗处"喵"地一声窜出，惊得人汗毛倒竖，熊子真不禁骂了一句："王八蛋！"庙堂黑暗，寂静无声，一道闪电亮过，他看清了五圣菩萨的神龛所在，摸索着走过去，伸手在神龛上摸了摸，果然有几枚铜钱，便抓起来揣进怀里。正准备转身离开时，熊子真想："铜钱上也没有记号，回头那几个家伙要赖怎么办？不行，我还得拿点庙里的证物才行。"正想着，又是一道闪电划过，熊子真一眼看到神龛上的五圣菩萨，走过去，一把扯下菩萨的右臂，这才转身离开回龙庙。

第二天，熊子真夜闯回龙庙的故事被村里人说得十分传奇，熊子真不仅被小伙伴们崇拜得不得了，连大人们都由衷佩服。从此，再也没有人传播回龙庙闹鬼的谣言了。

思想开了一扇窗

应该说，大哥熊仲甫是个很有见识的人。

自从弟弟熊子真被教馆除名以后，他就一直在想方设法让聪明的弟弟不至于耽误学习。他深知"读万卷书，行万里路"对于一个人成长的重要性，于是，每到农闲时节，他就会带着弟弟走出张家湾，去拜会四里八乡的读书人，借以开阔熊子真的眼界。

在来来往往的拜访中，日子过得飞快，熊子真也深感获益匪浅。有一天，在拜访一位老秀才时，兄弟俩无意中看见主人家书桌上有一副长联：

> 孙吴周瑜，赵宋东坡，即才子，即英雄，今君又重来，千古应传三赤壁
>
> 清国状元，明朝故旧，一忠臣，一义士，看我居何等，二公空负两黄冈

熊子真一见此联，深感用典精妙，气势磅礴，胸臆阔达，不禁连声叫好。老秀才笑了，对熊仲甫说："令弟好眼光啊！想不想见见此联的作者？"

没等哥哥熊仲甫搭话，熊子真抢着说："当然想！当然想！此人乃吾师也！"

几天后，在老秀才的引荐下，熊子真见到了对联的作者何

自新，从此，他与此人建立了十多年的生死交情。

何自新，又名见田，字季达，黄冈何家上湾人，比熊子真年长五岁，性情豪爽，为人仗义，与熊仲甫、熊子真兄弟一见如故，尤其对熊子真，更是喜欢得不得了。不久，何自新又介绍熊家兄弟认识了湖北蕲水人王汉。王汉比熊子真年长两岁，其父、兄、姐夫都是闻名乡里的文士。王汉受家庭影响，自幼学习经史，旧学扎实。由于志趣相投，熊仲甫、熊子真与何自新、王汉结成了莫逆之交，都以兄弟相称。

在何自新和王汉等人的影响下，熊子真大量阅读了王夫之、顾炎武等明末清初启蒙思想家的著作，成为了王、顾的忠实"粉丝"。

熊子真喜欢王夫之的著作，是从喜欢王夫之这个人开始的，因为王夫之是个超级牛人，很有脾气。王夫之生于1619年（明朝万历四十七年），在父亲王朝聘、兄长王介之的教育影响下，从小阅读了大量儒家经典，喜欢关注时局，对不懂的事情尤其喜欢刨根问底地探究。14岁那年，他考中秀才；23岁，与兄长一同考中举人。

1643年（崇祯十六年），张献忠的军队攻克衡阳，听说张氏兄弟才华横溢，打算把他们招到麾下一同"革命"。王夫之岂肯与"杀人魔王"张献忠为伍？便与哥哥一起躲了起来。第二年，李自成攻进北京，崇祯皇帝自杀。王夫之听到这个消息后，绝食数日，并怀着悲愤的心情写下了《悲愤诗·一百韵》。

1646年（清朝顺治三年），清兵大举南下，进逼两湖地区。王夫之为了组织力量抗击清军，只身一人远赴湘阴，向南明小朝廷的监军、湖广巡抚章旷献计，提出调和南北督军的矛盾，并联合农民军共同抗清的主张，可惜未被采纳。

两年后的 1648 年（顺治五年），王夫之与管嗣裘、僧性翰等人一起，在衡山组织武装力量，抗击清军，最终失败。后来，他担任南明永历政权行人司行人，看不惯东阁大学士王化澄等人贪赃枉法，曾连续三次上疏弹劾，结果细胳膊拧不过大腿，自己反被下了大狱，幸亏高一功仗义营救，才逃过一劫。

1651 年（顺治八年），王夫之回到原籍。这时，周围的人都响应清廷号召，剃了头，扎起了发辫。王夫之誓不剃发，遭到清廷通缉。于是，他隐姓埋名，四处隐藏，最后定居在衡州府衡阳县金兰乡，著书立说。1692 年（康熙三十一年），王夫之病逝于石船山下的草堂内，享年 74 岁。

王夫之这种为了事业和理想，不为利禄所诱，不惧权势所压，历尽千辛万苦，矢志不渝的高尚气节，深深地感染着熊子真。正所谓崇拜一个人的思想往往是从敬仰一个人的品德开始的。王夫之的高尚气节进一步激发了熊子真对其哲学思想深入学习和研究的兴趣。

熊子真对顾炎武的喜爱指数同样是超高的。

顾炎武也是个超级牛人，生于 1613 年 7 月 15 日（明万历四十一年五月二十八日），名绛，字忠清，明朝灭亡后改名炎武，江苏昆山人，号亭林，后人尊称他为亭林先生。在清兵入关后，顾炎武毁家纾难，武装抗清，事败后奔走于大江南北，联络有志之士，始终不向清廷屈服。他写的《日知录》《天下郡国利病书》等著作，总结明亡教训，矫正宋明理学空疏之弊，开清代朴学实学之风。

顾炎武少年时就是个学霸，10 岁的时候就跟着祖父阅读《资治通鉴》。他每天给自己规定相应的篇数，不仅读完还要背诵，整整坚持了三年，终于将这部巨著读完。长大后，顾炎武有个很奇葩的习惯，每次外出游历，都要让人牵着许多马和骡子跟着。如果以为这些马和骡子是他的坐骑，那就大错特错。原来，这些马和骡子专门替顾炎武驮书，以便他一路上随时取阅，相当于他的私人流动图书馆。想想看，如果现在哪个人出外旅行，身后带一卡车专门装载着他要读的书，是不是很拉风？

顾炎武外出游历也不是走马观花似的瞎转，而是很有目的的"学术考察"。每次到了一个地方，他就会向附近的居民打听当地的地形、风俗等情况，并逐一记录下来。他还四处搜集农田、水利、交通等方面的书籍，一边阅读，一边校正。正是凭借这种精神，顾炎武完成了长达 120 卷的历史地理著作《天下郡国利病书》。

对于顾炎武的这种治学精神，熊子真敬佩不已，视之为偶像。

明朝灭亡，清朝刚刚建立。顾炎武认为明朝灭亡仅仅是换了一个皇帝，叫作"亡国"，但是，清朝的统治是要更换原来的生活方式和思想文化，则叫作"亡天下"。所以，他号召人们不必为某个皇室的兴亡而战斗，要为民族的存亡而战斗。他还大胆怀疑君权，认为"君"并不是封建帝王的专称，并提出了"众治"的主张，即"以天下之权寄之天下之人"。他的这些思想均具有早期民主启蒙色彩。

对于顾炎武这一思想，熊子真深以为然，觉得简直就是说到人的心坎儿里去了，因而佩服得五体投地。

通过王汉，熊仲甫、熊子真还结识了另外一位很重要的人物。这个人对熊子真的人生历程产生了关键的影响，他就是王汉的姐夫何焜阁，是一名举人，同时也是一位教书先生。

有一天，熊子真到王汉家串门。听说王汉姐夫是位博学之士，就迫切地想见上一面。王汉见熊子真心意诚恳，非常乐意做个介绍人，便把熊子真带到了姐夫家。

"姐夫，这是我的兄弟，叫熊子真，很好学，想拜你为师。"王汉向姐夫何煜阁介绍着。

熊子真当然不是那种缩手缩脚的人，他落落大方地面对何煜阁深施一礼，说："久闻何先生学富五车，子真不才，愿拜何先生为师。"

何煜阁呵呵一笑，点点头，说："行啊，既然是我内弟的朋友，就不必见外了。往后，你如有空，就过来吧，随王汉他们一起听听我的课。"

得到应允，熊子真十分高兴，连连称谢。

那天，在何煜阁的书房里，熊子真还意外地发现了一部很新鲜奇特的书，不同于他以往阅读过的任何一部经史子集。这部书，就是《格物启蒙》。

1900 年以前，我国在翻译西方物理学著作的时候，不是采用"物理学"这个译法，而是翻译为"格物学"或"格致学"。比如《格物启蒙》这部书，就是在 1879 年由美国人林乐知将罗斯古编写的一本物理书翻译而成的，其中第二卷为格物学；《格物测算》是 1883 年由美国传教士丁韪良翻译的一本物理书；1886 年有译著《格致小引》；1889 年又有《格物入门》等。洋务运动时期，新设的二十多所洋务学堂都开设了自然科学的课程，也创办有《格致汇编》等杂志，虽然没有形成气候，构建为一个新的学科，但打开了"格致学"扎根中国的通道。

何煜阁的书房里有大量的"格致学"方面的书籍，其中就有《格物启蒙》。熊子真看到这部书后，顿时被其中新奇的物理知识所吸引，爱不释手。

"你既然喜欢，就拿去读一读吧。"何煜阁大度地说。

　　熊子真实在是太高兴了，这次到王汉家做客竟然有这么大的收获，既拜了师傅，还得到了一部好书。

　　回到家里，熊子真急不可耐地翻开《格物启蒙》，如饥似渴地阅读起来。正是通过这次阅读，熊子真深切地感到，西方技术的先进和中国科技的落后，对洋务运动的"师夷长技以制夷"的主张也有了全面的了解。

　　那么，作为乡间的一个教书先生，何焜阁又怎么会有大量的《格物启蒙》这类西学书籍呢？他究竟是什么人？

　　少年熊子真打心眼里想与何焜阁走得更近。

第三章
好男儿志在四方

为什么我们越来越弱

熊子真怀着仰慕之情，真的走近了何焜阁，结果令他大吃一惊——何焜阁何止是一个乡间教书先生，他其实是一位从北京回到黄冈的维新分子。

原来，1895 年（乙未年）春，清廷举行全国性大考，全国各地的举人都汇聚北京，参加乙未科进士会试，黄冈举人何焜阁便是其中之一。那时候，通讯不发达，不像一百多年后，成绩单可以通过电子邮件传输。那时，公布成绩都是在墙上贴一张榜，参加考试的人自己去看结果，如果榜上有名，就等于是考取了，叫作"金榜题名"。如果榜上没名，那就是没戏，叫"名落孙山"，等于白来京城一趟，是很痛苦的事情。所以，等待发榜对于所有考生来说，都是很煎熬的一段时光。

这一年，正当所有考生都备受煎熬的时候，一个更让人煎熬的消息传来——中日签订了《马关条约》。顿时，一千二百多名考生在煎熬叠加之下，做出了一个惊天动地的举动。

事情还得从 1894 年说起。这年，中日之间爆发甲午战争，中国惨败，北洋水师全军覆没，中国被迫签订了丧权辱国的《马关条约》，割让台湾及辽东，赔款白银 2 亿两。1895 年春，消息突然传来，等待发榜的考生们群情激愤，台湾考生更是痛哭流涕。4 月 22 日，广东考生康有为写成一万八千字的《上今上皇帝书》，反对签订丧权辱国的条约，来自十八个省份的考生积极响应，一千二百多人参与签名。当然，何焜阁也是签名者之一。5 月 2 日，由康有为、梁启超两人带领，考生们与数千群众聚集到"都察院"门前，请求予以代奏。

这一事件史称"公车上书"，它直接催生了 1898 年的"戊戌变法"。

1898 年 6 月 11 日，在康有为、梁启超、谭嗣同等人的不懈努力下，光绪皇帝颁布《定国是诏》，宣布变法，颁布了一系列变法诏书和谕令。可惜的是，这次变法最终遭到了以慈禧太后为首的顽固派的镇压。1898 年 9 月 21 日凌晨，慈禧太后突然从颐和园赶回紫禁城，发动政变，将光绪皇帝从床上拖起来，囚禁在中南海瀛台。光绪皇帝是维新派的总后台，他一倒台，"戊戌变法"即宣告失败。康有为、梁启超等人遭到通缉而流亡海外；谭嗣同、杨锐、刘光第、林旭、杨深秀、康广仁六人被杀害，史称"戊戌六君子"；所有新政措施，除保留京师大学堂外，全部都被废止。这个京师大学堂，就是后来鼎鼎大名的北京大学。从 6 月 11 日至 9 月 21 日，戊戌政变仅仅进行了一百零三天，所以史称"百日维新"。

何焜阁是这一系列重大历史事件的亲历者，也是康有为、梁启超等人的拥趸。戊戌变法失败后，他从北京潜回黄冈，以办学授徒为业。在平时的教学活动中，何焜阁有意将自己的所见所闻所想，讲给自己的弟子们听，传递康有为、梁启超等人的社会改良思想，熊子真便是其中听得最认真的一个。

但凡青少年，都有着一个共同特点，就是容易热血沸腾。熊子真也不例外，尤其是从何焜阁那里读到梁启超的《少年中国说》后，便产生了强烈的关心国政时局的冲动。

梁启超的《少年中国说》写于戊戌变法失败后的 1900 年，文中极力歌颂少年的朝气蓬勃，指出封建统治下的中国是"老大帝国"，热切希望出现"少年中国"，振奋人民的精神；文章具有强烈的鼓动性和进取精神，寄托了梁启超对少年中国的热爱和期望。

文章中写道：

> 使举国之少年而果为少年也，则吾中国为未来之国，其进步未可量也。使举国之少年而亦为老大也，则吾中国为过去之国，其渐亡可翘足而待也。故今日之责任，不在他人，而全在我少年。少年智则国智，少年富则国富；少年强则国强，少年独立则国独立；少年自由则国自由，少年进步则国进步；少年胜于欧洲则国胜于欧洲，少年雄于地球则国雄于地球。

《少年中国说》的风行，使得"少年"在清末社会里变成了一种时尚的革命名词，追求进步的年轻知识分子竞相以"少年中国之少年"或"新中国之少年"自称。

这些闪耀着光辉的进步思想，对乡间少年熊十力的心灵产生了巨大的冲击力，如同一个习武之人经高人指点，突然打通了任督二脉一样。

其实，此时此刻的何自新和王汉比熊子真的思想还要走得更远。他们对当时社会上秘密流行的孙中山等人的革命思想产生了浓厚兴趣，于是，偷偷搜集了一大批革命书籍进行研读，并且，还带上了小兄弟熊子真。

结果，熊子真的思想也迅速发生变化。有天晚上，熊仲甫走进熊子真的房间，看见书桌上一块硬纸牌，上面工工整整地写有两行楷书，正是北宋范仲淹的名言"先天下之忧而忧，后天下之乐而乐"。

熊子真坐在桌前，默不作声。

"想什么呢?"熊仲甫问。

熊子真抬起头，面色凝重地说:"哥，我在想，我们一直奉若经典的六经诸子究竟有没有用? 中国百姓受六经诸子的教导千百年了，可是我们不是变得越来越强，而是越来越弱，弱得打不过英法的坚船利炮，甚至弱得打不过蕞尔小国日本。依我看，什么六经诸子，都是粪土一样的东西，实在无用得很。"说到激动处，熊子真顺手把两部古书扔在地上，骂声不绝。

熊仲甫并没有制止弟弟的过激举动，默默地弯腰捡起地上的书，掸了掸尘土，重新摆放在书桌上，拍了拍弟弟的肩膀，然后，缓缓地走了出去。

是的，此时此刻，熊仲甫实在无话可说。这一年，熊子真已经18岁。

18岁，是一个思想活跃的年龄，是一个喜欢模仿偶像的年龄，也是一个有了想法马上就能见行动的年龄。18岁的熊子真在了解孙中山等革命党人的思想之后，忽然就产生了一种异常强烈的冲动：迫切地想走出张家湾，到外面的世界去走一走，看一看，去联络天下有志之士，开创一个不同于现在的新世界。

1902 年 9 月的一天，熊子真再也按捺不住这种冲动，索性跑去与何自新、王汉说出了心中的想法。令人兴奋的是，他的想法竟然引起了何自新和王汉的强烈共鸣。三人一合计，决定来一次"说走就走的旅行"——到省城武汉去闯一闯。

然而，大哥熊仲甫那里该怎么说呢？

长兄如父，这么多年，大哥一直关心、爱护着自己，一旦就此离开，熊子真的心里还真有些不忍。

"哥，我今年都 18 岁了，我想出去看一看外面的世界。"有一天吃中饭的时候，熊子真开口了。

熊仲甫有些诧异，问："三弟，怎么突然想到要出去？是家里不好吗？"

"不是的。"熊子真说，"男儿志在四方，小家虽好，怎比宇宙苍穹。荀子有云：不登高山，不知天之高也；不临深溪，不知地之厚也。"

熊仲甫听后，不作声，自顾埋头吃饭。

熊子真的心提到了嗓子眼，如果大哥坚决不同意他走的话，他还真不知道如何说服他呢。

初入"东方芝加哥"

熊仲甫毕竟是一个读过书的开明人。对于他来说，三弟熊子真在饭桌上的一番话令他十分欣慰，他觉得弟弟真的是长大成人了，不仅有学问，有思想，还是一个有抱负的青年。只是弟弟马上就要离家远行，要在外面经历风吹雨打，面对各种意想不到的人生考验，他这个做兄长的着实放心不下。然而，弟弟毕竟是应该去做大事的人，怎么可能把他禁锢于张家湾这块小小的天地呢？

吃完饭，熊仲甫把熊子真单独叫到自己的房里，从衣橱里摸出一些光绪通宝，用布包好，递给熊子真，说："三弟啊，这些钱是你的盘缠。切记，外面世道复杂，凡事要谨言慎行；常给家里来信，别让家里人牵挂；如果在外面不好，就赶紧回来。"

熊子真把钱揣进怀里，一边听大哥叮嘱，一边不住地点头。此时此刻，他实在说不出什么话，只能用力点头，强忍着泪水不让它们从眼眶里掉落下来。

第二天一大早，熊子真背起行李，与何自新、王汉一起赶到团风，登上了去武汉武昌的渡船。

武汉是武昌、汉阳、汉口三镇的合称，具有悠久历史，早在三千多年前的商代中期，在离汉口仅三十里的府河北岸，就建有古城。武汉是"九省通衢"的内陆贸易中心，自1861年汉口开埠以后，武汉就和广州、上海等沿海开埠城市一样，逐渐与近代世界接轨，英、法、日、德、美、俄以及其他国家，纷纷在武汉设立租界、办工厂、设银行、开洋行。尤其是在湖广总督张之洞主政之后，随着国际资本的涌入、洋务运动的推进、各种官督商办企业的建立以及民间资本的不断活跃，武汉经贸迅速繁荣起来，并逐渐成为享誉海内外的大都市，一时之间被称为"东方芝加哥"。

熊子真、何自新、王汉三个农村小伙子一脚踏进这个繁华的都市后，看见林立的商铺、奔跑的马车、簇拥的人群，顿时感到晕眩，感到陌生，同时也感到新奇。何自新年长，是大哥，大家都听他，首先在码头附近找了一家小旅店住宿下来。

"两位贤弟，我们此次来武汉，目的是要寻找志同道合的人一同办大事，所以我们不能耽搁，从明天起，我们就要出去寻找。"何自新说。

"行！"熊子真点点头说，"不过，今天天色尚早，我们是不是应该四处转转，也好长长见识啊。"

"我看这个主意蛮好！"王汉笑着说。

"行！就照两位贤弟的意思，我们今天好好地玩上半天。"何自新说着，迈步就往外走，王汉和熊子真兴奋地跟在后面。

去哪里玩呢？在三个农村小伙子的印象里，武昌最有名的去处自然是黄鹤楼了。登临黄鹤楼，极目楚天舒，三人心情极好。

"子真，你读书多，知道这黄鹤楼的传说吗？"王汉问道。

熊子真清了清嗓子，说："据《报恩录》这部书记载：黄鹤楼原名辛氏楼。辛氏在山头卖酒，有一位道士常来喝酒，辛氏总是不要他的酒钱，道士后来要到别的地方云游，就用橘子皮在辛氏酒家的墙壁上画了一只鹤，并对辛氏说：'有客人来了，你就拍手，这鹤就会飞舞起来，给客人助兴。'道人走后，辛氏依言行事，果如道士所说，每次客人到来。一拍掌，墙上的鹤便会飞舞。一传十，十传百，到辛氏酒家的客人越来越多，辛氏逐渐富裕起来。十年后，道士回来了，拿出随身的一只玉笛吹了数声，一片白云自空中飞来，鹤也从墙上飞下，蹁跹起舞后，驮着道士驾着白云而去。辛氏便在道士骑鹤升天的地方建起一座辛氏楼。因橘子皮画的鹤呈黄色，后人就把辛氏楼称为黄鹤楼。"

"那么，你知道这个道士是谁吗？"何自新笑着问，意在考一考这个熊小弟。

"这个可难不住我。"熊子真自信地说，"明朝万历年间刊行的由王世贞、汪云鹏合著的《列仙全传》卷九记载，这个仙人是费祎，字文祎，三国蜀将。不过，这个记载可能有误，因为并没有三国蜀将费祎学道成仙的传说。根据《坚瓠集》卷四记载，这个道人应该是吕洞宾。"

"啧啧，这么生僻的知识你都知道啊？"王汉不禁冲熊子真竖起了大拇指。

熊子真笑了笑，继续说："其实啊，这些传说都是杜撰的，真实的情况当然不是这样喽。根据《元和郡县志》记载：吴黄武二年，城江夏山以安屯戍，其城西临大江，西南角因矶为楼，故名黄鹤楼。跟什么道人骑鹤升天一点关系都没有。"

"呵呵，如果没有了传说故事，这黄鹤楼还有什么意思呢？"何自新说，"不过，今天我们倒真是见识了子真的学识，真的堪称博览群书啊！了不起！了不起！"

熊子真连忙摆手道："何大哥过奖了！"

游玩了黄鹤楼，又顺便去了几处名胜古迹，天色已经暗了下来，三人只得意犹未尽地回到旅店。

第二天，按照事先安排，三人外出四处打探、寻访志同道合者。一连十几天，他们天天外出，却一无所获。可以想见，三个农村小伙子，人生地不熟，举目无亲，要想在武汉这个大都市里寻找所谓的志同道合者，无异于大海捞针。所以，他们的盲目寻找注定是没有什么结果的。

很快，三人所带盘缠所剩无几。何自新说："这样找下去肯定不行，我们得从长计议。我看这样吧，大家分头找点事情干一阵子，先解决吃饭的问题，站稳脚跟，然后再图谋它事。"

"好，听大哥的，就这么办。"熊子真和王汉同声应道。

三人将盘缠重新分配，约定了定期碰头的地点，然后分头去寻找工作。至于能否找到合适的事情做，三人心里其实都没有底。

豆腐坊里做帮工

求职，从某种意义上说，更像是一场轮盘赌，运气至关重要。

熊子真行走在武昌的街头，一个店铺一个店铺地去询问人家是否需要伙计，一次又一次遭到拒绝。他有生以来第一次有了强烈的挫败感。从前在张家湾，他是被人们交口称赞的"天才神童"，如今却要为生计而遭人白眼，这是一种巨大的落差，仿佛天子骄子落入凡间，变成了一粒微尘，不被人在意和重视。他不禁有些困惑，偌大一个武汉难道就没有自己的立足之地？

熊子真困顿之极的时候，情况忽然发生了转机。在找工作的第三天，他无意中拐进一条巷子，抬头看到一家名叫兴财的豆腐坊。抱着再试一试的心态，他走进了豆腐坊。一打听，得知豆腐坊的掌柜姓施，竟然还是黄州府的老乡。

熊子真心中暗喜，颇有些他乡遇故知的感觉。他向施掌柜说明了来意。施掌柜听到他的黄州口音，也感到十分亲近，便满口答应他留下来做帮工。

搬进兴财豆腐坊，熊子真特别勤快，总是抢着干活，深得施掌柜喜爱。经过几天了解，熊子真得知这个兴财豆腐坊虽说是在武汉，但是做出来的豆腐却是正宗黄州施家豆腐。

民间曾有歌谣唱道："过江名士笑开口，樊口鳊鱼武昌酒，黄州豆腐本味佳，盘中新雪巴河藕。"将黄州豆腐、樊口鳊鱼、武昌酒和巴河藕并称。据《黄州府志》记载：黄州豆腐世家施汉卿做豆腐不用江水、湖水、塘水，而要用井水。黄州豆腐选用的是黄州城南会同岗的井水，水质清澈、冷冽，无杂质，做出来的豆腐，肉嫩，质腻，色白。

为了保证豆腐的品质，兴财豆腐坊的施掌柜对豆腐制作的工艺是十分讲究的，他谨遵黄州施家豆腐世代相传的一套口诀："选料要精，虫、砂、瘪壳要去净；泡豆要勤翻洗，换水按时分；豆浆一条流；磨浆精细要适度；点浆识水性，甜、咸、淡水要分清；压板按规定，先轻后重豆腐成。"所以，兴财豆腐坊即便远离黄州，但是做出的豆腐仍然保持着黄州豆腐的上成品质：皮紧肉嫩，色鲜量足，味美可口，切丝细长而不断，切片薄如胶纸，手顶似伞而不坠。

熊子真初入豆腐坊，做的是选豆工序，也就是端着筛子和簸箕对准备磨浆的黄豆进行分拣，剔除砂砾、虫蛀豆和瘪壳豆。这是一份细致、枯燥而辛苦的工作，但是，熊子真并没有因为自己"满腹经纶"而轻视这份工作，他的心态摆得很正，把这份劳动当作对自己的一种磨练。那时，也许他心中一直在以孟子的教诲提醒自己："舜发于畎亩之中，傅说举于版筑之间，胶鬲举于鱼盐之中，管夷吾举于士，孙叔敖举于海，百里奚举于市。故天将降大任于斯人也，必先苦其心志，劳其筋骨，饿其体肤，空乏其身，行拂乱其所为，所以动心忍性，曾益其所不能。"

施掌柜看到熊子真勤快做事，言语不多，对他印象非常不错，主动给他涨了一次工钱，并劝他安心做事，表示日后绝不亏待他。

安顿下来后，熊子真给哥哥熊仲甫写了一封信报平安。三个月后，熊仲甫实在放心不下，便赶到武汉来看望熊子真。看到弟弟脸色黝黑，消瘦不少，熊仲甫顿时知道弟弟在外吃了很多苦，不禁心疼难忍，抱着弟弟大哭不止。

"三弟，跟哥回张家湾吧。"熊仲甫说。

"没事的，哥，这点苦我吃得消。大丈夫只流血不流泪！再说，我们的事情还没有办成，我怎么能半途而废呢?"熊子真安慰着哥哥，"你放心，我会照顾好自己的。"

那一天，熊子真陪哥哥在武汉下了一趟馆子，用自己挣的工钱请哥哥吃了碗正宗武汉热干面，然后，送哥哥登上了回黄冈的渡船。兄弟俩再次见面，则是在几年之后。

话说何自新自那天与熊子真、王汉作别后，在武昌找了几天工作，终是一无所获，便辗转去了湖南、四川等地，他一边游历，一边寻访志同道合者，半年后，终有所获。怀着激动的心情，他折返武汉，并在新结交的朋友帮助下，在文华院找到了一份教书的职业。依据先前约定的联络方式，何自新与熊子真取得了联系。

两人见面，少不了一阵嘘寒问暖，畅叙离别感怀之情。

"子真啊，我这次带回来一个天大的好消息！"何自新说。

"是吗? 究竟是什么好消息呢?"熊子真迫不及待地问。

"我这次游历湘川结识了一人。"何自新压低声音说，"此人有志气，有胆略，见多识广，多谋善断，是一个做大事的人。"

"他是谁?"熊子真睁大眼睛望着何自新，急切地问。

"此公姓刘名贞一，字静庵，湖北潜江人。"何自新凑近熊子真的耳朵说，"我与他志同道合，一见如故。通过对时局的分析，为了反清复国，他认为我们应该加入新军，创造时机，一旦时机成熟，促使新军倒戈，给予朝廷致命一击，大事可成。"

听何自新这么一说，熊子真眼前豁然一亮，"促使新军倒戈"，是啊，这倒是一个非常新鲜而大胆的谋略。然而，真正要投身到兵营去当一名兵丁，熊子真还真是一点思想准备都没有。俗话说："好铁不打钉，好儿不当兵。"兵者，要么杀人，要么被杀，说实话，作为一个满腹经纶、胸怀大志的人，熊子真对兵者一直没什么好感。

"我们非要走当兵这条路吗？"熊子真问。

何自新看出了熊子真的犹豫，就说："子真啊，明天我带你去见一人，听听人家怎么说，然后你再做决定，怎么样？"

"这样也好！"熊子真问，"明天要见的人是谁？是刘静庵吗？"

"这个不必多问，到时候你就知道他是谁了。"何自新神秘地说。

那个人到底是谁呢？送走何自新后，回到兴财豆腐坊的熊子真心里一直有些忐忑不安，一宿无眠。

花园山的秘密聚会

第二天，熊子真向施掌柜告假，谎称去见一个亲戚。施掌柜欣然同意。

在何自新的带领下，熊子真来到位于武昌花园山孙茂森花园。他这才弄清楚，有个叫李步青的留日归国学生在这里租了一套房子，并邀请了湖北将弁学堂、武普通学堂总教习吴禄贞在这所房子里进行秘密讲演。

"你让我见的人原来是吴禄贞？"熊子真惊讶地望着何自新。

何自新朝熊子真扮了个鬼脸，笑着说："是啊，正是吴总教习。"

对于吴禄贞，熊子真并不陌生，早就听何自新、王汉等人听说过，也知道他是一位了不起的人物。

那么，吴禄贞究竟何许人呢？

吴禄贞，字绥卿，生于 1880 年 3 月，湖北云梦人，父亲为私塾先生。吴禄贞性格豪爽，少有大志，8 岁时就曾写下一副豪气冲天的对联：

> 一拳打倒亚细亚
> 两脚踢翻欧罗巴

1895 年，父亲去世后，年仅 15 岁的吴禄贞到湖北织布局打工。干了没有多长时间，因为替女工抱不平，将工头痛打一顿后离开织布局。第二年，进入湖北新军工程营当了一名小兵，由于肚子里有墨水，后来考入湖北武备学堂，与孙武、傅慈祥等志同道合的爱国青年成为挚友。他写作的《投笔从戎争先赴》，深得张之洞赞赏，被大量油印，在新军军营和武备学堂内广为散发。1898 年，他被张之洞推荐进入日本士官学校陆军骑兵科深造，成为中国留日第一期士官生。在校结识了张绍曾、蓝天蔚，三人学习成绩突出，志趣不凡，后来被人们称为"士官三杰"。留日期间，吴禄贞认识到明治维新对日本的影响，痛感中国非改革政治不能转弱为强，于是产生革命思想，决心以革命反清为己任，发起组织了留日学生的第一个爱国团体"励志会"，后又被孙中山的革命思想所吸引，加入兴中会。1900 年，吴禄贞秘密回国组织自立军起义，失败后重返日本。

1901 年冬，吴禄贞从士官学校毕业，回到武昌，被张之洞扣押，准备治罪。在审讯时，吴禄贞慷慨激昂，痛陈清廷腐败，国家濒于危亡之大势，他说："我不计个人生死成败，为国救亡图存，此种志士本应大加奖励，何罪之有？"张之洞竟然被他说服，不仅没有治罪，反而委以重任，让他担任湖北将弁学堂、武昌武普通学堂总教习，一时轰动武汉。然而，吴禄贞并没有因此而停止革命活动。他利用职务之便，继续传播革命火种，秘密翻印《警世钟》《猛回头》等革命书刊，散发到学堂和军队。1903 年 5 月，他又创建了国内第一个秘密组织"花园山聚会"，倡导"秀才当兵"。

熊子真这次赶来参加的正是"花园山聚会"中的一次。进入会场，熊子真看见里面已经坐满了人，有学生，有工人，有军人，年轻的十七八岁，年长的三四十岁。熊子真眼尖，看见王汉竟然也坐在其中，便拉着何自新一起挤了过去。真没想到，三兄弟竟然在这样一个场合又聚在一起了。

在大家的等待中，一个军官出现在众人面前，体格虽瘦小，但给人很精干的感觉，而且谈吐十分了得，简直出口成章。这个人就是吴禄贞。

吴禄贞首先深入浅出地分析清廷在内忧外困下，面临全面崩溃的大趋势，接着介绍了维新变法失败的深刻教训，指出今日之中国到了非革命不足以振兴的时候，最后，吴禄贞慷慨激昂地说道："现在怎么办？我的建议是：我们当中的一些有志青年，应该去兵营中当兵，扎下根来，传播革命的火种，形成强大的革命洪流，一旦时机成熟，高举义旗，将敌人的军队变成革命的武装，革命何愁不能成功！"

"我同意吴长官的建议！"吴禄贞一讲完，会场里马上有人响应。

"我也同意！"

"明天我就去投军！"

"对，投军去！"

……

顿时，会场里的那些年轻人都群情激动，纷纷表示要响应吴禄贞的提议。熊子真、王汉和何自新深受感染，热血沸腾，脸上呈现着红光。

参加"花园山聚会"后，熊子真坚定了投军的决心。他算是想明白了，什么"好铁不打钉，好儿不当兵"，纯粹是胡扯。如今适逢乱世，要想有一番大作为，恐怕也只有掌握着枪杆子才行。回去以后，熊子真向施掌柜提出辞职，又去文华书院找到何自新打了声招呼，便投入到湖北新军武昌第三十一标凯字营当兵。

湖北新军是一支什么样的军队呢？1889 年，张之洞调任湖广总督，大规模展开以练兵、兴学、办厂为三大动作的湖北洋务新政，而尤"以练兵为第一要务"。1896 年，张之洞以"湖北居长江上游，会匪出没，武备尤关紧要，第鄂省财用支绌，无力招延洋弁"为由，向朝廷奏请将南京自强军中已经练成的原江南护军前营 500 人调到湖北，获得清廷的认可。他随即以这 500 人为班底，将他们分成前后两营，以张彪、岳嗣仪为两营管带，聘请德国人贝伦司多尔夫为总教习，采用德国的军制，然后招兵买马，扩充到 1000 人，编成湖北护军，成为湖北新军的前身。1901 年，清廷命令各省将旧军淘汰，精选分编为新军，一律学习使用新式枪炮。为此，张之洞将湖北境内原有的武恺军、武防军、武建军等旧式军队正式改编为湖北常备军左、右两翼，后来，又把二翼改为二镇（相当于师），分别由张彪和黎元洪任统领。

由此可见，所谓的新军，其实是旧式军队的升级版，既有保守性，也有创新性，管理模式并不成熟。这在客观上为吴禄贞、刘静庵等人开展兵运工作创造了条件。

那么，穿上军装的熊子真，经历了怎样的兵营生活呢？他能够实现自己的革命理想吗？

地下革命宣传员

进入兵营的熊子真始终没有忘记自己的使命——宣传革命。随着革命工作的深入，熊子真结识的革命同志也越来越多，其中就有宋教仁、吕大森、张难先、胡瑛等人。在从事秘密活动的过程中，他深得刘静庵的信任和赏识。

在花园山密会上，何自新向刘静庵介绍了熊子真。从那时起，熊子真就觉得刘静庵是一位值得信赖的兄长，决定要好好地跟着他从事秘密革命活动。这刘静庵可不是等闲之辈，是一位响当当的英雄人物。

刘静庵比熊子真年长10岁，出生于湖北省潜江县一世代书香家庭，天资聪慧，自3岁开始，在家中私塾随父读书。14岁时，他拜了一个隐士为师，习文练武。后来，他随着师傅四处游历，耳闻目睹国家民族遭受的深重灾难，于是便逐渐萌生革命思想，放弃了通过参加科举做官的想法，立志以"挽救国家民族于危难，拯救民众出火海"为终身抱负。15岁时，刘静庵在武昌圣公会附属文华书院深造，钻研国学，研习基督教，接受西洋、日本新学启蒙。完成学业后，他留在文华书院，做了一名国文教员。在文华书院教书期间，刘静庵的革命思想日趋成熟，也正是在这个时候，他认识了何自新，并介绍其也在文华书院任教。

1903 年，28 岁的刘静庵认为吴禄贞"秀才当兵"的兵运主张是完全可行的，便弃教从军，经吴禄贞的引荐，在黎元洪任管带的马队担任司书，深得黎元洪的赏识。

刘静庵利用自己的特殊身份，广泛接触下层士兵，秘密宣传革命思想。士兵们见他胸怀大志，谈吐非凡，不分贵贱，待人和善，都乐于与他交往。新军马队因刘静庵的到来，面貌焕然一新：士兵之间亲如兄弟，训练场上生龙活虎，马匹喂养得膘肥体壮，营房内外整洁卫生，这让黎元洪很是高兴。总督张之洞视察马队后，也是赞赏不已，还令新军各标各营到马队观摩学习。刘静庵在兵营中的地位得到进一步巩固，做起革命工作来更是便利了许多。

在兵营里，刘静庵既是熊子真的革命导师，也是他的行动指挥。熊子真经常被刘静庵安排去完成一些重要的秘密工作。对此，熊子真总是乐此不疲，尽心尽力。有一段时间，刘静庵派遣熊子真去给文盲新兵秘密宣传革命道理，熊子真二话不说，立马行动。

来自工程营的金兆龙、周占奎和翁国福是文盲新兵，为了给他们做好宣传，熊子真着实动了一些脑筋。

一天夜里，熊子真把三人约到文华书院何自新的住处，恰巧那天何自新不在，熊子真提议道："何先生不在，我们与其在这里白等，不如我给大家念一段文章，怎么样？"金兆龙等三人觉得主意不错，都点头同意。

熊子真便掏出事先准备好的一本书，那是陈天华的《猛回头》，挑出其中一段，慷慨激昂地朗读起来：

我中华，原是个，有名大国；

不比那，弹丸地，僻处偏方。
论方里，四千万，五洲无比；
论人口，四万万，世界谁当？
论物产，本是个，取之不尽；
论才智，也不让，东西两洋。
看起来，那一件，比人不上；
照常理，就应该，独称霸王。
为什么，到今日，奄奄将绝；
割了地，赔了款，就要灭亡？
这原因，真真是，一言难尽；
待咱们，细细数，共做商量。
五千年，我汉人，开基始祖；
名黄帝，自西北，一统中央。
夏商周，和秦汉，一姓传下；
并没有，异种人，来做帝皇。
这是我，祖宗们，传留家法；
俺子孙，自应该，永远不忘。
可惜的，骨肉间，自相残杀；
惹进了，外邦人，雪上加霜。

　　熊子真朗诵得铿锵有力，和辙押韵，金兆龙等三人张大了嘴巴，听得津津有味。熊子真继续朗诵道：

俄罗斯，自北方，包我三面；
英吉利，假通商，毒计中藏。
法兰西，占广州，窥伺黔桂；
德意志，胶州领，虎视东方。

> 新日本，取台湾，再图福建；
>
> 美利坚，也想要，割土分疆。
>
> 这中国，那一点，我还有分？
>
> 这朝廷，原是个，名存实亡。
>
> 替洋人，做一个，守土官长；
>
> 压制我，众汉人，拱手降洋。
>
> 俺汉人，自应该，想个计策；
>
> 为什么，到死地，不慌不忙？

朗诵到这里，熊子真停了下来，说："听听陈天华的问题，简直振聋发聩！你们想过没有，列强们为什么敢欺负我中华？"金兆龙瞪大眼睛，说："为什么？还不是因为我们软弱。"翁国福说："列强们太霸道！"周占奎说："听听陈天华接下去怎么说。"

熊子真继续念道：

> 劝同胞，再不可，互相观望。
>
> 还须要，把生死，十分看透；
>
> 杀国仇，保同族，效命疆场。
>
> 杜兰斯，不及我，一府之大；
>
> 与英国，战三年，末折锋芒。
>
> 何况我，四万万，齐心决死；
>
> 任凭他，什么国，也不敢当。
>
> 看近末，西洋人，到了极步；
>
> 这是我，毫未曾，较短比长。
>
> 天下事，怕的是，不肯去做；
>
> 断没有，做不到，有志莫偿。

　　这杜国，岂非是，确凭确证；

　　难道我，不如他，甘做庸常。

　　读完后，熊子真问："你们听懂没有?"三人你望望我，我望望你，然后一起望着熊子真说："好像明白，但是又不全明白，要不你再给我们几个详细地讲解讲解吧。"熊子真笑了，满口答应道："好，只要大家愿意听，我再逐句给你们解释一遍。"

　　那一夜，熊子真他们几个研读《猛回头》原文，不知不觉到了后半夜，直到鸡叫头遍的时候，他们才意识到时间很晚了，可何自新还没有回，四人便挤在一张大床上囫囵地睡了一觉，直到天明。

　　事后，熊子真得到了刘静庵的高度赞扬。他说："子真老弟，你知道吗，争取到金兆龙等三人加入革命，意义非同小可，通过他们至少可以再争取到 30 人加入到革命队伍中来。这一次，你算是立下了不小的功劳啊!"

　　听到夸赞，熊子真非常开心，暗暗下定决心，要为革命作出新的更大贡献。说来也很凑巧，过了不久，一个更大更艰巨的任务便落在了他的身上。

第四章
身先士卒刺头兵

星夜火速大撤离

在兵营里，熊子真是很刻苦的一个兵，每次出操都很积极。他的想法很实在，吃公家的饭，练自己的身体，没有比这更划算的事情了，所以，没有道理不用心用功。当然，出操练兵不同于老鹰抓小鸡的游戏，它是要付出巨大艰辛的一种磨练。冬练三九，夏练三伏，要的是流血流汗不流泪的硬骨头、犟脾气。

这一天，熊子真正在操场上苦练，看见刘静庵在远处站着，心想可能有事，便在休息的时候，同刘静庵来到僻静处。

"有个任务，需要你去完成，行吗？"刘静庵压低声音说。

"什么任务，您说。"熊子真急切地问。

刘静庵想了想，说："我们将要成立一个新的革命组织，你不仅要带头参加，还要积极鼓动更多的士兵参加。"

"行！一定完成任务！"熊子真眼里放出光芒，问道："准备成立一个什么样的革命组织呢？"

刘静庵说："科学补习所。"

"科学补习所？"熊子真一听这名字，有些不解，问，"怎么像个学堂的名字啊？"

刘静庵笑了，说："别问那么多，到时候你就知道怎么回事了。"说完，他拍了拍熊子真的肩膀后，转身走了。

熊子真急切地想知道科学补习所是怎么回事，便连夜跑去找何自新打听，他知道，何自新肯定知道事情的原委。没错，何自新不仅知道所有内情，而且还是谋划成立科学补习所的重要骨干。见熊子真专程来问，何自新便将事情的来龙去脉一五一十地进行了详细介绍。

原来，在吴禄贞等人的主导下，花园山聚会在湖北军学两界造成了巨大影响，张之洞的总督府自然也嗅出了异样的气息，开始警觉起来。他们派出大量暗探，获知参加花园山聚会的大部分是军学两界的人。老谋深算的张之洞顿时陷入两难境地，一方面，他害怕革命火种蔓延开来，动摇大清王朝的统治；另一方面，他又担心朝廷知道湖北的这种局面，怪罪下来，自己担待不起。经过一番筹划，张之洞决定采取釜底抽薪的办法，彻底破坏掉花园山聚会。经过对花园山聚会骨干成员的认真摸排和分类，他把激烈者派往西洋，纯谨者派往日本，最终使得花园山聚会"风流云散"，到 1904 年春，大部分骨干都已离开了湖北，花园山聚会正式结束。

为了应对这种情况，吴禄贞、刘静庵等留下来的人便把革命青年聚会，从花园山李廉方的寓所秘密转移到多宝寺街时象晋家。不久，刘静庵、曹亚伯、胡瑛、张难先、吕大森、朱元成、何自新和欧阳瑞骅等人，共同谋划筹建一个新的革命组织。这时，吴禄贞奉命调往北京，临行之前，他捐出数十两银子用作筹建经费，并一再叮嘱刘静庵等人："埋头苦干，不可浮躁，必须和各省同志取一致行动。"送走吴禄贞，刘静庵带领大家积极开展新组织的筹备工作，并取得了巨大成果。

从何自新处得知这些内情后，熊子真心情激动，说："何兄，组织成立之日，一定别忘了通知我啊！"

"放心，我们这个组织肯定不会没你这个熊大胆。"何自新笑着说。

"那就好，那就好！"熊子真吃了一颗定心丸，开心地说，"到时候，有什么任务尽管派我去。"

"没问题啊。"何自新打着包票。

1904 年 7 月 3 日，一个新的革命组织——科学补习所在多宝寺街正式成立，后来，迁至武昌魏家巷一号。吕大森被推为所长，胡瑛为总干事，曹亚伯负责宣传，时功璧负责财政，宋教仁负责文书。

科学补习所对外是一所文化补习学校，名义上招收在校学生进行课余补习。他们在报纸上公布的章程为："学界同志于正课毕时思补习未完之课，故名补习所。"其宗旨为"集各省同志取长补短，以期知识发达，无不完全"。实际上，科学补习所是宣传革命思想的秘密阵地。

科学补习所成立后，熊子真不仅是第一批成员，而且，他还遵照刘静庵、何自新等人的吩咐，积极动员身边的士兵加入进来。在科学补习所里，熊子真等一帮骨干成员，表面上是参加文化补习之类的活动，实际上心中都牢记着一个无比清晰的真正目的——革命反清！他们一面积极进行革命宣传，一面继续推行花园山聚会时吴禄贞主张的"抬营主义"，不断将一些知识青年介绍安排进湖北新军。

可是，正当一切进展得十分顺利的时候，一场变故突然发生了。

就在科学补习所成立四个多月后的一天夜里，熊子真等一批骨干成员正在补习所里研读革命书籍，并就一些问题进行激烈争论。当时，有人认为，清廷正在推行新政改革，革命成功的机会变得越来越渺茫了；尽管革命同志在政界、学界、军界有诸多的渗透，很多新军官兵也受到了反清宣传的影响，但革命同志所发动的大大小小的历次起义，都宣告失败了；武汉是"九省通衢"之地，清廷的统治又是如此严密，要想在武昌发动革命恐怕很难。

熊子真和何自新对这种悲观论点相当反感，他们俩笃信吴禄贞、刘静庵等人的主张，所以对那些悲观论者，进行了大力批驳。那天晚上，大家你一言，我一语，吵得非常厉害。

恰在这时，在湖北陆军第八镇工程营当兵的张难先突然跑来，火急火燎地说："大家先别吵了。今晚有变，诸位赶紧撤离，找安全处暂避，要快！"张难先是科学补习所最初几位发起人之一。

情况紧急，熊子真等人来不及再说什么，赶紧收拾东西，消失在茫茫夜色中。他们前脚刚走，一大批兵丁全副武装，迅速包围了补习所。真险啊，如果不是张难先及时通报消息，后果将不堪设想。

那么，究竟发生了什么呢？

原来，科学补习所成立之初，就一直与湖南长沙的华兴会联系密切，暗中紧锣密鼓地筹划响应湖南起义。按照刘静庵等人的计划，只要一得到湖南那边动手的消息，科学补习所这边就马上响应，由王汉负责刺杀张之洞，易本羲负责刺杀张彪，李胜美负责带领工程营的士兵抢占火药库，刘静庵则率先锋营接应。

然而，非常可惜的是，由于走漏风声，湖南起义遭到破坏。张之洞收到湖南巡抚电报，称"武昌科学补习所亦有同谋"。张之洞大惊失色，赶紧派人连夜包围了补习所。

幸亏刘静庵等人早一步获知湖南方面的变故，迅速作出反应，由张难先通知补习所的成员撤离躲避，胡瑛、王汉等人将补习所内的武器转移到汉阳鹦鹉洲，刘静庵则将各种文件焚毁。结果，张之洞派出的兵丁扑了一个空。

这件事本来没有完，要牵连很多人的，好在时任学务处主持的梁鼎芬得知科学补习所成员多为各学堂学生，便劝张之洞从轻处置。这一次，张之洞的心态与之前处理花园山聚会时如出一辙，十分担心朝廷追究自己的责任，所以，也不打算太过声张，有意将大事化小，小事化了，最终只将欧阳瑞骅和宋教仁两个在校学生开除作罢。

熊子真等人虽然躲过一劫，但是，科学补习所已经不能再活动了。几个月之后，一个更大的坏消息等着熊子真。

流血流泪是常有的事儿

1905 年 3 月的一天，湖南桃源人胡瑛突然出现在武昌革命同志的面前，给大家带来了一个巨大的噩耗——王汉牺牲了！熊子真听到这个消息，心如刀扎，悲痛不已，从前的一桩桩往事都浮现在眼前，泪水顺着他的脸颊滚落下来。

那么，王汉是怎么牺牲的呢？

原来，那天晚上，得知张之洞将派人包围搜查科学补习所，王汉和胡瑛一起，将补习所内的武器转移到汉阳鹦鹉洲后，王汉与胡瑛告别，暗中潜回湖北蕲水老家。当然，他在家里也没有闲着，除了娶回一位漂亮贤惠的妻子外，他坚持读书看报，了解外面世界的动向。

别看王汉是一介书生，但内心里一直想通过暗杀清朝官吏来推动革命事业。从花园山聚会的时候开始，他就一直认为，反满革命必须两手抓，一方面，组织秘密团体，等待时机起义；另一方面，刺杀清廷要员，让敌人感到心惊胆战。他觉得，当时大规模起义的时机并不成熟，应该致力于暗杀活动，以推进革命事业。所以，隐居在家的王汉一直在等待机会。

不久，机会真的来了。

话说清廷有一名大员名叫穆尔察·铁良，曾为荣禄幕僚，后任户部、兵部侍郎；1903 年赴日本考察军事，回国后任练兵大臣，协助袁世凯创设北洋六镇新军。1904 年 7 月 17 日，朝廷颁布谕旨，让铁良担任钦差大臣，南下考察江南制造局移厂一事，顺道将各省进出款项，以及各司库局所的利弊，逐一查明，如实报告朝廷。各地官员对铁良之行的目的都心知肚明，知道他南下就是为了替朝廷搜刮钱财。铁良第一站到达上海，便有人以《民穷财尽何以堪此》为题，撰文刊发在当地《警钟日报》上，文章直接指责铁良为了"收括东南之财富以供北京政府之挥霍"。

武昌也是铁良考察地之一。得知铁良将抵达武昌，王汉认为这是将自己的主张付诸行动的绝好机会，于是，便决定马上返回武昌。临行前，他对新婚仅一个月的妻子高氏说："夫妻本来是因为有恩义才结合在一起的，如今，你我夫妻一场，你不欠我什么，我却要将老母亲托附于你，你不会怨恨我吧？"

高氏红着眼圈说道："你放心，我既为你的妻子，就一定会好好侍奉公婆。只是你出门在外，一定要知道保重自己。"

王汉非常感动，更加不忍心将自己此行的真实目的告诉给妻子。他沉思了一会儿，提笔写下了一首诗留给妻子：

> 人生历尽许多艰，方能打破生死关。
>
> 今朝一死乃真死，非比往昔徒空言。
>
> 未知此去何时会，生死悠悠一寸心。
>
> 若使断头成永诀，愿卿含笑贺孤魂！

王汉秘密回到武昌，找到刘静庵，将自己行刺铁良的想法进行了汇报，请求批准行动。他激动地说："革命空气何其沉寂，而天下之祸已迫在眉睫，士大夫们却还昏昏然无所知觉，怎么办？现在清廷重臣南下，将以百姓为奴，我想拼却自己的性命，刺杀此官，行不行？"

还没有等刘静庵回答，站在一旁的胡瑛慨然答应道："好，我愿与你同去！"王汉拍拍胡瑛的肩膀，非常欣慰。

刘静庵并没有马上表态，他在犹豫，因为暗杀行动毕竟是风险极大的个人行为，究竟能够对整个革命事业产生多大影响，他还拿不准。于是，他问王汉："你能说说具体想法吗？"

王汉胸有成竹地说："我可以事先收买车站执勤的军警，等铁良到达汉口时，我便混杂在欢迎的队伍当中，择机用手枪射杀。"

刘静庵认真想了想，认为这样的行动非常不妥，他说："王汉，你在武昌住这么久，认识你的人太多。不管这次刺杀行动是否成功，清兵必将对你进行追捕，岂不是要牵连你的老母和妻子吗？再说，在湖北实施刺杀行动，还会影响未来在武昌起事的大局。"

"那怎么办？"王汉急了，"你有什么好的计划？"

刘静庵沉默了好久，说："你如果一定要行动的话，我建议在省外动手比较妥当。"

"行！我们就到外省去动手！"王汉斩钉截铁地说。

经与胡瑛商议，王汉与胡瑛二人携带鹦鹉洲所藏的手枪，匆匆奔赴火车必经的河南彰德，在那里等候铁良北上，择机行刺。临行前，王汉发誓说："不杀此贼，誓不回鄂！"

1905 年 2 月中旬，王汉与胡瑛住在彰德火车站附近的旅店里，天天打探铁良何时达到，神经一直处于高度紧张中。他们俩研究制定了各种预案，住在旅店里，还反反复复地把刺杀步骤预演了好多遍。万事俱备，只欠东风，他们对刺杀充满期待。

然而，出人意料的是，一连等候了好多天，他们却一直没有等到铁良的专车。"铁良是不是改变行程了？"胡瑛不安地说，"是不是我们的行动走漏了风声？说不定我们这里已经暴露了，我俩是不是应该赶紧转移啊？"

王汉也拿不准为什么铁良没有如期抵达，认为胡瑛的警觉也不是没有道理。但是，要让他就此放弃行动，又实在心有不甘。于是，王汉说："我一人拼命即可，并不想连累你一同送死。你可以另外再找一家客栈隐蔽起来，等我死后，为我收尸，并将我死的经过告诉武昌的革命同志，就足够了。"经过一番商量，王汉与胡瑛最终决定分开居住，刺杀行动由王汉一人承担，胡瑛负责接应。

不久，铁良的专车到了彰德。按照行程安排，下车后，铁良首先带着一帮人巡视了彰德新军，巡视完毕，将乘车继续北上。为了拍马屁，彰德地方官吏特地搞了一个隆重的欢送仪式，召集军警百十号人列队警戒。

这可是绝好的行刺机会。根据之前的预案，王汉混在看热闹的人群中进入火车站，胡瑛则在外边接应。一切似乎都在掌握之中，成功的脚步越来越近。

可是，千算万算，有一点是王汉和胡瑛两人没有算计到的，结果眼看着就要成功的刺杀行动功亏一篑。究竟怎么回事呢？

本来，王汉混进车站后，站的位置十分有利，远远看见身着官服的铁良走了过来，不住地向站在一旁欢送的人们致意。这可是动手的天赐良机，王汉伸手到腰间，紧紧地握住手枪柄，准备等铁良再走近一些，拔枪猛射。可是，当铁良真的走近时，周围却人头攒动，王汉想，如果就此射击，肯定会伤及无辜。在这稍稍犹豫之际，铁良已经从王汉身边走过，径直向一顶大轿走去。王汉见轿子旁边没有什么人，赶紧从人群中挤了过去。铁良没有防备，依然笑容满面，掀开轿帘，坐入其中。说时迟，那时快，只见王汉突然冲过去，拔出手枪，对准轿子，连开三枪。

也许太过紧张，也许枪法太差，也许铁良命不该绝，子弹竟然不可思议地都没有击中尽在咫尺的铁良，仅仅只打伤了站在轿边的一个随从。这恐怕是世界上最令枪手沮丧的枪击事件。

听到枪声，护卫们大喊："有刺客！"人群顿时乱作一团，这时的王汉显然缺乏经验，选择了一种错误的脱身方式——匆匆逃出人群，一下子把自己暴露在清兵护卫的面前。很快，护卫合围上来，准备生擒王汉。

陷入绝境的王汉自知难以逃脱，为了不使清兵认出自己的脸面而牵连家人，他朝自己的脸上开了一枪，奇怪的是，竟然没有致命。王汉忍着剧痛，扭头看见身旁恰好有一口水井，便摇摇晃晃毫不犹豫地纵身跳了下去。一条硬汉就这样献出了年仅 22 岁的生命。

受到惊吓的铁良严令追查刺杀之事。彰德知府赶紧派人从水井中打捞王汉尸体，发现了王汉早就写好的绝命书，长达数千言。阅读了绝命书之后，铁良等人终于知道刺杀是革命党人所为，惊慌失措，连夜乘车北上回京。

在车站外负责接应的胡瑛知王汉事败自杀后，悲痛万分，自责不已。为了兑现当初对王汉的承诺，他假扮成商人，与彰德有门路的士绅联系，费尽周折，将王汉的尸体保释出来，在当地找了一块墓地进行了暂时安葬。

办完后事，胡瑛赶紧回到武昌，将王汉英勇牺牲的情况报告给刘静庵、何自新、熊子真等在武昌的革命同志。

"我们一定要为王汉报仇！"

"不能让王汉的鲜血白流！"

……

众人悲恸万分，个个情绪激昂。作为王汉的生前挚友，熊子真和何自新难掩失去战友的悲痛，买了一些纸钱和香烛，在文华书院旁找了一个僻静处，面朝北方，燃香焚纸，遥祭王汉。

"兄弟，一路走好！"熊子真在心中默默地念着。

上司头上的孬兵

1905 年冬，距离王汉牺牲几个月之后，熊子真考入湖北新军特别小学堂。从身份变化上讲，这是一种进步，从普通的大头兵变成了有文化的学生兵。进入新的兵营，熊子真变得更加刻苦。白天，他认真参加操练，夜间也没有闲下来，经常点着蜡烛读书看报，被大家公认为"秀才兵"。

当然，他并没有忘记自己投军的初衷，暗中的革命活动不仅没有丝毫放松，反而更加紧锣密鼓。这期间，他就做了一件大快人心的事情，但也因此被打入新军第八镇统制张彪的黑名单，差一点遭到张彪的毒手。

这里，有必要说一说这个张统制。1860 年 12 月，张彪出生于山西省榆次县西佐辅村一户贫苦农家，长大成人后，身材魁梧，膂力过人。因家中无钱供他读书，只好拜在一名刘姓拳师的门下，学习武艺，准备日后投考武举。

1881 年，22 岁的张彪迎来了人生的转机。这一年，张之洞由四川学政升任山西巡抚，到太原上任之日，忽然碰到一名大汉拦住轿子喊冤，随从们竟然没有谁能够阻挡得住。张彪这天到太原办事，刚好路过，见状立即上前，一把将拦轿大汉抓到一旁，替张之洞解了围。

"你是何人？"张之洞在轿中问道。

张彪应声答道："我是张彪。"

张之洞来到太原的衙署后，再次想起张彪，向随从询问张彪情况，随从都说不识此人。于是，张之洞命人四处贴出布告，寻找张彪。

张彪得知后，高兴万分，马上赶往巡抚衙门，求见张之洞。张之洞见他身材魁梧，面相周正，顿生好感，遂将他留在身旁，担任侍卫。后来，张之洞又将自己的义女嫁给张彪。

1889 年，张之洞由两广总督调任湖广总督，张彪一直不离左右，先后被提拔为总督衙门护卫亲军的都司和统领。中日甲午战争之后，张之洞在湖北编练新军，并选派一批军官赴日本学习陆军，其中就有张彪。回国后，张彪被任命为湖北新军第八镇统制。

有张之洞这座大靠山，再加上旧官僚习气十分严重，张彪在兵营中习惯作威作福，吆五喝六，而且十分贪婪。逢年过节，张彪经常勒令各营送礼，但他不直接收钱，而是要人送"字"。所送的"字"分为福、禄、寿三等，不同的"字"代表不同数量的银子，其中"福"字代表八两，"禄"字代表四两，"寿"字二两。张彪规定，每个人至少要送一个"字"，然后直接从军饷中扣去。对此，下层士兵十分不满，而小兵熊子真更是深恶痛绝。

一天，熊子真在搜集大量证据后，提笔写下一份关于张彪不法行径的揭发材料，并在揭发材料后赋诗一首：

> 是虎非虎，是彪非彪。
>
> 不伦不类，怪物一条。
>
> 因牝而食，同獐同槽。
>
> 恃洞护身，为国之妖！

很快，揭发材料和这首诗刊登在《大江报》上，立即引起轩然大波，士兵们争相传阅，大呼过瘾、解气，都觉得熊子真真不愧是"熊大胆"。同时，大家也都为熊子真捏了一把汗，要知道开罪长官可不是好玩的，弄得不好要脑袋搬家。有人便劝熊子真："张彪可不是好惹的，后台又硬，肯定不会放过你，还是赶紧逃了吧。"

可是，熊子真却说："我既然敢揭露他，就没有打算躲避他！"

就在大家都认为熊子真这一次肯定在劫难逃的时候，张彪那边竟然没有一点动静，而且过了很久也仍然没有动静。大家都觉得很奇怪，难道张彪突发善心，不愿意追究，有意放过熊子真一马吗？如果真是这样，那么熊子真这小子就太幸运了！

事实上，熊子真的确是够幸运的。不过，使他免遭一劫的并不是张彪的善心，而是张之洞的宽容。

张之洞可不是一般的清廷大员，是个比较开明的洋务派。他7岁时随父到兴义府城就读，13岁始回河北原籍应试，考取秀才；15岁时赴顺天府乡试中举人第一名，成为"解元"；26岁考取进士第三名，成为"探花"，授翰林院编修。1867~1873年任湖北学政；1874年起任四川学政、山西巡府；1883年中法战争爆发，因力主抗争而任两广总督；1889年7月调任湖广总督；1906年升任军机大臣。在湖北主政的17年间，张之洞力主广开新学、改革军政、振兴实业，使湖北成为当时中国后期洋务新政的中心地区。

话说张彪得知一个名叫熊子真的学生兵撰文揭发自己后，怒不可遏，马上向自己的岳父张之洞打报告，请求严惩这个"肇事狂徒"。他本指望，自己的老上级兼岳父大人肯定会支持自己拿办熊子真。可是，没有想到的是，张之洞在看了熊子真的揭发材料和那首诗后，非但没有生气，反而劝导张彪："小孩子胡闹耳，何必多事？"张彪听后，不敢擅自行动，只得将一口恶气独自忍下。

那么，张之洞为什么要对敢于冒犯上司的熊子真网开一面呢？

事后，人们普遍认为，一方面，是因为张之洞爱惜熊子真的才华，不忍加害；另一方面，是因为他当年曾错杀唐才常，一直懊悔不已，所以不想再冤杀第二个唐才常。唐才常是湖南浏阳人，清末维新派领袖，与谭嗣同一起，被称为长沙时务学堂教习中的"浏阳二杰"。戊戌政变后，他去日本、南洋集资，回到上海后创"自立会"，不久在汉口秘密发动自立军起义，事泄后，遭到张之洞逮捕，并杀害。事后，张之洞一直认为杀掉唐才常那样有才华的人非常可惜。

熊子真虽然免遭一劫，但是，从此以后，他的大名就上了张彪的黑名单。这位张统制一直都在琢磨，究竟该怎样收拾这个令人头疼的刺头兵。

"义结金兰"挑大梁

张彪所等待的惩治熊子真的机会，不久之后果然就出现了。准确地说，这个机会是熊子真自己奉送的。

为了进一步扩大革命影响，同时也是为了能够替牺牲的王汉报仇，刘静庵、曹亚伯等一批武昌革命志士酝酿重新建立一个新的革命组织，经过一段时间的筹备，1906 年 3 月，在原科学补习所的基础上成立了日知会。

日知会这个名字实际上早就存在，而且还是一个合法的教会机构。武昌是美国基督教圣公会鄂湘教区的中心，黄吉亭和胡兰亭是其中最早的两位华人牧师。1900 年，他们两人在武昌高家巷教堂组织成立了"中华圣公会"。1901 年，黄吉亭等人在刘静庵的说服下，在府街圣救世主堂设立书报阅览室，取名"日知会"，从上海等地购买进步书报，供人阅览，以"日求一知，不断进步"。科学补习所被搜查时，刘静庵曾躲入日知会。

后来，刘静庵的上司黎元洪怀疑其可能参加激进活动，便将刘静庵开除新军马队营。

离开新军后，刘静庵被聘为日知会司理，决定利用日知会这个合法机构从事革命活动。在他的努力下，原来科学补习所的骨干成员都纷纷加入日知会，昔日的教会机构，实际上成为了一个秘密的革命组织，对外名义上是"读书看报，开启民智"，实为宣传鼓动民众，聚集革命党人，推行革命救国主张。他们制定了"推翻封建专制王朝，建立五族共和国家"的革命纲领和《日知会章程》。

熊子真自然是日知会的骨干力量。有一天，刘静庵对熊子真说："我们日知会要壮大革命力量，需要建立一批外围组织。现在，我们的革命同志梁瀛洲、李群、黄景亚等人建立了汉川群治学社和明新公学，彭养光、赵鹏飞等人建立了安郡公益社，活动搞得有声有色，效果非常好。所以，我有个想法，你能否也牵头组建一个类似的组织呢？"

这可是一项光荣而艰巨的任务，熊子真想了想，表示愿意努力试一试。

刘静庵满意地拍拍熊子真的肩膀说："大胆地放手去干吧，我对你非常有信心，凭你的才干和胆色，一定会把此事做好！"

熊子真点点头，语气坚定地说："你放心，我保证完成任务！"

第一次挑大梁，熊子真内心充满自豪感和责任感，他不敢有丝毫懈怠。作为一名学生兵，他决定利用这一身份，从兵营入手，串联新军中的骨干力量，尽快把革命组织建立起来。凭着在兵营里这几年的人脉关系，熊子真四处活动，暗中游说，宣传鼓动，很快取得了不错成效。他联系到熊飞宇、钟大声、邱介甫、冯群先、张海涛、张其亚、易介三、涂诰和童澍等黄冈籍人士，而且还发动了两湖学堂、文普通学堂、四路高等小学堂的学生，再加上驻省各兵营的进步军人，在武昌正卫街成立了"黄冈军学界讲习所"。

在如何增强会员凝聚力的问题上，熊子真很是动了一番脑筋。经过与其他同志多次商定，熊子真最终决定采取"义结金兰"的传统方式吸纳会员。所谓"义结金兰"，这个说法来自《世说新语·贤媛》中的"山公与嵇、阮一面，契若金兰"，意思是说朋友交情深厚。后来，根据这些个典故，朋友之间情投意合，进而结为异性兄弟或姐妹，称为"义结金兰"。旧时规矩，义结金兰后，要交换谱贴，叫"金兰谱"或"兰谱"。按照习惯，结拜的时候按人数各用一沓红纸写出每人姓名、生日、时辰、籍贯及父母、祖及曾祖三代姓名的"金兰谱"，然后摆上天地牌位，根据年龄大小，依次焚香叩拜，一起宣读誓词："黄天在上，今日某某和某某结为异姓兄弟，不求同年同月同日生，但求同年同月同日死。"

最著名的"义结金兰"故事，就是《三国演义》中"刘关张桃园三结义"，书中精彩地描写了刘备、关羽和张飞三人在涿郡的桃园，备下乌牛白马，祭告天地，焚香再拜，结为异姓兄弟的过程。书中写道："次日，于桃园中，备下乌牛白马祭礼等项，三人焚香再拜而说誓曰：'念刘备、关羽、张飞，虽然异姓，既结为兄弟，则同心协力，救困扶危；上报国家，下安黎庶。不求同年同月同日生，只愿同年同月同日死。皇天后土，实鉴此心，背义忘恩，天人共戮！'誓毕，拜玄德为兄，关羽次之，张飞为弟。"

熊子真的"黄冈军学界讲习所"也采取这种方式，将一帮志同道合的革命志士聚集在一起，他们规定十人为一谱，此十人又约十人，推而广之，很快便发展到近两百人。起初，成员还只是黄冈籍人士为多，发展到后来，则不分籍贯，很多不是黄冈籍的人员也都纷纷加入进来。

平时，成员们以谱为单位开展活动，每逢礼拜日，讲习所都要举办大型集会演讲，传播革命思想，交流活动信息，商议行动对策等。根据熊子真的安排，演讲内容大多根据孟子和王夫之、顾炎武、黄宗羲诸家学说，阐发民族、民权思想，有时也讲授周礼提倡地方自治的道理，更主要的是，还散发《民报》《革命军》《警世钟》《猛回头》《孔孟心肝》等进步书报，做到人手一份。

作为讲习所的主要领导者，熊子真可谓全力以赴，殚精竭虑。他发布通知，策划活动，主持日常工作，往往身先士卒，亲力亲为，起早贪黑，废寝忘食，深得讲习所同仁的拥戴。

由于革命形势日趋高涨，熊子真满心欢喜，认为策动兵变举行武装起义的时机已经成熟，于是研究制定了详细的行动计划。在一次秘密的主要成员会议上，熊子真拿出自己制定的行动方案，供大家讨论。他说："诸位同志，我认为我们可以分三步走：第一步，首先秘密联络荆、襄、巴、粤、豫等地的革命会党、洪门哥老会，举行起义；第二步，趁清廷派兵围剿起义的时候，我们在武昌发动更大规模的起义，占领全城，扩大战果，建立根据地，割据一方；第三步，会合各路义军，共同北伐，进攻北京，一举捣毁清廷老巢，驱除鞑虏，光复中华！诸位认为如何？"

　　大家都被熊子真的宏图大略说得激动不已，纷纷发表看法，补充意见，最后，大家一致同意按照熊子真的设想，付诸行动。

　　接下来，熊子真便在军队中频繁活动，联络同仁，传递消息。正当熊子真满怀信心，秘密奔走于各个兵营和学堂之间的时候，一场巨大的危机正悄悄地向他逼来，差点让他送掉性命。

第五章
地下运动很冒险

差点成为阶下囚

地下工作，总是很危险的。黄冈军学界讲习所主要领导者熊子真为了实施心中宏大的武装起义计划，秘密奔走在兵营和学堂之间，联系革命同志，积极为起义做着准备工作。那时，他完全置生死于度外，全然没有感觉到自己的一举一动已经被一个人秘密地监视着。

这个人名叫刘邦骥。他早年就读于两湖书院，1895 年 9 月，在武昌县华林补习日语；1896 年 5 月被选送到日本留学，毕业于日本陆军士官学校第一期；回国后，得到张之洞赏识，成为张的幕僚，负责管理文案和库务。1902 年，他参加科举考试，考中"恩科"举人。1905 年，他奉张之洞的命令，仿照日本陆军士官学校，将湖北武备将弁学堂改为武师范学堂，并担任堂长。1907年，他再次受命将武普通中学改为陆军小学堂，后来又续办陆军特别小学堂，出任监督，专门负责监管学生兵的行为纪律。

有一天，刘邦骥的手下急匆匆地跑来报告，说陆军特别小学堂里的有个叫熊子真的学生兵非常不安分，近来行动诡秘，似乎在酝酿着一个大的行动。

刘邦骥一听，马上警觉起来，吩咐手下人对熊子真实施全天候监视，一有异样马上报告。爪牙们领命而去，刘邦骥则坐卧不安，焦急地等待消息。很快，手下人报告说，熊子真确实在是在图谋不轨，而且证据确凿。刘邦骥不敢怠慢，连夜向湖北新军统制张彪报告。

张彪正愁找不到惩治熊子真的机会，这下可好，机会来了。图谋不轨，那可是杀头的重罪，这回非要新账旧账一起算不可。张彪立即向混成协协统黎元洪下达命令，火速抓捕熊子真。

命令传递到黎元洪处，恰巧黎元洪当时不在办公室，命令文件便被放在了桌子上。这时，有个叫季雨霖的督队官来向黎元洪请示工作，无意中瞟了一眼放在桌子上的文件，不禁惊出一身冷汗。

这个季雨霖是湖北荆门高阳人，自幼好学，胸怀大志，早年有感于甲午庚子之变，投笔从戎，进入湖北将弁学堂学习军事，后担任湖北新军第三十一标三营督队官。在刘静庵等人影响下，他成为日知会骨干成员，早就与熊子真是志同道合的革命同志，前两天，他们俩还一同研究讨论武装起义事宜呢！现在，季雨霖看到抓捕熊子真的文件，深感事态严重，不动声色地同黎元洪办公室的秘书打过招呼后，装着上厕所，迅速返回自己的营房，派出一名可靠的学生兵赶紧去找熊子真通报消息。

当时，熊子真正在一处营房里给几个士兵宣传革命道理，得到要抓捕自己的消息后，迅速离开营房，脱去军装，换上便衣，直奔何自新的住处。熊子真前脚刚走，黎元洪派出的兵丁就赶到了。

得知抓捕行动失败，张彪恼怒不已，一边下令查封黄冈军学界讲习所，一边命令全城搜捕，要求掘地三尺也要抓到熊子真，并贴出告示："有捉拿熊子真者，赏五百银元！"立时，武昌城内气氛骤然紧张，大街小巷到处是搜捕熊子真的兵丁。

藏身何自新处的熊子真不想连累兄弟，决定另寻藏身之所。何自新阻止道："现在外面风声正紧，你若就此出去，恐怕凶多吉少。"

"好汉做事好汉当。"熊子真说，"我不能在这里连累大哥你们一家啊。"说完，仍往外走。

何自新一把拉住，说："我家有个阁楼，你就藏在里面，等过了风头，我再想办法送你出城。"熊子真想了想，觉得如此也好。

在何自新家的阁楼上，熊子真搭起一张草铺，带了部王夫之的《读通鉴论》和一根蜡烛，在阁楼里躲藏了起来。为了安全起见，何自新安排自己7岁的儿子何丙安专门在家，一方面负责望风，一方面负责给熊子真送食物。

躲在阁楼里的滋味并不好受，空气不流通，憋闷得慌。为了打发难耐的时光，熊子真借着蜡烛光阅读《读通鉴论》，边读边记，居然没有觉得难受，也没有觉得时间难挨。

十多天后，兵丁的搜捕松懈下来，何自新对熊子真说："长期躲在阁楼里，也不是长久之计，今天晚上我们就把你转移出去，船只我都已经联系好了。"

熊子真握着何自新的手说："大哥，真是太感谢你了！"

当天晚上，何自新将熊子真化装成一个重病在身的女人，把头脸裹得严严实实的，然后雇人抬着，混过重重关卡，来到武昌武胜门外的江边。那里早就停泊了一艘小船，熊子真挥泪作别何自新，登上小船，顺流而下，回到黄州府黄冈县。

为了躲避追捕，熊子真没有住进自己的家里，而是与黄州府的革命党人、日知会骨干成员吴贡三、殷子衡等人取得联系。此时的吴贡三和殷子衡在黄州府主持"鸠译书舍"工作。

吴贡三是殷子衡的舅舅，1864 年，吴贡三出生在黄冈叶路外岭村；1901 年应黄州外国教会的聘请，在福音堂懿范女子学校担任国文教员；1905 年与弟子吴昆创立"日新学社"，不久又与外甥殷子衡一起创办"坪江阅报馆"，宣传革命思想。1906年春，他带领吴昆和殷子衡到武昌加入日知会，4 月在黄州兴办"鸠译书舍"，印刷了《猛回头》《警世钟》《孔孟心肝》《作新民》《破梦雷》等革命进步书刊，秘密送往省城日知会。实际上，吴贡三和殷子衡等人是把"鸠译书舍"办成了日知会的秘密印刷所。当时，熊子真在武昌主持黄冈军学界讲习所时，也从鸠译书舍获得了大量的进步书报，他们的革命友谊也是在那时建立起来的。这次，熊子真秘密潜回黄州府避难，吴贡三和殷子衡等人给予了大量帮助，妥善安排食宿。

时隔不久，何自新竟然也从武昌秘密回到了黄州，并且还带回来不好的消息：日知会遭到严重破坏，刘静庵等一批革命党人被捕。何自新说："我这次也是为了躲避追捕，才回来的。"

熊子真很忧虑地说："依我看，这次在黄州恐怕也不会太平。"

果然，没过两天，省城派兵来到黄州，将吴贡三、殷子衡等人逮捕，并贴出告示，点名搜捕熊子真和何自新等人。在这种情况下，何自新决定远走他乡。去哪里呢？

熊子真想了想说："去江西德安吧，我大哥仲甫在那里。"

何自新一拍大腿，高兴地说："好，我们俩就去德安，让张之洞那个老儿鞭长莫及。"

于是，熊子真和何自新连夜启程，经蕲春、广济，一路跋山涉水走小道，秘密抵达江西德安。

改名换姓去教书

德安地处江西九江府南部，历史悠久，俗有"楚尾吴头"之称。这里属低山丘陵地区，西北高、东南低，三面环山，东南角临近鄱阳湖滨。德安上半年多阴雨，下半年光照充足，春阴夏热，秋旱冬冷，四季分明。

1906年春，熊子真的大哥熊仲甫因为家大口阔，生活艰难，又听说江西德安有很多荒田，于是举家从湖北黄州府黄冈县搬迁到江西德安县木板垅，垦荒种田，以期改善生活。

熊子真和何自新的突然出现，着实令熊仲甫吃惊不小。兄弟分别多年，今朝相见，虽有万语千言，却无从说起，只有手拉着手，相视傻笑。

在德安，熊子真和何自新一住就是一年。两人一起耕作、读书、求贤访友，过着隐士般的生活。实在闲得没事的时候，他们两人就让熊仲甫当裁判，比赛背书。

有一次，两人比赛背诵《纲鉴》，你来我往，难分伯仲。第一天，熊子真阅读卷二十《唐纪》共计27页，何自新则读完了全卷51页；第二天，熊子真不服气，不仅读完了《宋纪》全卷34页，还全部背诵了下来，何自新也不示弱，同样也在一天时间内读完并背诵了《宋纪》全卷。

什么是《纲鉴》？南宋朱熹因《资治通鉴》而作《纲目》，大书者为纲，分注者为目；纲仿《春秋》，目仿《左传》，到了明清时期，有人采用朱熹《通鉴纲目》的办法编写历代史，称《纲鉴》，如王世贞的《纲鉴》、袁黄的《纲鉴补》、吴乘权的《纲鉴易知录》等，都属于此类。这么复杂的历史专著，熊子真和何自新都能过目成诵，足见两人都是"记忆达人"。

德安当地人知道熊子真和何自新比赛背书的事迹后，都非常吃惊，认为他们俩是天生的才子，佩服得五体投地。有个叫胡佩九的私塾先生怀着十二分的敬佩心情，主动跑来求见熊子真，表达一番仰慕之情后，问道："熊先生可愿意做一名塾师？"

当时，熊子真正想找一份事情做一做，以补贴哥哥的家用，便满口答应下来。不久，在胡佩九的大力推荐下，年仅23岁的熊子真便成为了古塘王村的一名私塾先生。

1908年，熊子真和何自新从德安返回到故乡黄州。为了安全起见，熊子真化名周定中，住在百福寺白石书院孔庙里，招收了三十多个学生，继续担任私塾先生。在熊子真的课堂上，并不像其他私塾那样只教授四书五经，熊子真常常花上很长时间，对学生讲历史，讲地理，甚至讲体育，向学生们传授现代科学文化知识。一时间，周定中老师喜欢讲授新学的名声不胫而走。

一天，县视学林鄂平到学校检查教学情况，正碰上熊子真带着学生开展体育活动。两人一照面，林鄂平大吃一惊，问道："怎么是你？"原来，林鄂平几年前在省城见过熊子真，知道熊子真是日知会成员，还是张彪悬赏捉拿的要犯。幸亏林鄂平也是一位进步人士，同情革命党人。他随即笑着对熊子真说："先生的头很值钱哟，我要是上报的话，可就发财啰！"熊子真也笑了，说："不过，我这周定中的头应该不值钱吧。"说完，两人都哈哈大笑起来。

在担任私塾先生的日子里，熊子真还坚持阅读了大量书籍，尤其是易学著作，先后读完了《周易内传》《周易外传》《程氏易传》《近思录》等而且在读书的时候十分投入，几乎到了废寝忘食的地步。

有一次，何自新到百福寺白石书院孔庙来看望熊子真，正赶上熊子真在高声朗读王夫之的《读通鉴论》，整个人完全沉浸在书中，根本没有觉察到何自新站在身边。何自新便想捉弄一下他，顺手把桌子上的一杯墨汁推到熊子真的面前，说："读得唇干舌燥了吧，快喝口水吧！"

熊子真看都不看，端起墨汁就往嘴里倒，发现味道不对，才醒过神来，问道："什么水啊？"

何自新见他满嘴墨汁，大笑不止，说："饥不择食，渴不择饮，你都快读成书呆子了！"

熊子真不好意思地赶紧跑去舀了一瓢清水，把嘴巴漱洗干净后，重新坐下来，与何自新一同讨论起刚才读过的文章。

这样蛰居的生活，熊子真坚持了两年多。1911年6月的一天，忽然从汉口来了几个革命同志，约他一同去蕲春县办一件"重要的事情"。

熊子真二话不说，满口答应下来。

达城庙里偷金佛

来找熊子真的人名叫居正，是湖北省黄州府广济县人，曾留学于日本，并加入中国同盟会。1911 年初，居正回到武汉，与革命党人取得联系，准备策动武装起义。回来的时候，居正随身带来了八万元活动经费，在武昌以开招待所为掩护，四处活动，联络同志。不过，经过一段时间奔走，所带八万元所剩无几，居正万分着急，于是召集骨干同志一起商量筹款事宜。

可是，商量来商量去，一直都没有统一意见。最后，居正说："我早年听说在我们黄州府蕲春县洗马畈有一座达城庙，供奉着一尊巨大的金佛。我们是不是可以去将这个金佛搞到手，把金子抠下来，变卖后作为经费？"

"好，这个主意不错！"有人带头表示同意，接着其他几个人也都赞同。

1911 年暮春，居正和一个名叫焦达峰的革命同志假扮香客，秘密潜回黄州府蕲春县，对达城庙金佛的情况进行了一番细致考察。达城庙有大殿三间，金佛在中间大殿之内，被重重帐幔围住，很是神秘。焦达峰胆子比较大，趁人不备，偷偷转到金佛背后，用手推了推，金佛竟纹丝不动。焦达峰心中暗喜，看来这佛身的金子还真不少呢！

一番考察后，居正和焦达峰兴奋地回到武昌，与大家一起商量出下步行动方案。4 月下旬，居正带着刘文锦、查光佛两位革命同志，由汉口乘船抵达蕲春，准备动手。没想到，当时恰好赶上端午节，白天和晚上庙里人来人往，根本没有下手机会。三人只得返回武昌再择机行动。

前来邀约熊子真的这一次，应该是第三次行动了。这次阵势很大，势在必得。居正带着焦达峰、黎大汉等一行七人，从汉口来到黄冈，特地邀约上在家乡蛰居的熊子真。居正知道，当年这个"熊大胆"与庙里的菩萨打过交道，有经验，邀上他参加行动，肯定会有帮助。

得知居正一行人的来意，熊子真欣然同意参加盗佛行动。当看见大家都空着手后，他说："真正要动菩萨可不是一件容易的事，必须带上些必要的工具才行。"

听熊子真这么一说，居正一拍脑袋，说："是啊，子真说得有道理。得亏他提醒，否则我们又要成为'白跑游击队'。"于是，大家分头准备斧凿等工具，然后兵分两路，赶往达城庙。居正、焦达峰、熊子真等人走大路；有武功的黎大汉等人走小路。熊子真对这一带比较熟悉，在他的引领下，他们这一路先于黎大汉等人到达目的地。

夜幕已经降临，达城庙周围寂静无声，只有远处时不时传来几声犬吠，这正是动手的绝好机会。熊子真和另外一人，拿出斧凿，奋力将墙壁凿穿一个大洞。然后，鱼贯而入，摸进供奉金佛的大殿，合力将金佛放倒，拖到洞口的时候，大家发现根本出不去。熊子真很有经验，说："赶紧化整为零吧！"大家便动手将金佛敲成零碎小块，用衣服包成四个包裹，每人背一个，从墙洞钻出，消失在夜色中。

熊子真等人刚走出洗马畈，远远看见有人影晃动，吃了一惊。熊子真低声对大家说："天这么早，我们这幅行头很容易被怀疑为非盗即抢，不如赶紧把包裹藏起来，会安全些。"大家来不及细想，果断地把包裹扔进路旁的一个水塘里，并做上记号，以备日后来取。

等到办妥一切，前面晃动的人影也走近了。熊子真等人定睛一看，算是松了一口气，原来，那几个人是早起下田耕种的农民。这时，天色已经微明，为确保安全，大家决定还是空手撤退。

走到半路，大家的心情稍稍放松下来不久，又看见远处有几个人影在晃动。这次莫非真的是追捕盗佛贼的人赶来了？大家又都紧张起来，焦达峰说："还是子真有远见，得亏我们都空着手，不然恐怕真要惹麻烦了。"

待那几个人影走近，居正等人发现他们原来是黎大汉等四人。他们几个走的小路，本以为会早点赶到达城庙，结果半道上迷路，转来转去，整整走了一夜。

盗取金佛，以期从其身上抠下金子，现在看来，居正等人的这次行动，简直幼稚得令人难以置信。事后多年，熊子真等人回忆起这段经历的时候，也都觉得荒唐可笑。可是，那时他们根本不知道，所谓金佛，只不过是在泥塑木雕的表面上鎏了一层金而已，那点金少得可怜，哪里能够化掉变钱呢？

当年，最终帮助居正解决革命经费的是襄阳人刘仲文。刘仲文家境殷实，在留学日本期间加入中国同盟会。当他得知居正等人四处筹钱无果后，便以捐官的名义，向父亲刘子敬要到五千银元，悉数捐出，帮助居正等人解决了燃眉之急。

雄楚楼上的大情怀

1911 年 10 月 10 日，熊子真等革命同志期盼已久的武昌起义终于爆发。

早在 5 月份，湘、鄂、粤、川等省人民掀起保路运动，四川最为激烈，清政府派出大臣端方抽调湖北新军入川镇压，致使清军在湖北防御力量大为减弱。革命党人认为这是发动武装起义的绝好机会，决定于 10 月 6 日举事，后因故延后到 16 日。大家推举蒋翊武为军事总指挥，孙武为参谋长，刘仲文为总理。

不料，10月9日，在汉口俄租界的一个秘密据点，孙武等人配制炸弹时不慎引起爆炸。武装起义秘密泄露，湖广总督瑞澄下令搜捕革命党人，起义领导机关遭到破坏，蒋翊武被迫离开武昌，刘复基、彭楚藩、杨宏胜被捕遇难。情况万分危急，革命党决定起义提前到10月9日晚12时。但是，当晚武昌城内戒备森严，各标营革命党人无法联络，计划再度泡汤。不过，新军中的革命党人自行约定，在10月10日晚动手，以枪声为号。这天晚上，新军工程第八营的革命党人，因为拒绝按规定上缴子弹，而与上级军官发生冲突，打响了第一枪。各标营闻声而动，推举吴兆麟为临时总指挥，迅速夺取楚望台军械所，缴获大量军火。随后，武昌城内外各标营的革命党人纷纷率众起义，并迅速向楚望台集结，一时间起义人数达三千多人。湖广总督瑞澄从督署破墙逃走，第八镇统制张彪退出武昌，整个武昌尽在起义军的掌控之中。汉阳、汉口的革命党人也分别于11日夜和12日光复汉阳和汉口。起义军掌控武汉三镇后，推举黎元洪为都督，成立湖北军政府。

可惜的是，当时熊子真不在武昌，与首义之功失之交臂。但是，武昌起义的枪声一响，很快应者云集，这种局面的形成，得益于吴禄贞的"抬营主义"，得益于刘静庵扎实的士兵宣传工作，而熊子真则是这宣传工作的马前卒。

熊子真虽然没有参加武昌起义，但是，他全程参与了光复黄州的行动。

武昌首义成功后，10月15日，新成立的湖北军政府派黄楚楠、李长庚、刘子通等八人来到黄州府，与黄州的革命党人联络，准备策动黄防营起义。当时，作为骨干力量，熊子真担任秘书，参与了计划的讨论和制定。按照计划部署，18日夜半，黄防营的革命党人火烧黄州城内的河东书院，参加起义的士兵以火为号，鸣枪示威，冲出大营，成功驱逐了黄州官吏，在黄防营成立鄂东军政分部，执掌黄州府及黄冈县军政大权。

黄州光复后，熊子真随即跟随起义部队回师省城武汉，凭着出众才华，被任命为都督府参谋。

那是一段快意人生的日子。首义终于成功，多年的愿望终于实现，熊子真踌躇满志，决心为建设新的国家而贡献毕生力量。

12 月的一天，熊子真与吴昆、刘子通、李四光等黄冈同乡，聚会于武昌雄楚楼，共庆首义成功。这吴、刘、李三人可不是等闲之辈，在当时都是响当当的革命党人。

吴昆曾任同盟会本部评议员兼《民报》干事、同盟会辽东支部负责人，在协助黄兴和宋教仁创办《民报》、发动和组织长江流域及东三省反清革命过程中，做出过突出贡献，因此在同盟会内有"鄂籍会员四杰之一"的称誉。

刘子通 1905 年赴日本留学，攻读心理学，并首批加入中国同盟会；1908 年回国，任成都铁道学堂教习，因组织成都学生请愿，遭到四川总督赵尔巽通缉，化装潜回武昌，后参加武昌起义；1911 年 10 月 16 日，受湖北军政府派遣回到黄州府，策动清军黄防营起义，驱逐黄州知府、知县。黄州光复后，刘子通任鄂东军政支部政务科长兼交际。

李四光 1904 年 5 月赴日本留学，读大阪高工船用机关科，并加入中国同盟会，是当时年龄最小的会员；1910 年学成回国。武昌起义后，他被委任为湖北军政府理财部参议。

这一天，熊子真他们四人聚会所选的地点也非等闲之地。雄楚楼与南楼、烟波楼是武昌赫赫有名的"三大名楼"。相传明万历年初（1573 年），都御使赵贤在城墙上修了一座二层八角楼，雕梁画栋，此楼因雄踞在高大城墙之上，可以"远眺荆楚大地"，因此取名"雄楚楼"。站在雄楚楼上，极目楚天舒，熊子真等四人兴致极高，要来文房四宝，依次挥毫泼墨，抒发胸臆。

最先写的是吴昆。他写道："问余何意栖碧山，笑而不答心自闲。桃花流水窅然去，别有天地非人间。"这是李白的七言绝句《山中问答》，诗意淡远。

接着，刘子通写道："生而不有，为而不恃，功成而弗居，若有心若无心，飘飘然飞过数十寒暑。"这是发挥老子功成身退的古训，似乎在表达一种急流勇退思想。

李四光写得很简短，就四个字："雄视三楚。"字不多，却极有气势。

最后，熊子真写下八个苍劲大字，众人看后，都竖起大拇指，称赞他豪气贯透纸背。原来，熊子真选了佛经中的一句话，这句话是佛教徒们用来盛赞佛祖释迦牟尼的。熊子真可不管什么佛祖不佛祖，大胆地拿来自用。那八个大字是："天上地下，唯我独尊！"

看得出来，熊子真在写下这八个大字的时候，是何等的自信与自负，其狂放不羁之情跃然纸上。

战友情，驻心中

1912 年 1 月，中华民国临时政府在南京成立，孙中山就任临时大总统，黎元洪被选为副总统兼领鄂督。要说，黎元洪获得这么重要的职务，真的是运气超好，不亚于"天上掉馅饼"。

　　黎元洪 1864 年出生于湖北黄陂，人称"黎黄陂"。武昌起义爆发后，时任暂编陆二十一军统领的黎元洪更换便衣，由执事官王安澜带领，躲到参谋刘文吉位于黄土坡的家中。起义军闻讯找来，黎元洪吓得躲到屋中蚊帐后面，又从帐后钻入床下。起义军战士马荣将子弹推上膛，冲床下喊："快出来！"黎元洪只好从床下爬出。

　　平时，黎元洪对士兵很仁厚，尤其是他曾善待过刘静庵，所以起义军对黎元洪的印象并不坏，抓住他之后，也没有为难他，只是将其带到楚望台，接着又把他带到咨议局。目的是想利用他在军队的声望，让他担任革命军的都督，指挥大家与朝廷的援军对抗。

　　但是，黎元洪当时思想还没有转过弯，这样大的馅饼砸下来，躲都来不及，哪里还敢接，便推辞说："此举事体重大，务要慎重。我不是革命党，我没有做都督的资格，够资格的是孙文，你们何不接他来担任都督。"

　　这时，起义军将预先拟好的安民告示拿出来要黎元洪签字，黎元洪又拒绝道："莫害我，莫害我！"黎元洪如此不识抬举，周围的革命党人气愤地骂道："混蛋的家伙！满清的忠实走狗，干脆毙掉算了！"有个叫李翊东的革命党人举着枪，吼道："你本是满清奴才，当杀！我们不杀你，举你做都督，你还不愿意。你甘心做清朝奴才，我枪毙你，另选都督！"说着就要扣动板机。

　　黎元洪吓得面无人色，出了一身冷汗。此后几天，他被软禁在军政府，不思米食，缄默不语，直到 10 月 13 日，起义军的炮队击退了清廷的兵舰，局势越来越有利于起义军，黎元洪这才准备接受起义军的要求。

　　这天下午，负责看守的革命党人甘绩熙对黎元洪说："你这几天总是苦脸对待我们，太对不起我们了。我们抛头颅，洒热血，换来今天成绩，抬举你做都督。革命成功了，你可做华盛顿；革命不成功，你可做拿破仑。你很讨便宜呢！你再不下决心，我们就以手枪对你。"

黎元洪说："要杀我？我在此近三日，有什么事对不起你们?"

另一名看守陈磊接过话茬说："你的辫子就对不起我们！现在，武汉三镇人人都剪辫子，你身为都督，就该带个头，把这条猪尾巴剪掉。"陈磊所说不假，当时，大街小巷到处都张贴着告示："自起义始，各省响应，凡我同胞，一律剪辫。"

黎元洪说："你们不要如此激烈，我决心与你们帮忙就是。要剪辫子，我也有此意，你们去找个理发匠来，我把辫子剪去就是了。"

很快，黎元洪被剃了个大光头。为了表示庆贺，革命党人吴兆麟特地燃放了一挂鞭炮。革命党人蔡济民在旁打趣道："都督好像个罗汉。"黎元洪嘻嘻一笑说："像个弥勒佛。"一句话惹得大家开怀大笑。至此，黎元洪算是真正加入到了革命队伍，就任都督一职。

就职典礼在 10 月 17 日举行。那天，湖北军政府门前高筑祭坛，香烟缭绕，鼓乐喧天，祭坛上黄帝轩辕氏灵位庄严肃穆，湖北军政府都督黎元洪跪读祝文，三军鸣枪。

为了纪念武昌首义，黎元洪派季雨霖负责在武汉组建日知会调查记录所，专门收集整理革命史实，编纂《日知会志》，并聘请了一批昔日日知会的骨干成员担任编辑工作。时任军政府参谋的熊子真因为既熟悉情况，文笔又过硬，是编辑工作的当然人选。另外，季雨霖还聘请了孙武和蔡济民。

在编辑工作中，熊子真接触了大量革命同志的档案资料，烈士们的革命气概和英勇事迹，深深地感染着他，打动着他。特别是他的几位已经离开人世的好兄弟：何自新、王汉，还有刘静庵，令他无比怀念。

比如说刘静庵。1906年12月4日，江西萍乡、湖南醴陵起义全面爆发，湖北日知会秘密商议响应起义，却被接近日知会的卧底郭尧阶探知，遂向湖北巡警道冯启钧告密，并诬指刘静庵即清廷一直要抓捕的湖南会首刘家运。1907年1月13日，军警在黄陂县胡兰亭牧师的三姐家中，逮捕了在此藏匿的刘静庵。

刘静庵被捕后，铁骨铮铮。清廷组织了大小官员达十三人之多，对刘静庵进行会审，先用甜言诱供，继而百般恐吓，终至使用毒刑，鞭打刘静庵一千四百下。遍体鳞伤的刘静庵，自始至终都没有屈服。在狱中，他利用各种机会，联络旧友以中华铁血军的名义开展活动，指导革命同志努力奋斗。

由于多次遭受酷刑，加上狱中环境恶劣，刘静庵多次罹患重病。1911年6月12日，武昌起义前夕，铁汉刘静庵在狱中病死，年仅37岁。难友以至狱卒扶尸痛哭，基督教中西牧师同至狱中收殓。他的母亲赶至狱中，看到他骨瘦如柴、须发尽白的遗体，竟不能相信那就是自己的儿子！

再比如说何自新。他既是熊子真的革命领路人，也是他的救命恩人。当年熊子真遭到张彪追捕时，何自新冒死隐匿熊子真，帮助熊子真逃回黄冈。后来，日知会被破坏，何自新随熊子真隐居江西德安两年。两年里何自新角巾野服，自号庐江道人，不曾想，就是这两年，何自新竟然积劳成疾，最终于1910年病逝，年仅29岁。

还有王汉。在刺杀铁良失败后，胡瑛不仅返回武昌向革命同志详细介绍了王汉的英勇事迹，还东渡日本，在留学生报刊上大力宣传王汉壮举。留日学生反响强烈，在东京玉川亭，两百多名留学生为王汉举办追悼大会，宣传他的刺杀壮举。从那之后，革命党的许多敢死之士从个体的暗杀，进而发展为有组织的政治暗杀，先后产生了北方暗杀团、光复会、支那暗杀团之类的秘密组织，出现了一批具有理论素养的暗杀主义者，其中吴樾、刘师复、蔡元培、陶成章、徐锡麟、汪精卫、彭家珍等人，都多少受到王汉刺杀铁良的影响。

这一天，熊子真正在办公，突然有人求见。来者不是别人，正是王汉的堂兄王子书。

"王兄所为何来？"熊子真问道。

"我是专为表彰王汉之事来求你的。"王子书说。

原来，民国成立后，时任民国政府东三省筹边使的章太炎曾提议表彰革命先烈，并写出名单，王汉被列为第一人，但是表彰之事却迟迟没有落实。所以，此次王子书希望熊子真能够出面促成此事。

"好，这件事就交给我来办！"熊子真二话没说，当即应承下来。

送走王子书后，熊子真马上坐下来草拟呈文，并找到詹大悲、胡瑛等人联合署名，上书副总统兼湖北都督黎元洪，要求表彰王汉和何自新，让他们进入武昌烈士祠。然后，又向王汉牺牲地彰德写去一封信，请求当地政府负责查明王汉墓地，立碑为记或迁棺武昌举行公葬。

做完这一切，熊子真的心情仍然难以平复，他感佩王汉的事迹，担心其事将来会湮没不闻，又提笔饱含深情写作了《王汉传》，盛赞王汉当年的刺杀义举。

不过非常可惜，熊子真等人联署的请求呈文递上去之后，结果一半喜，一半忧。王汉之事被军政府秘书长饶汉祥压制，最终没有办成；何自新则被列入武昌烈士祠。

这些革命烈士的事迹究竟对熊子真的心灵产生了怎样的影响，我们已无从得知。不过，透过当年的一件小事，或可窥知一二。

在民国建立的这一年，熊子真与同乡月霞法师有过一次谈话。此后的一天中午，熊子真坐人力车行走在武汉的大街上，当时，晴空万里，天无片云，可是，熊子真忽然看见街道石板如幻如化，便自言自语道："哀哉！人生乃如是耶？"然后，怆然欲哭。

第六章
政治这玩意儿很伤人

坚决不礼袁大头

正当熊子真潜心编辑《日知会志》的时候，时局突然变化，所有编辑工作随即停顿。究竟发生了什么呢？

事情还得从封建军阀袁世凯篡夺辛亥革命果实，当上总统之职说起。1912 年 2 月，清帝逊位，南方独立各省选举袁世凯为临时总统。

作为一个老奸巨猾的政客，袁世凯为了赢得人心，进行了一些颇具欺骗性的政治表演。为了麻痹同盟会，他大力安抚拉拢同盟会会员，包括农林、工商、司法、教育等部长在内的内阁成员半数是同盟会会员。1912 年 8 ~ 9 月间，袁世凯还热情邀请孙中山、黄兴赴京，共商国计。8 月 24 日，孙中山应邀到达北京，袁世凯按照国家元首的规格进行了隆重接待，并答应孙中山提出的修建二十万里铁路的计划，还任命其为全国铁路督办。另外，黄兴在北上的途中，袁世凯就颁令授予其陆军上将军衔。黄兴到达北京后，上书辞谢不受。袁世凯又下发批复，盛赞黄兴的革命功绩。

袁世凯不仅向同盟会奉献"政治套餐"，还同时向社会各阶层派发"政治甜点"，支持民主。一时间，几百个社团、几十个党派涌现出来。1912 年 3 月，同盟会被宣布为公开政党，8 月被改组为国民党。康有为等立宪派也相继成立了统一党、共和党、民主党。各种报纸也如雨后春笋般冒了出来，据统计，至1913 年 7 月，全国报纸总数达 5000 种，销售数量达 4200 万份，其中新创办的报纸，北京最多，有 50 余种；上海次之，有 40 多种，天津、广州分别为 35 种和 30 种。不仅拥袁的报刊，制袁、反袁的报刊也都可以公开出版发行。

不过，熊子真对袁世凯却始终没有什么好感，甚至还有着天然的反感。

有一天，熊子真正在编辑部忙碌，好友胡瑛找上门来，说："子真啊，我看这北京的袁大总统还不错，现在正在搞国会选举，你我兄弟曾为革命殚精竭虑，不如我们俩结伴同行，北上参加选举，到国会去争取个席位。"

"我是不会去的，你最好也别去。近来，袁世凯对我们同盟会的一些做法，我总感觉有些热情过度，恐怕不怎么靠谱。"熊子真冷静地说。

胡瑛还想劝，熊子真一直坚持自己的判断。最后，胡瑛说："既然你意已决，我也就不多说了，我只得随其他同志北上了。"

熊子真握了握胡瑛的手，说："老弟，也只能如此了。祝你一路顺风!"

第二天,胡瑛果真走了,熊子真没有去送行。

实事证明,熊子真对袁世凯的判断是正确的。

1913 年 2 月,袁世凯根据《临时约法》,进行国会选举,结果,国民党在两院 870 个席位中,占有 392 席,共和党 175 席,统一党、民主党各 24 席,其他席位为跨党者和无所属者。国民党成为最大赢家,预备由宋教仁出任内阁总理。

可是,对于袁世凯来说,这种结果自然不是可喜事情,因为这意味着他的总统权力将会受到巨大制约。1913 年 3 月 20 日,宋教仁在上海沪宁车站遭到暗杀。当时的种种迹象表明,暗杀行动的幕后主使就是袁世凯。

为了给"宋案"讨一个公道,正在日本访问的孙中山立即回国,在上海召开会议,主张进行"二次革命",武力逼袁下台。但是,当时国民党内部存在巨大分歧,以黄兴为代表的一部分领导人倾向于使用和平手段,在不破坏《临时约法》的框架内,以法律的方式同袁世凯抗争。

4 月 26 日,以袁世凯为首的北洋政府又绕过国会,进行"善后大借款",与英、法、德、日、俄五国银行团签订丧权辱国的借款合约,用国家的盐务管理权作抵押,借款 2500 万英镑。这举动进一步激起了国民党的强烈不满。5 月初,国民党员江西都督李烈钧、广东都督胡汉民、安徽都督柏文蔚通电反对借款。

6 月,袁世凯下令免除李烈钧、胡汉民、柏文蔚三人都督职务,并派北洋军第六师李纯部进入江西。7 月 12 日,李烈钧在孙中山指示下,从上海回到江西,在湖口召集旧部成立讨袁军总司令部,正式宣布江西独立,并通电讨袁,孙中山主张的

"二次革命"爆发，随后江苏、安徽、上海、湖南、福建、四川、广东等地都宣布独立，浙江、云南则保持中立。

"二次革命"爆发后，熊子真响应孙中山号召，坚定地站在讨袁阵营一边，以笔为枪，撰写讨袁檄文。身处武汉的他写信给远在天津的《庸言》编辑吴贯因，申述讨袁志向。在信中，他写道："今之执政，不学无术，私心独断，以逆流为治，以武力剥削为能，欲玩天下于掌上，其祸败可立矣。"对袁世凯的评价可谓一针见血。

但是，"二次革命"的行动者们万万没有想到，他们的武装行动竟然遭到了国内许多人的反对。有人直接指斥他们是以反袁为借口，实质上是为了争夺权力，甚至有人还说他们以革命的名义绑架全国人民，所谓的"二次革命"根本不配称作革命。而且，那些已经当选为国会议员的国民党员们，大多也不支持搞什么"二次革命"。

相比之下，袁世凯则赢得了国内多数人的拥护，很多地方的官员、商会及其团体都发出了反对"二次革命"的电文。之所以如此，一方面，是当时人心普遍思安，不想再起战端；另一方面，是袁世凯的政治秀取得了成效，麻痹了广大民众。

所以，在战争双方的实力完全失衡的情况下，武装交手仅仅持续了两个月时间，"二次革命"便宣告失败，各地宣布取消独立，孙中山、黄兴、陈其美等人遭到袁世凯通缉，相继逃亡日本。

"二次革命"失败后，熊子真虽然没有受到什么牵连，但是经此变故，他认为再没有必要待在湖北都督府，便申请脱去军装，退伍回乡。其实，以当时世俗眼光看，这个决定并不是一个利益最大化的决定，因为一旦离开都督府，就等于是放弃了仕途。

可是，熊子真所做的这个决定是经过深思熟虑的，也是义无反顾的，因为他发现，其实有另外一种活动比做都督府的参谋，可能更有意思。这种活动，就是学术研究。

是的，在这一年里，除了关注政治之外，熊子真还潜心学术，写出了《证人学会启》《答何自新书》《健庵随笔》（两则）和《翊经录绪言》等一组很有分量的文章，先后发表在天津的《庸言》上，署名为"黄冈熊升恒"或"黄冈熊升恒子真"。

很快，熊子真的退伍申请得到批准。在领到一笔还算丰厚的退伍安置费共计三千银元后，熊子真离开武汉，直奔江西德安。

在德安，家里的人都过得还好吗？

显然，此时的熊子真已然归心似箭。

喜结连理事儿

大龄青年熊子真回到江西德安，首先用那笔安置费在德安石门芦塘畈购买了三百亩土地，并建起了一座四合院住宅，让大哥熊仲甫及熊氏兄弟一大家子人都过上了不愁温饱的日子，自己则集中精力读书。

转眼就到了新的一年，已经30岁的熊子真履行婚约，风风光光地迎娶前清老秀才傅晓榛的小女儿傅既光。这门亲事，早在几年前就已经定下。

那是在1908年，熊子真随何自新从德安回到黄冈，先是在白石书院孔庙教书，后来又到邻近的马鞍山的黄龙岩东岳庙担任塾师。那时，熊子真化名周定中，采用新式教学法，远近闻名。离私塾不远住着一家富户，主人是一位颇有声望的郎中，他便是傅晓榛傅老先生。傅先生在行医之余，喜欢吟诗作赋，国学底子深厚。他听说私塾新来的周先生颇有学问，便经常前往拜会，一来二往，两人熟络起来，变成了忘年交。

一天，傅先生又与熊子真聚在一起切磋学问，解决了一个困惑很久的学术问题，心中十分高兴，便夸赞道："周先生学识不凡，依老朽看，与上巴河的才子熊子真不分伯仲啊！"

熊子真听了，微微一笑说："您老过誉了。实不相瞒，在下就是上巴河的熊子真。家父就是塾师熊其相，不知您老可否认得？"

傅先生吃了一惊，说："哦？你就是其相先生的三公子熊子真啊！哈哈，其相先生，我岂止是认得，幼年时我们还是同窗呢。"

熊子真赶紧起身再拜，并以师伯相称，接着又一五一十把自己如何到武汉，如何加入日知会，如何遭到通缉隐姓埋名，向傅老先生讲述了一遍。

傅老先生听后，爽朗一笑，说："无妨，无妨，祸兮，福之所倚，贤侄此番大难过后，必有后福！"

如此开明的老人令熊子真十分意外，也愈发亲近起来。

"敢问贤侄成家否？"傅先生笑眯眯地问。

熊子真挠了挠头，说："家父过世早，家中一切全靠兄长支撑，状况一直不好，哪能成家？后来，我远赴武汉，在外漂泊六七年，更是无暇解决个人问题。"

熊子真本以为傅老先生只是随便问问而已，没有想到，这位开明的老人竟然自己做起媒人来。老先生说："小女既光，与你年岁相仿，自小熟读诗书，颇为懂事。如你不弃，我愿将她许配给你为妻，你意下如何？"

这可是天上掉馅饼的好事啊！熊子真见过傅既光后，发现傅家小姐不仅漂亮文静，而且聪明贤惠，心中大喜，便将亲事答应下来。不料后来武昌起义爆发，熊子真参加黄州光复活动，后又随军到武昌，入职军政府，结果把婚事耽搁了下来。

这次退伍回乡，熊子真要办的很重要的一件事情，就是履行前约，把傅家小姐既光迎娶进门，完成人生一件大事。

如今，自然是不用为钱发愁了。为了表达对傅老先生的知遇之恩，熊子真决定把婚礼搞得风光一些。婚事在老家黄冈上巴河的张家湾举办，按照当地风俗习惯，熊子真把婚嫁仪式的每一个环节都正正规规地走了一遍，婚礼热闹非凡，整个张家湾的人都吃上了熊子真的喜酒。

鄂东地区的婚嫁风俗非常独特，十分有趣。第一个程序是送彩礼，熊子真委托一个人充当媒人，负责互换男女双方的生辰八字，叫作换帖，并掐算了婚期，叫作选日子。日子选好后，熊子真又"送大节"——按傅家与媒人事先商量好的清单，送上一份丰厚的彩礼，有银元、耳环、戒指、手镯、银项圈等贵重物品，也有衣料、丝线、鞋袜等日常用品。衣物、衣帽、鞋袜必须是四、六、八双数，寓意为"好事成双"。"送大节"后，就是"完婚"。在一帮亲友的陪同下，熊子真盛装到傅家迎接新娘傅既光。新娘傅既光出嫁前三天，饮食起居都由要好的邻家姐妹陪伴。出嫁这天，她在娘家吃了"六大碗"，也就是六种菜式，然后，来到父母面前，边哭边拜了四下，意为不舍娘家人，也表示把眼泪留在娘家作财产，图吉利。傅既光上轿前，父亲傅晓榛用石榴水喷洒花轿，嘴里念道："红花水，喷花轿，姑娘嫁去夫人样。"傅既光出娘家门后，不能回头，否则不吉利。熊子真将新娘子接到家后，便是拜堂，拜完后入洞房。一帮年轻的小伙子兴致勃勃地闹洞房，闹到大半夜，整个婚礼才算结束。

接下来，是蜜月。不过，熊子真非常另类，没有像很多新郎那样，整天与新娘子黏在一起耳鬓厮磨，而是常常把妻子傅既光冷在一边，自己埋头读书。受到冷落的傅既光心里自然有些不高兴，就想治一治跟前的这个"书呆子"。

通过观察，傅既光发现熊子真那几天一直在捧读二十四史，而且一页接着一页，翻看得很快。"哼，这哪里是念书？分明是走马观花，有什么用？"傅既光气不打一处来，走到熊子真的面前说："哪有你这样读书的？恐怕连大概意思都没有看清楚吧！"

熊子真冲妻子扮了一个鬼脸，小声说："呵呵，我读书都这样，全记在脑壳里了。"

傅既光当然不信，白了熊子真一眼，说："吹牛！我考考你。"

"行！随你点。"熊子真把书递给傅既光，胸有成竹地说，"你随便起个头，我保证把下文给你背出来。"

"你也太狂了一点吧，这样的牛皮也敢吹啊？"傅既光这样想着，接过书，随手翻到一页，起了一个头。结果，熊子真果真把下文都背诵出来，而且还能够指出那个典故是在第几卷。

傅既光一听，简直佩服得五体投地。从此，她再也没有耍小性子妨碍熊子真读书了。有时候，看见熊子真读书读得辛苦，她还会端上一杯热茶，或着递上一条热毛巾。

蜜月一晃而过，熊子真带着傅既光来到德安。邻居们听说熊家三先生成亲归来，都跑来祝贺，甚至还有人请他们到家里去喝酒洗尘。

熊子真本不善饮酒，但是那一天架不住众人的三劝两劝，喝着喝着，不知不觉就喝高了，结果还闹出了一个笑话。人家扶着他摇摇晃晃地回家，傅既光已经铺好新床，等他就寝。没有想到，喝得神志不清的熊子真说什么都不愿意睡新床，喷着一股浓重的酒气说："男女授受不亲，何能同床？非礼也，非礼也！"尚未走出门的乡邻听后，忍不住笑出声来。不久，熊子真不愿睡新床的笑话传遍了十里八乡。

1915 年 10 月，熊子真和傅既光迎来了他们的第一个孩子，活波可爱的女儿熊幼光。

政治，竟然是肮脏的

1913 年到 1916 年间，熊子真在德安除了购田置产，结婚生子之外，他还如饥似渴地发奋读书，为的是把过去因闹革命而耽误的时间补回来。

在离德安城南十二里的九仙岭，有一座阳居寺，熊子真觉得不错，是个适合读书的好地方。于是，他辞别妻子，搬进寺庙里，过起了"两耳不闻窗外事，一心只读圣贤书"的日子。可是，没过几天，熊子真发现这座寺庙香火很旺，来来往往的香客太多，其实并不太适合读书。他便重新物色安静之所，不久便发现德安城北三里的心佛寺相对要安静很多，而且住持还是一位懂诗的高僧。熊子真便搬了过去。可是，没出几天，问题又来了，那位住持僧并不是个低调之人，喜欢经常邀请一些有头有脸的人物在一起吟诗作赋。熊子真对他那副阿谀谄媚的嘴脸实在受不了，便决定再继续找地方书读。找来找去，最终在德安城西北二十五里的望夫山上，找到了合适地方。这个地方就是始建于南唐保大二年（944 年）的双峰寺，此寺因位于两座山峰之间而得名，香客不多，非常清净，庙里的僧人们也低调和善，更重要的是，这里距离家里只有六里地，很方便家里人送饭送衣。

可以这样说，双峰寺的确是熊子真的一块"福地"，在这里，他潜心钻研了经学、子学、佛学和商务印书馆翻译的西方哲学书籍，并且写出了很重要的学术文章《船山学自记》《某报序言》《记梁君说鲁滂博士之学说》等。其中《船山学自记》，文辞典雅，意境深沉，正如学者郭齐勇先生所说："颇能反映熊先生通过曲折、烦恼及生命悲情，转而探求人生真幻问题与安心立命之道。"

这样隐居的日子，对于熊子真来说，是个人思想修养得到极大提升的一段时光，也是其内心充实愉悦的一段时日。这样的日子似乎过得特别快，转眼就到了 1917 年，熊子真平静的隐居生活被打破了。

原来，熊子真离开军营，在德安潜心读书的这几年，外面的世界又发生了巨大变化。首先是袁世凯倒行逆施，于 1915 年 12 月 12 日登基称帝。云南督军蔡锷与云南将军唐继尧等人，在昆明宣布云南独立，建立云南都督府，组织了大约两万人的讨袁护国军，"护国战争"爆发。在国内与国外形势的逼迫之下，众叛亲离的袁世凯不得不于 1916 年 3 月 22 日宣布撤消帝制。6 月 6 日，袁世凯病死，护国战争取得胜利。

袁世凯死后，黎元洪担任总统，段祺瑞出任总理，宣布恢复被袁世凯废止的《中华民国临时约法》和国会。此时，第一次世界大战即将结束，就中国是否向德国宣战的问题，黎元洪与段祺瑞意见不统一，段祺瑞主张参战，而黎元洪及国会则不同意。

府院之争的结果是，段祺瑞被黎元洪免去总理之职，带领辫子军的张勋被黎元洪招入北京。不料，张勋却迷恋帝制，竟然拥溥仪复辟，国会再次被解散。

段祺瑞在天津通电讨张，并组织讨逆军，成功驱逐张勋，复辟丑剧仅仅闹腾了 12 天。经此变故，黎元洪引咎辞职，冯国璋接任总统。段祺瑞称这个事件为"再造共和"，认为旧国会已被解散，原有法统已经不再存在，于是与梁启超等人一起，组织临时参议院，成立新政府。

以孙中山为首的南方革命党人为维护《中华民国临时约法》和恢复国会，在广州建立护法军政府，并组成非常国会。孙中山就任海陆军大元帅，率粤、桂、湘、川等军抗击段祺瑞执政府，掀起"护法运动"。

身处德安的熊子真从报纸上了解到这一国内形势，再也坐不住了。不久，他重新穿上军装，投身到轰轰烈烈的护法运动中，并在湖南参加了桂军抗击北洋军阀的战争。

1917 年 8 月 6 日，段祺瑞派出心腹大将傅良佐取代谭延闿为湖南督军。9 月 9 日，傅良佐率北洋军到达湖南后，就下令免除原同盟会会员、零陵镇守使刘建藩和驻衡阳湘军旅长林修梅的职务。18 日，刘、林二人联名通电，宣告"自主"，脱离北洋政府。

西南护法各省把湖南督军换人，看作是段祺瑞即将进军西南的信号。于是，桂系决定派出桂、粤联军 80 营援助湖南。10 月 3 日，孙中山正式下令讨伐段祺瑞，湖南护法军组成以程潜为首的湘南总司令部。段祺瑞也向北洋军下达了讨伐令，傅良佐任命第 8 师师长王汝贤为湘南司令、第 20 师师长范国璋为副司令，分三路讨伐湘南。10 月 6 日，北洋军和湘南护法军在湘潭西倪铺接战。

战争持续了一个多月。11 月 14 日，北洋直系军阀王汝贤和范国璋不愿为段祺瑞卖命，径自通电议和，并撤离战斗前线。20 日，护法军攻占长沙，控制了湖南。

在这场战争中，熊子真积极奔走于湘桂之间，全力以赴支持桂军抗击傅良佐的军队，起到了很重要的联络协调作用，为战争的胜利作出了自己的贡献。

取得胜利后不久，熊子真在朋友白逾桓的邀请下，一同南下广州，进入军政府，成为孙中山的幕僚。

白逾桓 1876 年出生于湖北天门，早年留学日本，在明治法律学校就读，并加入中国同盟会，被推为干事。1907 年初，与宋教仁、吴昆由日本回到东北，成立了同盟会辽东支部，策划起义，事泄被捕，在押解途中逃脱。后来，他改名为吴操，在北京创办《国风日报》，任社长兼总编辑，继续宣传反清革命。武昌起义后，他南下汉口，担任任湖北都督府参议，与熊子真同事，并成为好朋友。

不过，令熊子真没有想到的是，到达广州后的白逾桓，在政治上竟然发生了很大转变，与自己的政治主张有了明显的冲突。白逾桓先是反对选举孙中山为非常大总统，后来又与陈炯明纠合在一起，反对孙中山的北伐主张。

1917 年 11 月 22 日，总统冯国璋免去段祺瑞国务总理之职，任命王士珍为国务总理，段祺瑞内阁再次倒台。广州军政府内部形势也发了变化，桂、滇两系军阀不仅在护法战争中勾结直系罢兵议和，破坏孙中山护法宗旨，而且还拉拢国会中的政学会分子和国民党保守派破坏护法军政府，排斥孙中山，企图夺取护法运动的领导权。

1918 年 5 月 4 日，被人操纵的非常国会强行通过《修正军政府组织法案》，孙中山被迫辞去大元帅一职；20 日，非常国会改组军政府，完全由桂、滇军阀及其附庸所控制，护法成为空名。孙中山看透了桂、滇军阀名为护法、实为争夺地盘的面目，认识到依靠军阀不可能达到护法救国的目的，遂于 21 日离开广州，前往上海，护法运动宣告失败。

作为孙中山的幕僚，熊子真当然目睹了这一场权力角逐的全过程。在广州的这些日子，熊子真越来越觉得，现实情况与他当初参加辛亥革命、护法运动的理想之间，存在着巨大的反差。这种反差，使他深受刺激，心灰意冷，对政治深感失望。他原来以为，政治革命理当促进道德进化，然而他看到，政治运作不过就是一些肮脏的交易罢了。

所以，随着孙中山的离去，熊子真也毅然选择离开广州。

在上海滩留下的一个遗憾

1918 年 6 月，离开广州，熊子真再次回到江西德安。这之间，他途径中国的东方大都市上海，去看望一位老朋友。

那时的大上海究竟什么样呢？学者吴国英曾在《炎黄春秋》上撰文，简要地描述了一幅旧上海的风情画卷。现摘录几段如下，或可帮助了解当年熊子真初入上海的所见所闻。

"上世纪初的第二个十年，是上海这座现代化大都市发展史上一个非常关键的十年。一方面，上海已经初具规模，具有异国色彩的现代教育、现代商业、现代工业以及现代餐饮业已经萌芽、生根、开花，已经与林林总总的中国传统产业在一起，成为上海人日常生活不可或缺的一部分；另一方面，从俄国及其他东欧国家流亡来沪的各国侨民，与 19 世纪先来一步的西欧、北美侨民一起，带来了异域文化和新的色彩。这种异域文化和中国传统文化、上海的本土文化海派文化的撞击和融合，既产生了新鲜感，又产生了某种不安。

"在当时上海的知识界中，穿西装已经是很普通平常的事情了，非常受欢迎。'洋服似将成为世界普通之装束。各种族各阶级之人民，均用洋服。君当知舆论以为不着洋装，即不文明。'

"尽管上海知识界文明开化较早，但却竭力反对女子穿西装和烫发。'男子尚无害，吾国妇人中，在衣服上有较此尤劣者，有人不特效法外人之装束，且又效外人之整发，其形状实属可咽。'男子可以穿西装理西发（分头），女子却不可以穿西装理西发（烫头）。

"那时候在上海，不但有人大胆地穿上了西式男女服装，同时有人大胆地戴上了巴拿马礼帽。那时候，一顶正牌巴拿马礼帽售价是大洋 20 元。买不起的，只好买仿制品，售价仅为 5 元。

"现在，流行于世界各国的经济贸易博览会，在 1918 年的上海已经成功地举办过，不过那时上海人称之为'赛珍会'。地点是在张园，时间为上午九时至夜半，会期共计三天。

"会上，举办各种文艺表演，有皮影戏、杂技、戏剧，动物园展出各种珍奇动物，各展台出售各式各样、千奇百怪的小物件和纪念品；晚间则施放绚丽多彩的焰火，更是吸引得游人如海如潮，把经贸博览会推向高潮。

"会上有文物馆，展出中国古代字画及古代瓷器；有实业馆，展出丝绸、茶叶、地毯、漆器、象牙制品等中国传统制品。

"1918 年，上海最好的旅馆有'共和旅馆'和'中央旅馆'。'共和旅馆'距离上海火车站仅一英里，距离邮局仅有两个街口，每日房价从二元到十元不等。'共和旅馆'是中西餐兼营的旅馆。早餐的饮食是：面包、大饼、粥、火腿、腌肉、炒蛋、牛奶；午餐的饮食是：饮料有葡萄酒、红酒、香槟酒、汽水、咖啡，大菜有烧鸡和炖牛肉，佐餐的水果有苹果、梨、葡萄；晚餐有煮牛奶炖鸡蛋，蛋要炖得很嫩，吃前加上一点奶油，还有其他饮食。旅店的各项服务遵循细心、周到、满意、礼貌的原则。旅客既可以在餐厅用餐，又可以在客房用餐，由侍应生随时送到，遵从旅客吩咐；旅客写好的信件，要购买的报纸，既可自己去邮局投递购买，又可由侍应生代劳，悉听旅客方便。"

可以设想一下，熊子真进入中西文化交流融合的大上海，会是怎样的一种心情呢？是好奇，还是惶惑？是接纳，还是抵触？也许兼而有之吧。若干年后，熊子真曾说，1918 年夏天他去逛了逛上海的书市，特别想买一本清代"扬州学派"代表人物汪中的著作《述学》。可是，他一连走了好几家书店，只见摆满了海淫海盗的小说，就是没有想要的《述学》，心中非常失落。

要知道，熊子真当时是多么迫切地想读一读汪中的作品啊，因为汪中这个人很对他的脾气。汪中是江都人，也是个典型的"励志哥"。他 7 岁丧父，家境贫困，无力求学，由母亲邹氏启蒙；14 岁在书店当学徒后，才有了博览经史百家书籍的机会，自学成才，故扬州民间有"无书不读是汪中"的说法。这与熊子真早年的经历非常相似。汪中还是个"犀利哥",他生性狂放,爱骂人,且无所顾忌。他曾说扬州城里,读书读通了的人只有三个,第一是汪中,第二是王念孙,第三是刘台拱。当时,有一个士大夫写了一卷诗,特地跑去让汪中品评。汪中笑嘻嘻对那人说:"君不在不通之列。"那人大喜过望,却又故作谦虚状。汪中大笑说:"君再读三十年书,可望通矣。"顿时,那人脸涨得通红。汪中虽然狂放,口头表达能力却一般。有一次,他与后来考中康熙五十五年恩科榜眼的洪亮吉一同泛舟,高谈阔论之间,因一观点不同而发生激烈争辩。不料,洪亮吉口才一流,铁嘴铜牙,汪中根本辩不赢,情急之下,汪中一把将洪亮吉推到水中,幸亏一旁的船夫及时下水将洪亮吉捞起,才没有闹出人命来。

说实话,对汪中这样的人,熊子真打心眼里喜欢得不得了。所以,熊子真就像一个"骨灰级粉丝"一样,一直都留心收集、研读汪中的著作。只可惜,偌大一个上海,竟然找不到一本汪中的著作。身处上海滩,熊子真深感中国传统文化正在承受着西方文化的巨大冲击。

这次到上海,熊子真还特地去看望了老朋友张纯一。

张纯一,湖北汉阳县人,是清末秀才,1904年在武昌圣公会主办的文华学院教授国文,与何自新是同事,同熊子真相识;1907年,刘静庵等因密谋响应萍浏醴起义而被捕,张纯一因参与营救刘静庵等人而遭到通缉,被迫逃到浙江,在温州师范学堂担任伦理教习,后来到上海参加淞沪反清起义活动,并担任上海广学会编纂,兼办《大同报》。民国初年,张纯一也如熊子真一样,对辛亥革命以来的社会现实进行了反思,他"痛士习民风的凋敝",认为"革政不如革心"。

他乡遇故知，乃人生一大快事。熊子真和张纯一相谈甚欢，深入地交流着彼此的思想观点。尽管张纯一比熊子真要年长14岁，但是，他十分佩服熊子真的学识，拿出自己的存稿《策谈道书》向熊子真征求意见。熊子真看过之后，认为张纯一的书稿，阐明基督之道，有益于世道人心，便为之作序。在序言中，熊子真流露出看破红尘，不愿再与党人政客往来的心声。他写道："茫茫天地，契心几人？并此寥寥者，亦复难聚，惟有撑拳赤脚，独来独往于天地之间而已。"

离开上海回德安时，熊子真经过庐山，特地去了周敦颐曾经隐居的"濂溪书堂"和朱熹当年教学的"白鹿书院"旧址。

参观了两位大师的故居旧址，熊子真感触良多，特别是看过"濂溪书堂"后，他题笔留言，写道："数荆湖过客，濂溪而后我重来。"其襟怀和豪气，由此可见一斑。

回到德安，熊子真正式开启了其不问政事、专心学术的学者生涯，在其后几十年的时间里，实现了由一个旧民主主义革命者向一位哲学大师的艰难而华丽的转身。

第七章
"登堂入室" 去北大

"骂不还口" 做诤友

回到德安，熊子真重上望夫山，在双峰寺里安心读书，潜心著述。1918 年冬，他将自己从 1916 年以来的二十五则笔记，汇编成册，取名《熊子真心书》，进行自费印刷。这部书是熊子真思想转变的重要标志。过去，他积极革命，那是对社会进行的一种表层的政治关怀；如今，他开始转向深层的道德关怀。在《熊子真心书》中，他对辛亥革命后的政治乱象进行了深刻反思，发现了民族道德价值的旁落。

尽管《熊子真心书》只是一本自费书，但是为之作序的可是一位鼎鼎大名的人物，这个人就是蔡元培。那么，在学术界默默无闻的熊子真是如何请到学界泰斗、北大校长蔡元培作序的呢?

当时,熊子真将《熊子真心书》编辑成册后,正好朋友胡佩九来看望他。看过书稿,胡佩九建议熊子真去请一位在学界有名望的人作序,可以提升书的品位。熊子真觉得这个建议好,立马想到了蔡元培,他认为蔡元培的声望和人品都是完全值得信赖的,于是鼓起勇气,将书稿寄给了蔡元培。

蔡元培,浙江绍兴山阴县人,是中国近代革命家、教育家、政治家,也是中国近代民族学研究的先驱,曾任中华民国首任教育总长,1916 年开始担任北京大学校长,革新北大,开"学术"与"自由"之风。他曾明确地指出:"大学为纯粹研究学问之机关,不可视为养成资格之所,亦不可视为贩卖知识之所。学者当有研究学问之兴趣,尤当养成学问家之人格。"1918 年 1 月中旬,蔡元培在北京大学创办进德会,提倡"进德",以之与社会浊流作斗争,影响很大。当时还在广州的熊子真曾积极响应,向进德会捐赠了一批图书,正是那时同蔡元培先生有过书信往来。

蔡元培先生可谓名副其实的"学界泰斗,人世楷模",收到熊子真的书稿后,并没有因为作者毫无名气而有丝毫怠慢。在认真阅读完书稿后,他欣然提笔作序,写道:"今观熊子之学,贯通百家,融合儒佛。其究也,乃欲以老氏清净寡欲之旨,养其至大至刚之气。富哉言乎! 遵斯道也以行,本淡泊明志之操,收宁静致远之效,庶几横流可挽,而大道亦无事他求矣。"给予熊子真很高评价。

能够得到蔡元培作序,熊子真无疑是幸运的。这份幸运既反映出蔡元培先生不遗余力奖掖后学的伟大胸怀,也反映出熊子真识人眼光的敏锐和独到。如果当初熊子真选中的不是蔡元培而是另外一人，那么，最终的结果可能就不会这么幸运了！
想想看，像蔡元培先生这般无私伟大的人物，在现实生活中究
竟会有几个？

对于熊子真来说，这个序言极为重要！它不仅极大地增强
了熊子真钻研学术的自信心，也在学界为他赢得了极大声誉。
如果说，熊子真是一块金子，那么，蔡元培就是那个把金子从
泥土中挖出，并小心翼翼为之揩去泥土的淘金人。

1919 年 5 月，由于北洋军阀的黑暗统治，中国工人阶级的
壮大，新文化运动促进思想解放，十月革命给中国人民送来了
马克思主义，再加上欧洲巴黎和会的外交失败，"二十一条"的
签订，终于引发了轰轰烈烈的"五四"爱国运动。"五四"运
动进一步提高了中国人民反帝反封建的决心和觉悟，促进了全
国人民对改造中国问题的反思和探索，也促进了新思潮的蓬勃
兴起，特别是马克思主义的传播，为中国共产党的诞生奠定了
基础。

在这种背景下，熊子真离开德安，经朋友介绍，应聘到天
津南开学校担任国文老师。南开学校是一所著名的私立学校，
于 1904 年由著名爱国教育家张伯苓先生创办，以校风优良、名
师荟萃、人才辈出而闻名于世。梁启超曾说过："假使全国学校
悉如南开，则诚中国之大幸。"

对于熊子真来说，当教师已经不是什么难事，在黄冈和德
安的时候，他都是享誉四方的教书先生。所以，在南开学校，
他的教学效果也很不错，赢得了学生的喜爱和同事的认可。不
过，作为国文教师，熊子真却和教理化的老师孙颖川有着共同
的话题，经常凑在一块，讨论中国文化，比如就"中国何以向
来无科学思想、民主思想"这个话题，他们俩就曾经进行过非

常深入的探讨，最后，他们达成一致意见，认为是由于两千多年来封建专制的毒害，最终禁锢了人民的学术思想。

在教书和探讨学术之余，熊子真依然保持着广泛阅读的习惯。有一天，他在学校阅览室里翻看过期杂志时，无意中读到了一篇文章，结果，这篇文章再一次改变了他的人生走向。那是一篇什么文章呢？

原来，在 1916 年出版的《东方杂志》十三卷第五至八期上，连载了一篇署名为梁漱溟的长篇文章《究元决疑论》，指名道姓地批评熊子真发表在当年《庸言》上的那组文章，说熊子真"愚昧无知"，根本不解佛教真谛。

一向狂放的熊子真一口气读完这篇点名骂自己的文章，竟然没有生气，反而觉得这个叫梁漱溟的人值得结交。这就好比一个武功大师，忽然有一天碰到了另一位武功大师，油然而生惺惺相惜之感。

那天，熊子真从图书馆回到宿舍，饭都顾不上吃，趴在桌子上给梁漱溟写了一封信，在信中他表示要与梁漱溟进行当面切磋。信寄出不久，熊子真就收到梁漱溟的回信，表示欢迎熊子真能到北京一晤。

转眼到了暑假，熊子真从天津专程跑到北京，在广济寺内见到了借居在那里的梁漱溟。熊子真本以为，从《究元决疑论》所反映出来的气质品质和学术涵养来看，这个指名道姓骂过自己的人，起码应该是个四五十岁的大学教授才对，可是，等见面一看，不禁大跌眼镜。梁漱溟哪里是什么四五十岁的老头，分明是一个戴着眼镜的文弱的二十六七岁的小青年。而当时熊子真已经 35 岁。更令熊子真感叹的是，经过一番交谈，他发现眼前这个小弟弟不仅学养深厚，还是一个有着丰富经历的牛人。

熊子真的感觉是对的。梁漱溟 1893 年 10 月生于北京的"世代诗礼仁宦"家庭，他曾一度崇信康有为、梁启超的改良主义思想，在辛亥革命时期转而参加了同盟会京津支部。他也曾热衷于社会主义，著《社会主义粹言》小册子，宣传废除私有财产制。20 岁起，他潜心于佛学研究，几度自杀未成，后逐步转向儒学。梁漱溟说："我愿终身为华夏民族社会尽力，并愿使自己成为社会所永久信赖的一个人。"1916 年，他发表《究元决疑论》，引起学界关注，被蔡元培聘请到北京大学任教，讲授印度哲学。1918 年 11 月，他在北大出版部出版了《印度哲学概论》。1919 年 1 月，他在北大发起组织哲学研究会。"五四"运动爆发后，他在《国民公报》发表《论学生事件》。总之，年纪轻轻的梁漱溟已在学界颇有名气了。

与梁漱溟见面后，熊子真就佛学问题与他进行了充分讨论，有些问题还争论得面红耳赤，谁也说服不了谁。不过，这不仅没有妨碍彼此的交往，反而促进了彼此尊重，最终成了好朋友。这多少有点像庄子与惠施交往的故事，尽管庄子和惠施彼此观点相左，却是一对谁也离不了谁的朋友。

"子真兄，我们争来争去也没什么结果，关键有些基本的东西你尚未弄清楚，所以，我建议你赶紧拜一个人为师。"梁漱溟说，"此人佛学造诣极深。"

"他是谁？"熊子真忙问，"此人难道比你还厉害吗？"

"当然比我厉害。"梁漱溟笑道，"此人就是大师欧阳竟无。"

"他在哪里？"熊子真急切地问。

梁漱溟顿了顿，缓缓地说："你可以到南京金陵刻经处找到他。"

"空空道人"学佛

1920 年 7 月,以段祺瑞为首的皖系军阀和以吴佩孚、曹锟为首的直系军阀,为争夺北京政府统治权,在京津地区发动战争。这次直皖战争历时五日,皖军大败,段祺瑞被迫辞职,直、奉两系军阀遂控制了北京政权,共推靳云鹏担任内阁总理。京津地区的政局暂时稳定下来。

这时正值暑假,熊子真辞掉南开学校的教师工作,回到德安。妻子傅既光关心地问:"子真啊,是不是在南开学校过得很苦?"

"过得很好。"熊子真望着妻子,坦然地说,"我辞职不是因为过得不好,是因为我想重新去做一回学生。"

傅既光疑惑地望着丈夫。熊子真展颜一笑,说:"过两个月,我准备到南京去拜师学佛。"

"学佛?"傅既光更加疑惑了,问道,"你从前毁佛,现在学佛,脑子没病吧?"

熊子真哈哈大笑,朗声说道:"此一时,彼一时,没什么可大惊小怪的。"

"你呀,就是一个不安生的人!"傅既光说。

不久,熊子真要到南京学佛的消息从德安传到黄冈,那里的乡亲们也都深感意外。因为在人们的记忆中,熊子真自小就是一个不信佛、不敬佛的人,曾经冒天下之大不韪,鞭打过菩萨,偷取过金佛,怎么突然之间就要去学佛呢?这个弯似乎转得太大了一些。当然,普通人不可能理解熊子真内心的追求。

这年 9 月,跟家人进行了一番交代后,熊子真卷起铺盖,只身来到南京金陵刻经处，拜在欧阳竟无大师的门下，潜心学佛。

欧阳竟无，又名欧阳渐，1871 年出生于江西宜黄县，是中国近现代著名的佛教居士，佛学教育家，唯识宗代表人物。欧阳竟无六岁丧父，1890 年捐得秀才，后进入南昌经训书院，专攻汉学，兼修天文学和数学。中日甲午战争的失败对欧阳竟无触动很大，使他转而研究陆象山、王阳明的学说，希望从陆王心学中寻求救国之道。

1904 年，欧阳竟无在南京拜访了金陵刻经局的杨仁山先生，受其影响而开始学佛。不久，欧阳竟无回到江西宜黄，创办诚志学堂。1906 年，母亲病故后，欧阳竟无悲痛欲绝，立誓成为一名佛教居士，也就是不出家的修行者。按当时教规，居士应该断绝肉食，不进仕途，因而他隐居在九峰山，为母亲守丧，以求顿觉。1907 年，欧阳竟无到南京跟从杨仁山学习，不久，在杨仁山劝说下，赴日本学习密宗佛法，在东京结识章太炎和刘师培等人，一同探究佛法。1908 年回国，在广州优级师范学堂教书。

1910 年，欧阳竟无再度赴南京从杨仁山学唯识宗。1911 年，杨仁山病故，欧阳竟无承其遗志，接任金陵刻经局编辑事宜，经营刻经处，并附设佛学研究部。1918 年，欧阳竟无和章太炎、陈三立等人在金陵刻经处的基础上，筹建支那内学院，也就是佛学院。因为古印度称中国为支那，佛教自称其学为内学，因此而得名。内学院由欧阳竟无主讲《唯识抉择谈》《大藏经》、"四书""五经"等经典。

那天，熊子真背着一个破旧的行李包，在金陵刻经处研究部办理完入学手续后，被工作人员安排到一间低矮的平房宿舍中。从这天起，熊子真就开始了长达两年多的苦学生活，除了过年的时候与家人团聚外，再没有离开一步，完全像一个苦修的僧人。

当一个人把全部的心思都灌注于学习和思考的时候，那些思维活动之外的一切东西似乎都不再重要，比如，住的、吃的、穿的，哪怕仅仅维持在极低极低的水平，也都是可以毫无怨言地接受的。熊子真就是如此。

首先说住的。熊子真的那间宿舍不仅低矮，而且潮湿，除了一张木板床，一套破旧课桌椅，再无它物。但是，熊子真并不介意，把带来的旧被褥往木板床上一铺，就能睡得鼾声如雷。再说穿的。在欧阳竟无大师众多弟子中，熊子真是最穷的一个，当时他只有一条中装长裤。有一段时间，他一直穿着那条裤子去听课，去吃饭，去请教学长，一天，两天，三天……裤子已经脏兮兮了，也没得换。怎么办？他便利用晚上时间，赶着把裤子洗净，挂在通风处晾干，第二天接着再穿。有时候碰到阴天，裤子没干，他就光着腿，罩上长衫。久而久之，大家都戏称他为"空空道人"。吃的也是极为简单，不仅没有沾过荤腥，连像样的素食餐都很少吃到，有时读书至深更半夜，熊子真肚子饿得实在受不了，就猛喝开水以充饥。没有热水洗澡，他就干脆进行冷水浴。

但是，在学习上，熊子真却丝毫不马虎。每天早晨四点，他准时起床，或读书，或写作，从不耽误。由于天没有亮，很多时候，他就站在路灯底下"借光"。由于用功过度，他一度患上神经衰弱症，出现严重的睡眠障碍和头痛等症状。即便如此，他还是忍着头痛，坚持研读经书，或是做读书笔记。就是凭着这股子精神，在不到三年的时间里，他把派别众多、卷帙浩繁、深奥难解的佛教经书全都钻研了一遍，写下了数十万字的读书笔记。

有一天，熊子真正在自己的宿舍苦读，欧阳竟无找上门来。这令熊子真深感意外，自入学以来，欧阳大师并没有重视过他，也没有同他单独说过话。其实，熊子真有所不知，这次欧阳大师到访，也算是"慕名而来"，因为欧阳大师听说自己的弟子中有一个叫熊子真的，曾经获得蔡元培先生的赏识，并为其作序，便决定见一见这个弟子。

欧阳大师扫视了一下简陋的宿舍，问道："作为读书之人，你这里怎么没有藏书？"

熊子真拍了拍自己的脑袋，笑着回答："先生有所不知，我的书全藏在这里了。"

欧阳大师显然有点不高兴，他不喜欢弟子吹牛，便问道："哦？那么，你说来听听，究竟藏了些什么书？"

"回先生的话，我这里有《般若经》六百卷，还有《大智度论》一百卷、《大昆婆沙论》两百卷，在加上《四阿含经》一百八十一卷和《瑜伽师地论》一百卷，都在我的脑子里藏着呢。"熊子真自信地说，"不仅装有这些佛经，我还有一些读经笔记，正想请先生指点呢。"说着，熊子真把自己的读书笔记从课桌的抽屉里拿出来，捧给欧阳大师看。

欧阳并没有多说什么，拿了读书笔记，转身离去。别看大师此次不动声色，其实，从此以后，他对这个名叫熊子真的弟子相当器重。

可是，令欧阳竟无万万没有想到的是，熊子真并不是一个只知道匍匐在学术大师脚下的恭顺弟子，而是一个充满挑战精神的叛逆者。这是后话。

实事求是地说，在欧阳竟无门下两年多的求学，熊子真接受了严格的理性思辨的训练，为其最终成为学术大师奠定了坚实基础。

机会留给有准备的人

1921 年，是熊子真的丰收之年，这一年，他有了两个"孩子"。一个是儿子熊世菩于 10 月在德安出世，另一个是自己的第一部佛学专著《唯识学概论》有了雏形。

唯识学是非常高冷的学科。它是大乘佛学的三大体系之一，是继大乘中观学之后印度佛学的主流与核心，在南北朝的北魏时代由菩提流支、勒那摩提等人传入中国，对中国佛学思想乃至中国传统文化都产生了极大影响。

转眼到了第二年，第一次直奉战争爆发，北方局势又动荡起来。4 月 28 日，奉系张作霖自任总司令，率十二万奉军，向吴佩孚的直系军队发动总攻击。5 月 3 日，吴佩孚改守为攻，迂回作战，将主力绕至奉系后方，致使奉军腹背受敌。5 日，奉军张景惠部第 16 师停战倒戈。卢沟桥、长辛店等要隘被直军攻占，中路奉军退至天津。张作霖下令退却，率残部退出关外。10 日，总统徐世昌下令免除张作霖东三省巡阅使等职。6 月 17 日，在英国干预下，直奉两系停战议和，签订和约，第一次直奉战争结束。北方政局又一次获得了暂时的平静。

这年秋天，熊子真的《唯识学概论》尚未完稿，一个新的人生机遇就摆在了他的面前。

话说这一年，在北京大学任教的梁漱溟打算自己创办一所学校，便向校长蔡元培提出辞职。蔡元培当然不会阻挠梁漱溟去实现自己的理想，同意其辞职，并委托梁漱溟去物色一位合适的人选顶替他的教职，在北京大学开设唯识学课程。

正好南京支那内学院正式成立不久（此前内学院一直处在筹建阶段，1922 年 7 月正式成立），汇聚了很多佛学人才，其中，内学院教务长、欧阳竟无的高足吕秋逸可谓学识渊博，梁漱溟认为他是个不错的人选，便带着使命，从北京赶到南京支那内学院。

吕秋逸，江苏丹阳人，曾留学日本，1914 年，至南京金陵刻经处佛学研究部随欧阳竟无大师研究佛学，后又协助欧阳大师筹办支那内学院，1922 年，内学院成立后，吕秋逸出任教务长。可以这样说，吕秋逸既是欧阳竟无办学的得力助手，也是其学术的传人，所以，当梁漱溟向欧阳大师说明来意后，被欧阳竟无一口回绝。

"挖墙角"不成，梁漱溟正发愁呢，恰好碰到了在内学院求学的故人熊子真。经过一番交谈，梁漱溟发现在佛学造诣上，今日之熊子真与昔日之熊子真简直判若两人，尤其是看过熊子真的手稿后，更觉得熊子真对唯识学钻研之深之透，简直出乎意料。这真是"踏破铁鞋无觅处，得来全不费工夫"，梁漱溟心中大喜，在征得熊子真的同意后，马上向蔡元培进行了推荐。蔡元培对熊子真是了解的，所以，欣然向熊子真颁发了"特约讲师"的聘书。

机会总是留给有准备的人。一个曾经的放牛娃，一个历经风雨的革命者，一个自学成才的佛学弟子，就这样登堂入室，走进了中国最高学府——北京大学——担任教职，对于熊子真来说，这是何等不易，又是何等的幸运！

北京大学的前身是京师大学堂。戊戌变法失败，很多新政被废止，唯独保留下来的就是京师大学堂。不过，民国初年的北京大学，曾经是一座封建思想和官僚气息十分浓厚的学府，师生经常出入北京的"红灯区"——八大胡同，私生活相当荒唐，他们打麻将，吸大烟，吃花酒，捧名角，不以为耻，反以为荣。有钱的学生也跩得很，带着听差，上课铃响，听差就会恭恭敬敬地说："请大人上课。"

1916 年，蔡元培担任北京大学校长，大力改革，除旧布新，使北京大学成为了真正意义上的现代大学。他主张学术民主，提倡百家争鸣，对新旧思想实行"兼收并蓄"的办学方针。一时间，陈独秀、李大钊、胡适、辜鸿铭、钱玄同、刘半农、杨昌济、刘师培等著名学者云集北京大学，可谓群星璀璨，北大也成为新思想、新文化孕育和传播的基地。

钱理群在《北京大学与五四新文化运动》中指出："蔡元培对北大的改造，是从根本改变教育思想、明确大学性质入手的。他在就任演说中，坚定地宣布：'大学者，研究高深学问者也，''诸君须抱定宗旨，为求学而来，入法科者，非为做官；入商科者，非为致富'；同时，又建立评议会，实行教授治校。这就从观念与组织上，根本摆脱了对国家官僚机构与政治的依附与控制，实现了教育（学术，思想，文化）的真正独立，也就是知识分子自身的独立。蔡元培提出'思想自由，兼容并包'的办学方针，其目的正是要为知识分子提供自由而广阔的精神空间，将北大改造成为民间知识分子的自由集合体。'教育指导社会，而非随逐社会者也'，在自由、宽松的人文环境中，创造新的校园文化，并以此影响社会。"总之，到了 20 年代初期，北京大学是一个张扬个性的地方，无论是老师还是学生，都极具个性，令人叹服。比如曾被北大教授胡适称作"老怪物"的辜鸿铭，时任北大英文教授，本来是一位学贯中西的大学者，却对中国腐朽的缠足文化痴迷不已，而且还有一套堪称奇葩的理论，他说："女人之美，美在小脚，小脚之妙，妙在其臭。食品中有臭豆腐和臭蛋等，这种风味才勉强可与小脚比拟。前代缠足，乃一大艺术发明，实非虚政，更非虐政。"

有一天，辜鸿铭在家烧黄纸，摆贡品，忙着祭祖，这时一位外国朋友来访，便嘲笑道："你这样做，你的祖先就能吃到供桌上的食物吗？"辜鸿铭眼一瞪，反唇相讥："你们在先人的墓地摆放鲜花，他们就能闻到花的香味吗？"说得外国朋友哑口无言。

北大的学生也是极具个性的一群青年。1919年5月，他们在北京掀起过"五四"运动，1922年10月，在北大掀起过讲义费风潮，数十位学生联合起来，向校长蔡元培抗议讲义收费，弄得蔡元培差一点要辞掉校长之职，一批教授也准备辞去教职。

这年冬天，熊子真进入北京大学任教，正是讲义费风潮平息之后不久，北大的办学经费虽然不充足，但是，教师们的薪水并不低。有资料表明：20年代初，陈独秀（北京大学文科学长）月收入共四百银元，胡适（文科教授兼任哲学研究室主任）月收入三百银元，李大钊（北大图书馆主任兼任政治系教授）月收入三百银元，钱玄同、刘半农等人，月收入都在二三百银元之间，周作人任北大教授兼国史编纂处主任，月薪二百四十银元，郁达夫在北京担任经济学讲师，月薪一百一十七银元。

作为讲师，熊子真的月薪是一百二十银元，比郁达夫要高一点。当时，北京的四口之家，每月十二银元伙食费，足可维持小康水平。按照《1918—1980年北京社会状况调查》统计，20年代初，一个四五口人的劳动家庭（父母加两三个孩子，或老少三代）每年伙食费需要一百三十二银元。

这样看来，当年的熊子真收入并不低，但是，他却过着极为简单的集体生活，与当时的北大学生陈亚三、黄艮庸、朱谦之、王显珠等人一起，同住在北京地安门吉安所。这在当时是很令人费解的奇怪举动。

其实，当时的熊子真不在乎教职的高低，也不在乎收入的多少。他曾经常对人说，他到北大主要不是为了教书，而是为了读书。

怪人教课，"旁门左道"。自从任教北大以后，校园里就一直流传着熊子真的有趣故事。

熊子真所讲授的"唯识学概论"是哲学系本科生的选修课，占两个学分，按规定每周两节课，原来由梁漱溟讲授。在两人交接工作的时候，梁漱溟对熊子真进行了一番交代，让他务必多从基本概念和基础知识入手，由浅入深，逐步带领学生"登堂入室"进入唯识学。按照梁漱溟的叮嘱，熊子真曾经准备了九万字的讲义，并于 1923 年 10 月由北京大学出版组印制，完全遵循支那内学院的教学方法，给学生上课。

不过，由于熊子真曾经深受易学的影响，在讲授唯识学的时候，总是喜欢与《周易》结合起来，经过一段时间的教学实践，特别对《周易》的钻研不断深入，他发现这套"唯识学概论"讲义中有一些东西连自己都无法认同，越讲越难受。于是，他另辟蹊径，硬是将自己的九万字讲义全部烧掉，重新备课，自创"新唯识论"。在课堂上，他完全颠覆了梁漱溟的"传统"，不再以介绍唯识学的基本概念和基础知识为主，而是侧重讲述自己的研究心得。

改变了教学内容还不算，熊子真还在教学形式上进行变革。

他改变"师生蚁聚一堂"的教室上课模式，采取师生朝夕相处，自由随和的书院式教学模式，让选课的学生到自己的住处听课。大家都觉得，听他的课就如同听故事一样，津津有味。

这相对于翻译家林纾在北大讲课时学生睡大觉的情况来说，简直好得太多。当年，林纾有一门课被安排在下午3点钟，每次学生睡倒一大片。有一次，林老先生实在看不过去，把课本一合，说："现在给大家讲个故事。"那些趴在课桌上的学生一听，都坐起身子，等待老先生讲一个好听的故事。林纾轻咳一声，接着说："有个风流和尚，某日走经一座桥，见一位美女姗姗而来……"学生顿时精神抖擞，瞪大眼睛，竖起耳朵，但是，林老先生却停顿下来，不讲了。学生们嚷道："后来怎样了呢？林先生快讲啊。"林纾笑眯眯地说："没什么，一个向西，一个向东，走了。"顿时，课堂上哄堂大笑，学生们睡意顿消。

熊子真当然不需要通过这样的"旁门左道"来吸引学生注意力。一旦讲起课来，他无拘无束，口如悬河，滔滔不绝，妙语连珠，集学术性和趣味性于一堂，教学效果特别好。虽然规定每周只有两节课，但是，常常因为讲得兴起，能够讲到三四个小时，而且中间还不休息。令人惊奇的是，竟然没有学生抱怨他讲课"托拉斯"。

熊子真的课能够受到学生的欢迎，绝对不是一件容易的事情。要知道，北大学生可不是好忽悠的，老师如果没有两把真刷子，还真就镇不住。

这可是有先例的。当年胡适从海外留学归来，被蔡元培聘为北大教授，他的课堂效果非常好，吸引了大量的学生听课。有个叫傅斯年的学生，是个超级学霸，他听同学说胡博士的课讲得好，于是也前去旁听。不过，他不只是带着耳朵去听课，还常向胡博士提问，而且，不是一般的问题，而是连胡适都感到有压力的艰深问题。后来，胡适自己说：像傅斯年这样的学生，国学底子比他还深厚，常常使他"提心吊胆"，汗流浃背。

胡适此言绝非虚言，这个傅斯年的确不是等闲之辈，后来成为了著名史学家、文学家、学术领导人，担任过中央研究院历史语言研究所所长、北京大学代理校长、台湾大学校长等职务。

傅斯年在北大读本科的时候，章太炎的弟子朱蓬仙教他们《文心雕龙》。本来，这个朱先生学问不错，只是术业有专攻，《文心雕龙》并非其长，所以在讲课的时候，实在不敢恭维，错误迭出，学生们便打算让这个先生"下课"。可是，要教授走人，必须拿出教授上课出错的证据来才行，课堂笔记又不足为凭，怎么办？机缘巧合的是，有个学生刚好借到了朱教授的讲义全稿，便赶紧送给傅斯年看。傅斯年真不含糊，利用一夜时间，不仅将数万字讲义全部看完，还从中摘录出错误三十多条，整理后，由全班同学签名，交给校长蔡元培，强烈要求换掉朱教授。

蔡元培看了之后，虽然认为错误找得都很准确，但是不信这些错误是学生自己发现的，怀疑背后可能有某个教授要心眼，借学生之名攻击朱蓬仙。为了弄清真实情况，蔡元培突然宣布召见傅斯年等参与联名的学生，就那些讲义错误，当面对他们进行口试，结果，傅斯年和同学们都回答得头头是道。考过之后，蔡校长一言不发，挥手让傅斯年等人散去。傅斯年和同学们出来后，你看我，我看你，都笑了。

原来，大家听说蔡校长要召见，害怕蔡校长会考他们问题，又怕傅斯年一个人担负全部责任，都有些发慌。经过商量，在傅斯年的指导下，大家每人分担几条，复习好答案后，才去面见蔡校长，结果都在蔡校长面前顺利蒙混过关。

不多久，傅斯年他们终于如愿以偿，朱教授被蔡校长炒了鱿鱼。

由此可见，当时的北大学生是多么难以对付。其实，北大学生这种不迷信权威的精神，全拜校长蔡元培所赐。有一次，在学生大会上，蔡校长问学生："5 加 5 等于多少？"在座的学生都不敢回答，大家都以为堂堂大学校长、学界泰斗，所提问题必定含有深奥的道理，所以，都不作声。过了好一会儿，有个学生小心翼翼地试探着回答道："5 加 5 等于 10。"蔡元培一听，高兴地大声说："对！对！对！你们这些青年切不可崇拜偶像啊！"

不得不说，熊子真能够赢得一帮学生的认可和喜爱，实属不易。他讲课的时候，喜欢大家围在他的身边，他则像个演说家一样，洋洋洒洒，声如洪钟。有时候，讲到高兴处，或者认为重要的地方，他会随手在前排学生的头上或肩上，猛拍一巴掌，然后大笑起来。结果，搞得一些学生都不愿坐在前排听课，因为他们被熊先生"打"怕了。

很快，熊子真的名气越来越大，不少人都慕名来听他讲授"唯识学概论"，其中，就有大名鼎鼎的北大教授胡适。

胡适提倡文学革命，是新文化运动的领袖之一。1920 年上半年，熊子真在收到蔡元培先生寄赠的《中国文学史》后，给蔡先生写了一封信，讨论"以美术代宗教"的问题。在信中，熊子真对胡适发表在《新青年》上的文章《新思潮的意义》进行了评论，写道："夫以吾国政治之纷扰，学校之废弛，人民受教育者至少，而诸君日日空谈'新'，空谈解放与改造，不务涵养深沉厚重之风，专心西学而广事译书。"

也就是说，熊子真当时对胡适的印象并不好。这和民国学界鼎鼎大名的"三大疯人"之一的黄侃（另两人是章太炎和刘师培）当年对胡适的态度如出一辙。

黄侃是湖北黄州府蕲春县人，熊子真是黄州府黄冈县人，两人是同乡。黄侃恨白话诗，因此也恨白话诗倡导者胡适。1917年2月，胡适在《新青年》第2卷6号上发表《蝴蝶》一诗：

> 两个黄蝴蝶，双双飞上天。
>
> 不知为什么，一个忽飞还。
>
> 剩下那一个，孤单怪可怜。
>
> 也无心上天，天上太孤单。

这是我国最早的一首白话诗。读惯了文言格律诗词的黄侃读到《蝴蝶》后，可谓深恶痛绝，骂胡适是"一只绕着蔡元培上下翻飞的黄蝴蝶"。对于胡适文学革命的主张，黄侃也是见人便提出来骂。所以，黄侃终因"看不惯"胡适而在1919年离开北大，去别的大学任教。

现在，令人"讨厌"的胡适前来听课，熊子真又会怎样呢？

那天，熊子真在自己的住所开讲唯识论，胡适悄悄跑来，混在学生里偷偷听课。起初，熊子真没有发现，兴致勃勃地讲着讲着，突然发现胡适探头探脑的样子，顿时大发脾气，连声说："滚，滚，滚！"

亏得胡适涵养超群，居然没有顶撞，非常尴尬地起身离开。待胡适走远后，熊子真又开始兴致勃勃地讲起来。

由于白天人来人往，经常会影响上课，他必定要在晚上补回来，绝不马虎。可是，熊子真的住处条件简陋，晚上没有电灯，他把学生招呼在一起后，既不掌灯，也不点蜡，就在黑灯瞎火中，给学生上课。学生们坐在黑暗处，只听不记，熊子真则坐在床上或者站在走廊里，既不要课本讲义，也不要教辅资料，仅凭一张嘴，一讲就是两三个小时，连水都不喝一口，倒是学生们都被尿涨得难受，却不敢离席如厕。

总而言之，在北大"思想自由""兼容并包"的良好环境中，熊子真终于找到了自己的人生定位，凭借唯识学逐渐站稳了脚跟。在这里，他如鱼得水，尽情地在学术的天地里开荒、播种、耕耘、收获。虽然当时他仅仅只是讲师，但是他却能够自信地与教授、哲学家、知名学者和社会名流，进行学术交流和切磋，这些人当中，就有林宰平、汤用彤和钱穆等鼎鼎大名的人。

不久，"熊子真"变成了一段历史，而"熊十力"则傲然地向人们走来。

第八章
天地之间有了一个"熊十力"

拳打脚踢辩学术

如前所述，熊子真讲授"唯识学概论"到一半的时候，对过去的一些观点和论说产生怀疑，将九万字"唯识学概论"讲义全部焚毁，重新撰写讲义，草创新唯识论。这一年，是他进入北京大学任教的第二年。不得不说，像熊子真这样具有巨大的自我否定的决心和勇气者，自古以来难找几人。熊子真能够做到，是因为他的骨子里天生就有一种反叛精神。

正因这种精神，熊子真向来不盲从于别人的观点，常常不惜与人争执得面红耳赤。当年，与初相识的梁漱溟是如此，1923 年，与新结交的同事林宰平、蒙文通也是如此。

林宰平，福建闽县人，比熊子真年长 7 岁，早年留学日本，在东京帝国大学攻读法政、经济学。他学养深湛，多才多艺，不仅精通法律学，还精于国学、哲学、佛学、诗词、书画等。1907 年，他来到北京，居住在宣南一带。1910 年，他主持尚志学会日常工作，翻译出版过四十多种各类科学书籍。进入 20 年代后，他开始兼任北京大学哲学系和经济系讲师，讲授"民法要论"等课程，与熊子真成为同事，经常聚在一起，切磋学术，交流思想，成为无所不谈的挚友。不过，他们每次见面聚谈，林宰平总是"诘难横生"，而熊子真呢，则"纵横酬对"，屋外很远的地方都能听到他们争吵的声音。每当这时，往往都是梁漱溟充当"裁判"，"间解纷难"。

熊子真与蒙文通之间的学术争执也颇为有趣，争得激烈时常常需要钱穆出面调解。蒙文通，四川盐亭县人，比熊子真年轻 9 岁，也曾师从欧阳竟无学佛。钱穆在《玄圃论学集》中曾这样回忆道："时十力方为《新唯识论》，驳其师欧阳竟无之说，文通不谓然，每见必加驳难。""惟余时为十力、文通缓冲。又自佛学转入宋明理学，文通、十力又必争，又惟余为之作缓冲。"

俗话说："君子动口不动手"，熊子真有时候是既动口，还要动手。有一次，因观点不同，熊子真与梁漱溟争论起来，你来我往，谁也不服谁。熊子真气得不行，趁梁转身时，偷袭三拳，还大骂其"笨蛋"。不过，没过两天，两人又和好如初。还有一次，朋友张东荪前来切磋问题，熊子真讲着讲着，情不自禁地一巴掌重重地拍在张东荪的肩膀上，打得张东荪逡巡后退。

更为有趣的是对同乡废名的"动手动脚"。废名，原名冯文炳，湖北黄梅人，比熊子真年轻 16 岁，他是 20 世纪中国文学史上最有影响力的文学家之一，曾为语丝社成员，师从周作人，在文学史上被视为"京派文学"的鼻祖。1922 年，也就是熊子真进入北大任教的那一年，废名考入北京大学预科英文班，开始发表诗和小说。在北大读书期间，他广泛接触新文学人物，参加"浅草社"，投稿《语丝》。1925年10月，废名出版第一本短篇小说集《竹林的故事》。

在文学之外，废名倾心于佛学，很大程度上是受到老师胡适的影响。那时，废名在北大预科英文班读书，胡适正在撰写《中国禅宗史》，听说废名来自禅宗圣地黄梅，便经常邀请他到家里喝茶聊天，谈论禅宗。有一次，胡适突然问废名："你们黄梅五祖到底是在冯茂山，还是冯墓山？我在法国图书馆看敦煌石窟发现的唐人写经作冯墓山。"废名根据自己儿时的有关记忆作了回答，引起了胡适的高度注意。这也使废名开始认识到家乡黄梅在历史文化上的重要价值，于是，在文学之外，他开始研究佛禅之学。

从年岁来看，熊子真比废名年长；从辈分来看，两人应该算是师生。俩人真正成为学术切磋的朋友，应该是在1929年之后，那时废名是北大中国文学系的讲师，与熊子真成为同事。

既是老乡，又是同事，而且都对佛学有研究，于是，熊子真常与废名探讨佛经。但是，两人的观点常常不同，每次凑到一起，总是吵得不可开交。有一天，两人碰面后，照例争吵，声音挺大。

废名说："我代表佛，你反对我就是反对佛。"

熊子真说："我就是佛，你才是反对佛！"

突然，有人听见房里声音戛然而止，推门一看，只见两人已经扭在一起，互相卡住对方的脖子，根本出不来声。众人将两人拉开。熊子真趁废名不备，踢了一脚，废名也不示弱，报之以拳。当然，一个年幼，一个年长，熊子真自然斗不过，就边骂边落荒而逃。可是，没过两天，两人又凑到一块，依然又辩论得面红耳赤。

正是在这种思想的碰撞中，熊子真受益匪浅，他的学术思想不断丰富和完善。比如说，他的《新唯识论》文言文本上半部，大多就是他当年与林宰平讨论切磋的记录。

离开北大，"南漂"

1924 年这一年，对于熊子真来说，是一个很重要的年份，他把已经被人叫了 39 年的名字改成了"熊十力"。

传统中国姓名，大致有幼名、谱名、学名、表字、别号等几部分。自古以来，中国人对取名非常重视，所谓"赐子千金，不如教子一艺；教子一艺，不如赐子好名。"孔子曾说："名不正则言不顺。"大学士苏东坡也曾说："世间唯名实不可欺。"在孔子"正名"思想的影响下，人们把为后代取名看得非常神圣，甚至神秘。

古人云："行不更名，坐不改姓。"不过，随着时代的发展，特别是到了民国，改名之风一度盛行。比如说，蒋介石幼名瑞元，谱名周泰，表字介石，上学后，还另起了学名蒋志清，1917 年前后才起名中正。改名的原因是多种多样的，有的是为了抛弃封建，选择进步；有的是为了事业和家庭；也有的是因为相信名相学说，改名以求发达。

比如，民国时期，有个叫戴春风的人很相信风水、命相一类东西。算命先生说他"八字属双凤朝阳格，但因缺水，故早年命运蹉跎，仕途难登"，就是因为"春风"这名字不好，"春风"即"东风"，会把水吹干。戴春风一听有道理，便将名改为

"笠"，把字改为"雨农"，"笠"的意思就是"斗笠"，名和字合起来，就是"雨中戴着斗笠的农夫"，这样水就充沛了。机缘巧合的是，改名为"戴笠"之后，他果然发达起来，深得蒋介石信赖，成为了民国时期赫赫有名的特务头子。

熊子真曾不止一次改名，之前为革命事业，曾经就叫过"周定中"。不过，他这次改名为"熊十力"，与上述那些人改名的原因有所不同。这一次改名，反映出他极强的学术自信和狂放不羁的性格。

"十力"是佛典《大智度论》中赞扬佛祖释迦牟尼的话，比喻佛祖具有超群的智慧、广大的神通和无边的力量。不难看出，熊子真改名为"熊十力"，其实是以佛祖自比。所以，当"熊十力"这个名字出现之后，曾经引起过"非议"，一些虔诚的佛教徒认为这个名字是对佛祖的冒犯；而一些非佛教徒的学界人士，则认为熊子真的这个海口似乎夸得有点大。但是，几年后，也就是 1930 年，当熊十力推出《唯识论》，并署名"黄冈熊十力造"的时候（这个"造"字，据说，在印度只有被称为"菩萨"的人才敢用），人们终于相信了，熊十力绝非一个吹牛的人，而是货真价实的极具原创力的哲学大师。这是后话。

1924 年这一年，除了改名之外，熊十力还曾为了帮助朋友，而不惜暂停北大教职，从北京前往山东曹州。这个朋友就是梁漱溟。

话说当年年仅 18 岁的梁漱溟中学毕业后，没有考上北京大学，只得先后在几家报社当编辑或是外勤记者，他曾发誓说："我今后一定要够得上叫北大请我当教授！"梁漱溟果然是一个"励志哥"，短短几年后便有了成果。1916 年，他在《东方杂志》上发表了阐释印度佛家理论、发挥佛家出世思想的《穷元

《决疑论》，也就是骂过熊十力不懂佛学的那篇长文。在这篇文章中，梁漱溟将古今中外学者诸如康德、叔本华、梁启超、章太炎等人在如何对待宇宙人生问题上的论述，统统进行了批判，并极力推崇佛家之言。此文一出，引起学界极大关注。蔡元培读过后，印象深刻，1917 年 1 月接替严复担任北大校长后，毅然聘请梁漱溟为讲师。就这样，年仅 24 岁仅有中学文凭的梁漱溟成了当时北大最年轻的讲师之一，兑现了六年前发下的誓言。

跟熊十力相似的是，初入北大任教的梁漱溟可谓"三无"教师：一无高等学历；二无留洋背景；三无社会名望，但是，他勤奋。到 1921 年，他写成《东西文化及其哲学》，出版后大卖，先后八次再版，"以区区讲师身份成为国内学术界的新闻人物"。

在北大哲学系，梁漱溟有一个学生叫陈亚三，是山东曹州府郓城人，有一年暑假回乡时，去拜访自己的中学老师王鸿一，谈到梁漱溟及其学术思想。王鸿一时任山东省议会议长兼省立第一中学校长，听了陈亚三的介绍，对梁漱溟非常感兴趣，于是在 1921 年夏天，邀请梁漱溟到济南作《东西文化及其哲学》的演讲。梁漱溟欣然前往，一讲就是四十多天。据说，王鸿一是最忠实的听众，不论风雨，竟然没有迟到过一次。

1924 年 6 月，王鸿一再次发出邀请，希望梁漱溟到山东共同办学，初步设想是在孔子故乡建立"曲阜大学"。对于梁漱溟来说，这无疑很具诱惑力，因为他一直心存一份梦想：推行一种注重全面发展，注重道德建设，师生切磋共进的新型教育形式。所以，梁漱溟毫不犹豫地辞去北大教职，赶赴山东。

临行之前，梁漱溟特地邀请熊十力一同前往。按道理说，熊十力进入北大才两年，正处在事业上升期，如果中断教职，多少还是有些可惜的。这就好比你初入某个世界五百强企业，正干得投入的时候，忽然有朋友拉你一同辞职外出创业。熊十力没有患得患失，听梁漱溟一说，马上同意前去山东。在他看来，既然认定梁漱溟是挚友，那么，为其两肋插刀又有何妨？

就这样，熊十力、梁漱溟带着他们在北大的学生陈亚三、黄艮庸、王平叔、钟伯良、张俶知、徐名鸿等，一同来到山东。可是，计划不如变化。到山东后，由于资金问题，建立"曲阜大学"的计划不得不搁置起来，只得先在曹州办起重华书院。不久，鉴于山东省立六中还没有高中部，王鸿一便敦请梁漱溟兼任高中部主任，聘请熊十力、王平叔等为教员。

在曹州开办高中的过程也不顺利。省立六中首届高中部只招到两个班，共80人，由于当时梁漱溟是个理想主义者，坚持执行办学之初提出的"取消固定费用和学生学费"之规定，即学生可以根据自己家庭的经济条件，自愿交学费，家庭贫困的学生甚至可以不交学费。结果可想而知，人性的弱点都暴露无遗，很多人都借口家贫而不愿意交费，使得高中部因经费紧张而陷入困境，甚至连教员的薪水和餐厅的伙食费都不能保证。

办学艰难，还有另一个原因。1924年9月，直系江苏军阀齐燮元与皖系浙江军阀卢永祥爆发江浙战争。9月3日，张作霖通电谴责曹锟、吴佩孚（即直系）攻浙，并以援助卢永祥为名，组织"镇威军"约15万人，自任总司令，于9月15日分路向榆关（即山海关）、赤峰、承德方向进发，第二次直奉战争爆发。11月，冯玉祥发动"北京政变"，监禁贿选总统曹锟，邀请段祺瑞就任中华民国临时执政。段祺瑞掌权后，竟与张作霖联手排挤冯玉祥，北方时局大乱。当时在山东曹州的驻军冯玉祥部的吕运斋，与地方当权者段祺瑞的爪牙郑士奇之间，经常发生摩擦，致使曹州的办学环境受到严重影响。

　　短短半年时间之后，曹州办学就到了内困外扰难以继续的地步。为此，梁漱溟大哭一场。熊十力怀着痛惜的心情一面安慰老朋友，一面另寻退路。但是，他对辞掉北大教职随梁漱溟南下山东办学这件事本身，没有丝毫埋怨之言。

　　其实，在山东讲学的半年里，熊十力所遇并非全都是糟心的事情，也有一件值得开心的事情——他收下了一个聪明的弟子。

　　熊十力在山东收下的这个弟子就是高赞非。高赞非，原名佩纶，山东郯城县马头镇人，生于诗礼世家。1922年，他考入济宁中西中学，半年后辍学到商店做学徒，不久又转行当上了一名小学教员。1924年夏，熊十力、梁漱溟等人来到山东曹州。高赞非得知消息后，前往曹州省立六中学拜见梁漱溟时，听说学者熊十力正在重华书院任主讲，高赞非便在父亲的带领下，去拜熊十力为师。

　　那天，高赞非并没有空手去拜师。他听说熊先生喜欢吃鸡，便在自家鸡埘里挑了一只大个的母鸡拎着，更重要的是，他带上了自己的心血之作《论语研究》手稿。熊十力听高氏父子说明来意后，首先翻看了《论语研究》，对高赞非的国学功底很满意，欣然同意收他为徒，并将那只大个的母鸡笑纳，当晚就炖了一锅香气扑鼻的鸡汤，好好地享用了一番。

　　从这以后很多年，高赞非一直随侍在熊十力的身边，辗转武昌、北京、上海、南京等地，在熊十力指导下学习心理学、哲学、伦理学。熊十力对高赞非极为严格，多年后，他在收吴林伯为弟子的时候曾说过这样一段话："治学必须专心致志，你们青年人最怕有家室之累。从现在起，你就跟我学好了。教不严，师之惰。教师对学生就是要严，有时，我的话说得很重，你受得住就来，我的学生高赞非，就是我打出来的嘛！"这话虽然是对吴林伯所说，其实又何尝不是要对高赞非表达的心声呢？
在熊十力的严格要求下，高赞非后来终成著名儒家学者，一生
治学态度严谨，曾将熊十力谈话记录整理为《尊闻录》出版，
有《论孔子的心理》《孔子思想的核心——仁》等论著面世。

以天下忧而忧

当年在脱下军装的时候，熊十力曾经表示将专心治学，不
再掺合政治，不过，在 1924 年底，他骨子里挥之不去的社会责
任感使得他竟然食言了。

事情是这样的。在袁世凯死后，群龙无首的北洋军阀分裂
成直、皖、奉等派系，各地方实力派也趁机割据一方，不听中
央调度，俨然天不怕地不怕的土皇帝，为所欲为，中国陷入军
阀割据混战的局面。各派系军阀为吞并异己并防止被人吞并，
赚取舆论支持和民心，便进行政治表演，提出"废督裁兵"的
口号。广大人民群众为了摆脱军阀割据混战的困苦，积极拥护
这一"政治口号"，并力促其成功。于是，在 20 年代初期，全
国很快掀起了"废督裁兵"运动。所谓"废督裁兵"，即废除
"督军"制度，裁减军队数量。在这一运动中，孙中山指出，欲
使国家有长治久安之望，惟有裁撤军队，化兵为工。

1922 年 11 月 23 日，全国商联会第四次大会举行特别会议
讨论裁兵问题，决定成立"裁兵委员会"，推举黄炎培、聂云
台、蒋梦麟、余日章为裁兵劝告主任，劝政府及各省督军实行
裁兵。1923 年元旦，商联会四位裁兵劝告主任发表劝告裁兵通
电，特别赞成孙中山的"化兵为工"主张。1924 年 11 月 17 日，
上海总商会会长虞洽卿致电即将出任执政的段祺瑞，要求"确

定裁兵废督办法，见诸实行"，就此结束"军阀政治"，12 月 1 日，又致电段祺瑞，陈述废督裁兵事宜，指出："方今要务，莫大于废督裁兵，早裁一日，即早一日脱人民于水火。"

一时间，"废督裁兵"运动成为全国人民关注、谈论、思考的热点事件。1924 年底，曹州办学失败，熊十力决定回乡过年，路过济南，有感于"废督裁兵"运动，便提笔写就了一篇时评文章《废督裁兵的第一步》，鲜明地表达了自己的政治主张，他呼吁孙中山与段祺瑞竭诚相劝，共同推进废督裁兵。这篇文章发表在北京大学《现代评论》1925 年 1 卷 5 期上。

"废督裁兵"运动是新兴的经济力量反对军阀政治的产物，虽然未能、也不可能真正实现废除军阀政治和实现社会和平的目的，但是，它揭露了军阀独裁、混战的罪行，客观上有助于人民大众政治觉悟的提高，是国民革命的前奏，也是近代中国人民争取和平民主历程中不可忽视的一环。熊十力在这场运动中"发声"，充分地体现了他的政治自觉性和社会责任感。

一直以来，熊十力因要研究学问，不愿受家室之累，在外求学或工作，基本不带家属。1925 年的农历春节，妻子傅既光有孕在身，即将临产，熊十力难得赋闲在家，和家人团聚在一块儿。农历二月，熊家迎来一喜，40 岁的熊十力再次当爹，他和妻子傅既光的第三个孩子呱呱坠地，是个女儿，熊十力给她取名为再光。

但是，享受这天伦之乐的时光并不太久。辛亥革命先驱孙中山先生于 3 月 12 日病逝于北京协和医院。孙中山先生一生致力于推翻清廷，缔造民国，十分受民爱戴。为了纪念他，北京各界民众在社稷坛举行公祭仪式，挽联无数，堂庑皆满。噩耗传来，作为曾经的追随者，熊十力悲痛、惋惜、悼念之情油然而生，手捧载有讣告的报纸，禁不住泪流不止。

恰在此时，心情郁闷的熊十力接到石瑛的邀请，要他到新成立的国立武昌大学（武汉大学前身）任教。国立武昌大学成立于1913年，原为国立武昌高等师范学校；1924年2月，国民政府教育部批准更名为国立武昌师范大学，任命张继煦为校长；9月，按照教育部命令，又改名为国立武昌大学，公推石瑛为校长。石瑛，湖北省阳新县人，比熊十力年长7岁。他曾是同盟会湖北支部负责人，曾任国民党一大中央委员等职，被誉为"民国第一清官"。袁世凯窃国，石瑛上"万言书"骂袁，遭到通缉。后来，他与严立三、张难先一起，并称"湖北三杰"。石瑛曾留学英伦，获博士学位，人格高尚，回国后曾任北大教授，熊十力对他的人品和学识十分钦佩。

接到石瑛的邀请，心情抑郁的熊十力觉得正好可以出去散散心，便慨然允诺。3月中旬，他带着新收的弟子高赞非，来到武昌大学任教，与李璜、方东美、郁达夫等人成为同事，并与一位老朋友相聚，这位老朋友就是董必武。

董必武，湖北黄安县人，18岁考取秀才，中学读书时接受革命团体日知会的影响，拥护孙中山的民主主义革命纲领。1911年参加辛亥革命，加入同盟会，并在武昌军政府中工作，与熊十力成为同事。1914年，他在东京私立日本大学学习法律，曾拜见过流亡日本的孙中山。"二次革命"失败后，他毅然参加孙中山重建的中华革命党。1915年回国，策动讨袁的军事活动，两次被捕入狱。出狱后继续坚持斗争。在"十月革命"和"五四"运动的影响下，他开始接受马克思主义，实现了由激进民主主义到共产主义的重大思想转变。1920年，他和陈潭秋等人共同创建武汉共产主义组织。1921年，他到上海出席中国共产党第一次全国代表大会。1925 年，他的公开身份是武汉中学校长。

老友重逢，熊十力和董必武抚今追昔，少不了一番畅谈。在董必武的介绍下，熊十力对中国共产党及其政治主张有了一个基本的了解，所以，后来在大革命失败时，熊十力对共产党极为同情，曾讽刺破坏国共合作的反动权势。这是后话。

令人遗憾的是，熊十力在武昌大学任教的日子并没有持续多久。11 月，石瑛到北平参加国民党一届四中全会，张廷代行校长之职。也许是与此人的脾气不和，也许是治学主张不同，总之，熊十力在武昌大学前后只待了几个月，便因石瑛的离职而离开，再次成为一名失业者。

瑜伽精舍中的冥想生活

熊十力离开武昌大学之后，重新被蔡元培接纳，继续担任北大哲学系讲师。在此之前，梁漱溟也回到了北大，两人再次聚首，百感交集。当时，梁漱溟与弟子陈亚三等十几个学生一起，租住在什刹海东煤厂胡同，过着典型的"蚁族"生活。回到北京的熊十力没有带家眷，身边只跟着高赞非，便也加入到这群"蚁族"当中，同吃同住，虽然艰苦，却苦中有乐。

熊十力、梁漱溟和一帮弟子们一起租住在几间平房里，生活很清苦，主要靠熊十力和梁漱溟的稿费收入补贴维持，因此，大家经常跟梁漱溟一起吃素。可是熊十力爱吃肉，尤其爱吃鸡，肚子实在没油水的时候，就要求加个餐什么的，为此还闹过笑话。

有个学生负责管理伙食，有一次买回了肉，熊十力问："给我买了多少肉?"

那个学生回答:"半斤。"熊十力一听,大骂:"王八蛋,给我买那么点儿?!"骂得学生一声不敢吭。

过了几天,那个学生再次买回了肉。熊十力又问:"今天给我买了多少肉?"

这回,学生留了个心眼,答道:"八两。"

熊十力一听,哈哈大笑说:"这还差不多!"

其实,那个时候使用的是旧制,一斤合十六两,半斤和八两,分量都一样,只是熊十力由于专心学术,对斤两这些东西没什么概念。

尽管集体生活很清苦,但是,熊十力他们过得有滋有味。他们给住处取了一个佛学意味浓厚的名字,叫"广大坚固瑜伽精舍",每天早晨,他们都要举行令人陶醉其中的"朝会"。怎么个陶醉法呢?梁漱溟在《朝话》中有过比较详细的记载:

> 大家互勉共进,讲求策励,极为认真。如在冬季,天将明未明时,大家起来后在月台上团坐。疏星残月,悠悬空际;山河大地,一片静寂,难闻更鸡喔喔作啼。此情此景,最易令人兴起。特别感觉心地清明、兴奋,觉得世人都在睡梦中,我独清醒,若益感到自身责任之重大。在我们团坐时,都静默着,一点声息都无。静默真是如何有意思啊!这样静默有时很长;亦不一定要讲话,即讲话亦讲得很少。无论说话与否,都觉得很有意义。我们就是在这时候反省自己;只要能兴奋、反省,就是我们生命中最可宝贵的一刹那。……(朝会)初时都作静默,要大家心不旁骛,讲话则声音低微而沉着,话亦简切。到后来则有些

变了，声音较大，话亦较长。但无论如何，朝会须要早，
要郑重，才能有朝气，意念沉着，能达入人心者深，能引
入反省之念者亦强。

看得出来，在广大坚固瑜伽精舍里，熊十力、梁漱溟带领
大家，一起过着一种超脱世俗的生活，他们追求的是一种精神
的满足。然而，这种生活不可能不受到现实生活的影响——南
方革命阵营的李济深、陈铭枢、张难先力劝他们走出这种"冥
想"的生活，南下广州，投入到轰轰烈烈的革命大潮中。

那是怎样的一种革命氛围呢？

中国国民党"一大"后，国共实现第一次合作，全国的革
命形势发生了巨大变化。在中国共产党的领导下，工农运动迅
速发展；以"五卅"运动为核心的反帝爱国运动日益高涨；经
过两次东征，广东革命根据地得到巩固。而这一时期，在帝国
主义的指使下，各派军阀之间混战不休，激起了人民的强烈
反对。

1925 年，孙中山在广州改组大元帅府为国民政府，以黄埔
军校为基础组建国民革命军。孙中山病逝后，7 月 1 日，广州国
民政府正式成立，并设置国民政府军事委员会，汪精卫兼任主
席，蒋介石等 8 人为委员，取消各地方部队名称，统一称作国
民革命军，计划北伐。10 月，吴佩孚、孙传芳指挥直系军阀与
张作霖的奉系军阀发动战争，无力顾及南方国民政府，为国民
革命军北伐创造了机会。

是听从李济深等人的劝说南下广州，还是继续留在"瑜伽
精舍"中"冥想"？这是个问题。

梁漱溟一时拿不定主意，便与熊十力、石瑛、林宰平等人

一起商量，究竟该何去何从。熊十力和林宰平早年"闹革命"，经过革命的洗礼之后，看破"红尘"，对从政已经没有丝毫兴趣，所以，他们俩坚决不同意南下。梁漱溟则很犹豫，为稳妥起见，派出三名弟子黄艮庸、王平叔和徐名鸿先去广州了解南方局势。1926 年 7 月，北伐战争打响，派出去的三位弟子随国民革命军第 4 军第 10 师师长陈铭枢一同北伐，梁漱溟最终没有南下广州。

拒绝南下从政，熊十力错过了轰轰烈烈的大革命，对于一个曾经的革命者来说，虽然多少有些令人叹惋，但是，对于一个学者来说，未必不是一件好事。

安心留在北大的熊十力尽心育人，专心治学，成果丰硕：为讲因明学（古印度的逻辑学），从秋天到冬天，他埋头攻读、删注《因明入正理论》；1925 年 12 月，他的新著《境相章》发表在南京内学院年刊《内学》第二辑上；1926 年，他的《因明大疏删注》由北京大学印成讲义，后来由上海商务印书馆出版发行；同年，他的第二种《唯识学概论》印行。

不过可惜得很，好景不长。由于治学太过投入，加上生活又没有规律，已经人到中年的熊十力神经衰弱的旧病复发，而且越来越严重，经常头疼欲裂，夜不能寐；此外，他还患有胃下垂等病，以至于无法工作。这下可急坏了梁漱溟和一帮学生们。

第九章
谈笑不羁有鸿儒

一语道破将军计

由于神经衰弱和胃下垂等疾病缠身，熊十力再也撑不住了。在一帮朋友的劝说下，决定离开北京去南方养病。1927 年立春过后，由学生张立民陪伴护送，熊十力抵达南京，到当时称为第四中山大学的国立中央大学休养。

国立中央大学就是后来赫赫有名的南京大学。学校创办于1902 年，前身是三江师范学堂，1906 年更名为两江优级师范学堂；民国建立后，于 1914 年筹建了南京高等师范学校，简称南高师；1920 年，在南京高等师范的基础上又组建了东南大学；1923 年南高师并入东南大学，遂称之为东南大学；1927 年北伐军攻克南京以后，东南大学更名为第四中山大学；1928 年 2 月又更名为江苏大学，同年 5 月正式更名为国立中央大学。

当时，熊十力的一批朋友汤用彤、李石岑等都在学校任教，再加上南京内学院的欧阳竟无、吕秋逸、聂耦庚等一帮师友，在国立中央大学休养的熊十力并不寂寞，经常和朋友们相约聚谈、游览。

特别是比熊十力小 8 岁的汤用彤，虽然生于甘肃渭源县，但祖籍是湖北黄梅，也算是熊十力的老乡，是熊十力最谈得来的朋友。汤用彤毕业于清华学堂，留学美国，先后进入汉姆林大学、哈佛大学深造，获哲学硕士学位，回国后任国立中央大学教授。他通晓梵语、巴利语等多种外国语，熟悉中国哲学、印度哲学和西方哲学。曾经有一次，汤用彤和胡适一起聊天，汤用彤说："我有一个私见，就是不愿意说什么好东西都是从外国来的。"胡适是倡导西学的急先锋，当然知道这话背后的含义，便不甘示弱，笑着对汤用彤说："我也有一个私见，就是不愿意说什么坏东西都是从印度来的。"这话显然是暗讽汤用彤对印度哲学的推崇。看来，这是半斤对八两，针尖对麦芒，谁也没有占到便宜。所以，等胡适说完，两人相视哈哈大笑。

从这样的对话可以看出，汤用彤与熊十力在学识趣味上有着明显的相似性，他们都不赞同胡适的全盘西化，都对印度哲学兴趣浓厚。熊十力是一个好学之人，与汤用彤这样一位佛学内行聚在一起，当然不肯放弃切磋机会，于是，他不顾有病在身，经常和汤用彤切磋佛学，获益匪浅。

由于脑病很重，加上经常会友聚谈，对养病极为不利，所以，在国立中央大学住了一个多月后，熊十力的病情不仅没有好转，反而还有所加重。而且，当时北伐战争已经开始，国民革命军一路挺进，战火即将燃烧到南京。1927 年的阴历二月，在朋友和学生们的规劝下，熊十力由张立民护送，从国立中央大学搬到了杭州西子湖畔的法相寺。不久，北伐军攻克南京。

法相寺位于杭州三台山东麓，寺内供奉着长耳和尚的真身。说起这个长耳和尚，非常奇特，他是五代后唐时期的僧人，天生异相，耳朵很长，上过头顶，下过腮帮，足足有九寸。西夏乾祐四年正月初六，长耳和尚召集徒众聚于法相寺，自己则沐浴更衣，闭目盘腿坐在蒲团上，数个时辰竟然一动不动，弟子们感觉不对劲，走近以指试探其鼻息，发现师父气息全无，早已圆寂。更为奇特的是，圆寂后很久，其肉身竟然不坏。弟子们便用油漆将长耳和尚的真身包裹起来，供奉在佛龛上，称之为"定光佛后身"。据说，一千多年来，很多求子的妇女，争相参拜，用手抚摸佛像的头腹，久而久之，漆光可鉴。

在法相寺住下不久，有一天，熊十力到大殿瞻仰定光佛后身时，意外碰见一位故交，就是在天竺寺出家的严立三。

严立三比熊十力年轻7岁，湖北麻城人，与张难先、石瑛一起被称为"湖北三杰"，曾经担任过黄埔陆军军官学校第一期学生总队长、训练部长，被称为"黄埔良师"。北伐时，他出任东路军第21师师长，屡挫强敌，赢得了"北伐名将"的声誉。

北伐尚未成功，赫赫有名的北伐名将怎么跑到寺庙里出家当和尚呢？老友相见，严立三向熊十力原原本本地讲述了自己与北伐军总司令蒋介石之间的矛盾。

原来，1927年4月12日，蒋介石在上海发动反革命政变，大肆屠杀共产党人，严立三与蒋介石出现政治分歧。当时，农工党创始人、国民党中央农民部部长邓演达正在武汉，通电反蒋。严立三与邓演达是结拜兄弟，经常有书信往来，蒋介石心存芥蒂，便在南京接见严立三，试探地问："邓演达天天喊要打倒我蒋某人，你跟他是把兄弟，又有书信往来，为何不去劝阻他呢？"

严立三当即朗声说："我是革命军人，奉命北伐打倒军阀，与邓通信也只是说北伐尚未成功，宁汉不能分裂。"

蒋介石听后，转移话题，问道："你近来身体如何？副师长陈诚能力怎样？"

严立三是何等聪明之人，当然明白蒋的用意，回答道："我胃病很厉害，请准我离职休养。陈诚是浙江青田人，能力很强，可以接替我的职务。"

蒋介石听后，点点头，一面让严立三到苏州待命，一面派何应钦赶到苏州，集合严立三的队伍，宣布严师长因病休养，由副师长陈诚代理师长之职。没有想到，何应钦宣布完命令以后，全师哗然，引起骚乱，何应钦一下子慌了神，不知如何是好。

为顾全大局，严立三当即出面制止骚乱，责令参谋长、军需处长交出关防及全部结余款项，由陈诚接管。令人感佩的是，在其他人拼命克扣军饷自肥的大环境下，严立三的21师这时竟然结余银元十万多元。严立三一个子儿不留，全部交出。

交接完毕后，严立三只身乘车到杭州，脱去军装，换上僧衣，住进了天竺寺。

"老弟，你这可是以退为进，以柔克刚的好招啊！"熊十力听完严立三的讲述，不由得赞道。

严立三哈哈一笑，转换话题说："还是不谈政事为好，我们只论佛，只论佛。"

熊十力也哈哈一笑，把话题落在了唯识学上。

其实，熊十力真的是一语道破天机。严立三出家天竺寺，可谓老谋深算。因为论实力，严立三无法跟蒋介石硬碰，采取这种到寺庙出家的极端方式，通过媒体宣传，一下子就争取到了全国舆论的同情和支持，蒋介石深感压力巨大。没过几个月，就让严立三就去做了军事委员会军政厅厅长。

只是后来，邓演达被杀弃尸南京街头，无人敢去收尸，严立三忍悲冒险为其收尸，这才对蒋介石本质有了清醒认识，愤而辞职，抛掉所有的军政事务，独自一人隐居庐山，在太乙峰下面修建草屋劬园，开垦荒地、自食其力。他的下属陈诚经常到庐山去看望他，蒋介石也经常捎信问候。蒋冯阎大战时，蒋介石还授予严立三军事总指挥、上将军衔，但都被他拒绝了。这是后话。

在法相寺居住期间，除了严立三外，熊十力还接待了梁漱溟、王平叔、黄艮庸等人的造访。不论什么人来访，熊十力从不和人谈天气，一谈起话就是讲学问。陈铭枢是熊十力当年在广州做孙中山幕僚时结交的朋友，此时正在上海做官，听说熊十力在杭州养病，也特地陪着梁漱溟从上海来到杭州，看望熊十力，并在西湖南高峰上住了数日。在南高峰上，他们聚会畅谈，感叹人生飘零。

不过，在法相寺居住期间，熊十力的病情依然不见好转，便移住西湖孤山广化寺，在一帮朋友的陪伴下，畅游西湖以舒缓精神，食用偏方以疗沉疴，病情这才有所好转。后来，他还应汤用彤的邀请，到南京中央大学短暂讲学。

住在杭州的这段时间，熊十力身上发生过一件事件，让人觉得他真是呆萌得可爱。那时，来看望他的朋友经常会带来一些罐头食品，可是，熊十力不知从哪里获得的"学问"，固执地认为这些罐装食品对人体有害，坚决不吃，不仅不吃，还反复叮嘱张立民的妻子将罐头扔到西湖中去。张立民的妻子当然不会那么傻，不会真的拿去扔掉，便背着熊十力将罐头分给朋友们食用，回头她笑着对熊十力说："熊先生，您的罐头我都扔西湖中了，还花了不少船费呢，您是不是该报销啊？"熊十力点着头，满口答应："要得，要得，船费由我报销。"

1929 年，熊十力病情出现反复，在张立民的陪同下回到武汉，住在黄鹤楼下宋子巷其连襟王孟荪家养病。所谓连襟，就是指熊十力的妻子和王孟荪的妻子是嫡亲姐妹。王孟荪早年毕业于北京大学，学的是经济，一直在湖北的金融系统做事。1928 年，熊十力的老友张难先任国民党湖北省政府委员兼财政厅长后，聘用王孟荪到财政厅工作，不久又派他筹建湖北省银行。银行成立后，王孟荪先后出任副行长、省总行总经理等高级职务。所以，王孟荪的经济条件非常好，对熊十力的妻子和孩子们多有照顾，将他们从德安接到武汉同住，熊十力在寒暑假回到湖北时，也总是直奔王家，住上一段时间，同王孟荪一起切磋学问，谈论局势，也算得上彼此无间，其乐融融。

熊十力这一次回到武汉养病，王家自然还是首选。刚住下不多久，有一个学生前来拜谒，竟然使得熊十力心情大悦，病似乎也好了不少，他还全力帮助这名学生实现了出国留学的梦想。

以文会友识"牛人"

那天，熊十力正在庭院里看书，一个身材瘦小的青年前来拜见。青年对熊十力深施一礼，说："学生胡业崇给熊老师请安！"

熊十力凝神打量着眼前这个青年，在记忆中搜索后，说："哦，想起来了，你是民国十四年（1925 年）考入武昌大学的那个胡业崇，对不对？"

"熊老师真是好记性。"胡业崇笑着说，"当年多亏老师提携。"

"不错，不错，当年你们入学考试的国文卷正是我出的题，你的文章是写得很好。这个我印象极深。"熊十力开心地说，"时间真快啊，转眼几年都过去了。"

熊十力所说一事发生在1925年。当年投考国立武昌大学的有三千多人，文科和理科各录取新生六十名。来自湖北黄陂的胡业崇，年仅15岁，国学底子很好，写出来的文章深得出题老师熊十力的赏识，最终被录入武昌大学理化系预科。

"这些年，你发展得怎么样？"熊十力关切地问。

"一言难尽。"胡业崇说，"这次来拜见您，正是有一事相求。"

"哦？"熊十力爽快地说，"有什么难处，但说无妨。"

原来，胡业崇考入武昌大学之后，很快成为学校的活跃分子，参加了国民党湖北省党部主办的《武汉评论》和中华民国学生联合总会主办的《中国学生》编辑工作，因喜爱王维的"秋原人外闲"和柳永的"夕阳岛外，秋风原上"的诗句，便以"秋原"为笔名，发表文章。1927年春，在国民党湖北省党部举办党务干部学校和各种短期训练班中，主讲各国革命史。1927年夏，由于沪汉战争激烈，他转道来到上海，以"胡秋原"之名考入复旦大学中文系，从此，以"胡秋原"名于世。

1928年5月，山东发生日军枪杀中国十七名外交官的惨案，胡秋原在悲愤中完成《日本侵略下之满蒙》一书，连销数版，成为当时最畅销的一本新书。1929年初，由于对在上海学习生活的厌倦，胡秋原去了日本，考取了日本早稻田大学。本来是可以享受官费留学，但是，由于湖北省教育厅临时修改章程，胡秋原被排除在官费生名额之外。可是，胡秋原认为，新修改的章程与日本的留学生收费政策之间，没有形成合理衔接，存在极大不公。于是，他特地从日本回国，为官费留学一事四处奔走。当他听说熊十力在武汉休养的消息后，便冒昧地登门求见。

熊十力听完胡秋原的此番遭遇后，非但没有嫌麻烦，反而对胡秋原的较真劲头十分赏识，爽快地答应道："好，这个忙我一定帮你！"说着，熊十力起身到书桌前，提笔写了两封信，一封写给已经卸任北大校长在中央研究院任职的蔡元培；另一封则写给在湖北政界很有声望的石瑛。胡秋原双手接过两封信，感激不尽。他没有想到，风传爱打人、爱骂人的熊先生竟然如此宅心仁厚，乐于救人于急难。凭着这两封信，胡秋原分别去求见了蔡元培和石瑛，最终得到他们的鼎力相助，湖北省教育厅重新修改章程，给了胡秋原一个官费生名额。

这是胡秋原人生的重要转折点，熊十力伸手一助，最终成就了一位名家。胡秋原后来成为了著名史学家、政论家和文学家，著作等身，达一百多种共计三千余万字。1989 年，美国传记学会将胡秋原列入《国际著名领袖人名录》，并颁发奖状。2004 年 5 月 4 日，94 岁的胡秋原荣获"中华文艺终身成就奖"。多年以来，胡秋原对熊十力当年的帮助一直念念不忘。

1930 年，熊十力仍旧回到杭州，住在广化寺，家眷则安排在南京大石桥居住。这一年，他的第三种《唯识学概论》和语录体《尊闻录》印行。《尊闻录》收录了熊十力 1924 年至 1928 年之间的谈话和书札，先由高赞非记录、整理，后由张立民删削并序，保留九十九段谈话和三十份函札，约五万字。

除了学术上的收获外，熊十力还有另外两个"成果"：其一，他收下北大学生唐君毅为弟子。唐君毅勤奋好学，悟性极高，最终成为了新儒家学派代表人物之一。其二，他结识了另一位国学大师马一浮，而且过程堪称曲折。

　　马一浮比熊十力大两岁，是一位学识广博且个性鲜明的学者。少年时读书，马一浮过目能诵，时称神童，其父聘请举人郑墨田担任他的塾师。可是，三年后，郑墨田这位饱学之士也深感不能胜任，便知难而退辞去教职。更有趣的是，1898 年，郑墨田和马一浮师生同赴县考，结果学生马一浮名列榜首，而教师郑墨田仅列第 23 名。1917 年，蔡元培出任北京大学校长，在考虑文科学长人选时，想到了马一浮，委托大名鼎鼎的苏曼殊到杭州西湖畔去请隐居的马一浮出山，马却以"古闻来学，未闻往教"为辞，进行拒绝。后来，蔡元培只好去聘请陈独秀。

　　1924 年，直系军阀孙传芳任浙江军务善后督办，干了一些不得人心的事情。一次，孙传芳专程到马家拜访，马一浮知道来访者是孙传芳，当即表示不见。家人考虑到孙传芳的权势，一旦得罪了，恐怕有麻烦，便劝马一浮不必搞得太僵，建议道："是否可以告诉他你不在家？"马一浮眼一瞪，厉声说："告诉他，人在家，就是不见！"孙传芳听后，只好悻悻而返。不过，马一浮也并没有因此而遇到麻烦。

　　这样对自己脾气的人物，熊十力巴不得马上能够结交，可是一直苦于没有机会。

　　忽然有一天，机会来了，熊十力在散步的时候，碰见了浙江省立图书馆馆长单不庵。单不庵曾在北京大学教过书，与熊十力是同事。闲聊之间，熊十力得知单与马一浮很熟，便请单不庵务必要帮帮忙，介绍认识马一浮。

　　"老熊啊，不瞒你说，我还真帮不了你这个忙。"单不庵为难地说，"老马那人犟得很，是不轻易见客的。"

　　"嗯，既然如此，你看我能不能来个以文会友呢？"熊十力试探地问。

"怎么个以文会友法？你说来听听。"单不庵问。

熊十力便把自己的想法如此这般一说，单不庵听后，点点头说："我看这个法子倒是可以一试。"

熊十力满怀信心回到住处，开始实施自己的"以文会友"计划——把自己的《新唯识论》书稿邮寄给马一浮，并附上了一封言辞恳切的求教信——熊十力觉得，马一浮再怎么跩，总不至于置之不理吧。

然而，非常不幸，熊十力的邮件寄出去很多时日，竟然音信全无。同在一个杭州城，再慢的邮差也该送到了，难道这个马一浮果真不愿见我熊某人？熊十力感到非常焦虑和失望，简直到了茶饭不思，夜不能寐的境地，病情似乎也有所加重。

又过了几天，正当熊十力无比郁闷的时候，家中忽然来了一位访客，此人身着长衫，个子不高，微胖，圆头大脸，长须拂胸，显得极为儒雅。

"在下马一浮，拜见熊先生。"来者自报家门。

熊十力一听，大喜过望，病已好了一半，大声嗔怪道："好你个马先生，我的信寄给你这么久，你都不来！"

马一浮微微一笑，说："如果你只寄了信，我马上就会来，可是，你寄了大作，我只好仔仔细细拜读完，才能来拜访啊。"说完，马一浮和熊十力握着手，哈哈大笑起来。

毒舌三分又何妨

转眼到了1931年，熊十力听说老友张难先从湖北调任浙江省主席，非常高兴，决定前往拜访。前两年，张难先担任湖北财政厅长的时候，有几个善于钻营的人得知熊十力与张难先是辛亥革命时期的老战友，便辗转托人求熊十力帮忙，找张厅长谋个一官半职。熊十力不堪其扰，便在武汉的一家报纸上刊登了一则启事：

> 无聊之友朋，以仆与难先交谊，纷祈介绍。其实折节求官，何如立志读书。预知难先未作官时，固以卖菜为生活者，其乐较作官为多也。仆本散人，雅不欲与厅长通音讯，厅长何物，以余视之，不过狗卵胞上之半根毫毛而已。

启事一出，那些想钻营的人再也不找熊十力走后门了。不过，张难先对"不过狗卵胞上之半根毫毛而已"这样粗鄙言辞非常不爽，曾找熊十力质问："好你个老熊，好端端的怎么骂我呢？"

熊十力笑着说："我没有骂你，我骂的是厅长啊。"

"就你熊老怪的嘴巴毒！"张难先也笑了起来，不再计较此事了。

想起这些往事，熊十力越发想见老朋友，便带着学生张立民前去拜访。结果，见面后，两个老朋友竟然像小孩子一样吵了起来。

那天，张难先见到熊十力，语气轻佻地连声说："呵呵，圣人来啦，圣人来啦！"在湖北，有人称熊十力为"熊圣人"，并非什么好话，而是有调侃之意，所以，熊十力比较忌讳这个外号。没想到，今天张难先哪壶不开提哪壶。"什么圣人？什么圣人？"熊十力老大不高兴，质问道，"你如今做了一省的高官，为何对故人如此轻忽苟且？！"

张难先本意是开玩笑，没有料到熊十力当了真，便不服，说："我怎么轻忽苟且了？"

"就是轻忽苟且了！"熊十力气呼呼地说。

"我没有!"张难先涨红了脸否认道。

"就是有!"熊十力也不让步。

眼看火药味越来越浓,随行的张立民真担心两人会打起来,情急之下,他凑近熊十力的耳朵说:"我们是客人,在这里吵嘴,恐怕有碍观瞻啊。"

熊十力马上不作声,接着,张难先也不言语。过了一会儿,张难先自找台阶下,微笑着说:"笑话已经说过了,架也吵过了,我们还是来正正经经地谈一谈吧。"

熊十力气呼呼地回道:"有什么好谈的?"

张难先说:"我很挂念你,近来身体怎么样?"

熊十力面色和缓下来,说:"还好,还好,多亏立民天天帮我打针。"

接着,一对老友你一言我一语地聊了起来。张立民所担心的"危机"转眼烟消云散。

这次没有打起来,但不代表永远不会打起来。不久之后,熊十力就真的动手打了另一个老朋友。事情还得从"九一八"事变说起。

1931年9月18日的傍晚,日本关东军虎石台独立守备队第2营第3连,离开原驻地虎石台兵营,沿南满铁路向南行进。晚上10时20分左右,关东军铁路守备队柳条湖分遣队队长河本末守中尉带领一个小分队,以巡视铁路为名,在柳条湖南满铁路段上引爆小型炸药,炸毁了一小段铁路,并将三具身穿东北军士兵服装的中国人尸体放在现场,以嫁祸东北军。在炸毁铁路的同时,在文官屯待命的川岛中队长,以及驻扎在北大营和沈阳城的日军,向北大营的中国驻军发动进攻。当时,北大营驻守的东北军第7旅毫无防备,被打得措手不及,逾万名守军被只有五百多人的日军击溃。这就是震惊中外的"九一八"事变。由于蒋介石一再坚持"不抵抗政策"，在事变后不到半年的时间里，东北三省百万平方公里的土地完全被日军占领，中华民族到了最危险的时候。

一直埋头做学问的熊十力得知国土沦丧，心中无比愤懑，恨不得自己能够奔赴前线，提枪杀敌，赶走日军，怎奈疾病缠身，且已年过不惑，几近半百。强烈的责任感使他焦虑不安，夜不能寐，直接上书国民政府主席林森，为抗日救国献计献策，主张"与倭人死战而不宣"。这份书函的落款是："国民熊十力扶病书。"

不仅如此，熊十力还积极另想良策。有一天，他忽然对随侍身边的学生张立民说："立民啊，赶紧收拾一下，陪我去上海见一个人。"

"您身体这么虚弱，去上海恐怕不行吧？"张立民小声说。

熊十力顿时火了，骂道："王八蛋，我哪有那么娇贵？听我的，赶紧去上海！"

张立民只得遵命，赶紧收拾行囊，陪着有病在身的熊十力，启程前往上海。

熊十力要见的这个人，不是别人，正是京沪卫戍司令长官陈铭枢。

陈铭枢是一位颇具传奇性的人物。他自幼丧母，小时候患眼病差点瞎掉，眼病好了后，又患烂头虱，满头血肉模糊，腥秽难闻。他的后母对他百般虐待，父亲听信后母谗言，也不喜欢他，每当下雨天无事可做，待在家里极度无聊时，就狠揍陈铭枢一顿来解闷。陈铭枢18岁那年，为了改变命运，自己偷偷乞讨到二十块大洋，只身跑到广州，投考黄埔陆军小学。临考前，他对同乡说："如果考不中，我一定去投白鹅潭自尽！"结果一考即中，进入黄埔陆军小学学习，后来进入南京陆军中学。有一天，陈铭枢和几个同学上街，忽然听见淮北逃荒而来的小丫头在卖唱"小白菜呀，地里黄阿，三两岁啊，没了娘啊……"顿时百感交集，忍不住大哭起来，以致哭瘫在地，几个同学硬搀着他，才回到了学校。

这一次，熊十力之所以来找陈铭枢，一方面觉得陈是有情有义之人，另一方面，觉得陈铭枢手握重兵。当时，陈铭枢任京沪卫戍总司令官，兼代理淞沪警备司令，国民革命军右翼集团军总司令。赫赫有名的19路军，就是由他一手创办的。

熊十力和张立民到达陈铭枢的司令部时，已是下午五点左右，正赶上陈铭枢到闸北视察部队去了。熊十力急了，对司令部的勤务兵说："赶紧给你们的陈司令通报一声，就说熊十力求见。"

勤务兵见熊十力牛气哄哄，知道是司令的朋友，不敢怠慢，赶紧给闸北方面打去电话，说："司令部有要人到访，请司令速回。"陈铭枢接到通报后，火急火燎地赶回司令部。

熊十力见到一瘸一拐的陈铭枢，说："好你个阿跛，老熊来此，你竟然跑到外面去了。"阿跛，是陈铭枢的外号。陈铭枢当上军官后，长期穿着高筒军靴，舍不得脱下，结果，没几天就捂出了香港脚。后来，他当上广东省政府主席，在一次开会时，香港脚发作，奇痒难忍，便当众脱鞋褪袜，猛抠脚丫，把一屋子的人熏得四散而逃。他诧异地问："有那么夸张吗？为什么以前我的部下没觉得臭？"再后来，陈铭枢到香港去治疗，不曾想在住院时碰上火灾，情急之下，他跳楼逃生，结果把腿摔成了骨折。伤筋动骨一百天，经过一段时间的综合治疗，总算把香港脚治好了，可是，腿却瘸了，兄弟们便给他起了个绰号：阿跛。

陈铭枢拉着熊十力的手说："真没想到老兄能来我这里，多住两天，鸡汤管你喝个够，另外，我们老哥俩好好切磋一下佛学问题。"

熊十力马上说："我可不是到你这里来揩油的。我是来进谏的。"

"哦？进谏？"陈铭枢诧异地问，"有什么需要我去办理的事情？"

熊十力找了一把椅子，坐下来，饮了一口茶，语气严肃地说："如今东三省沦陷，小日本觊觎大上海，卧榻之侧，岂容他人酣睡？你是卫戍司令，手握重兵，一定要履行军人职责，与日寇死战，把他们赶出中国！"

"老兄的心情我完全理解。"陈铭枢脸色凝重地说，"请相信我，国难当头，作为军人，我一定会竭诚尽力，保家卫国！"

得到陈铭枢的承诺，熊十力觉得完成了一件大事，非常高兴，第二天便辞行回到杭州。

日本人在东三省尝到甜头后，得寸进尺，先后在天津、青岛、上海、厦门、福州等地挑衅，全国人民要求抗日的呼声日益高涨。恰在这时，陈铭枢到杭州出差，顺便到熊十力家看望和问候。没想到，他刚一进门，熊十力就冲上来，二话不说，伸手就是两耳光，扇得陈铭枢耳朵嗡嗡作响。幸亏站在一旁的张立民眼疾手快，一把拉住熊十力，否则，陈还要挨上两巴掌。

被拉开的熊十力破口大骂："王八蛋，在这个时候，你不率领军人去打小日本，竟然有闲心跑到杭州来走亲访友！"

陈铭枢捂着脸，委屈地说："老熊啊，你误会我了！这次我是奉命来杭州考察防务的，我的十九路军马上就要好好地教训教训小日本啊。这不，看望完你，我得马上返回上海。"

熊十力听陈铭枢如此一说，马上转怒为喜，连声道歉："对不住，对不住，是我错怪你了！"

"没事，你这两巴掌，我一定从小日本身上找补回来。"陈铭枢说着，笑了起来。

1932年1月28日，淞沪抗战打响，历时一个多月，十九路军英勇顽强，付出了巨大牺牲。陈铭枢为发动、组织、指挥"一·二八"抗战，付出了无数辛劳，他作为抗战的中坚人物，功不可没。熊十力特地到上海慰问十九路军将士，高兴地与陈铭枢合影留念，并将照片悉心珍藏。

一人应战论众敌

1932年，熊十力又有了两个重要"成果"，一个是耗时6年的呕心沥血之作《新唯识论》文言文本，由浙江省立图书馆出版发行，马一浮欣然为之作序，对该著作给予了极高评价，认为熊十力的学识已经超过了道生、僧肇、玄奘、窥基等过去佛家大师。另一个是收下北大学生牟宗三为弟子。牟宗三后来也成为了哲学家、哲学史家，是现代新儒家的重要代表人物之一。

《新唯识论》的出版本来是一件值得高兴的大事情，可是，令熊十力没有想到的是，新著的面世竟然在佛学界引起轩然大波，甚至有人骂他是佛门叛徒。这究竟是怎么回事呢？

《新唯识论》是熊十力最主要的哲学代表作，标志其哲学思想体系正式形成。在书中，他既继承又改造了佛教中的唯识宗，在本体论方面，接受了唯识宗的万法唯识思想，认为识或本心是宇宙的本体、万化的根源。同时，在对唯识宗的阿赖耶识和种子说的层层破斥基础上，熊十力建立了自己体用不二的本体论，并由此出发建构了独具创意的翕辟成变的宇宙论和性量分殊的认识论。

由此可以看出，熊十力虽然曾在南京内学院苦读佛经近三年，又在北京大学讲授唯识学，还跟很多佛学名家谈佛论经，但是，最终也没有成为一名虔诚的佛教徒，而是成为了一名理性的哲学家。

也许可以作这样一种推测：从当年梁漱溟撰文点名骂他不懂佛学的时候开始，熊十力就是带着一种批判的心态进入佛学世界的。熊十力从小到大就是一个不信佛的人，梁漱溟点名骂他不懂佛，这便给了心高气傲的熊十力一个巨大的刺激，"你说我不懂，我偏要搞懂；不仅要搞懂，还要搞透；不仅要搞透，还有搞出新名堂来"。也许正是怀着这份强烈的自尊，他毅然走进了内学院，在佛学殿堂里做了一名"卧底"——是的，正如谍战片里的间谍一样，熊十力打入到佛学殿堂的内部去，对其纷繁复杂的结构了然于心后，再对那些脆弱的地方发起攻击。

熊十力虽然非常欣赏佛学的精湛深奥，但他把佛学与儒学加以比较之后，便发现一个又一个"脆弱之处"。比如说，在他看来，佛家讲生灭，突出了一个"灭"字，实际上是以"灭"否定了"生"，这就是很值得怀疑的。有了疑点，就要点评，就要剖析，就要纠偏，这就是熊十力的性格。而这一系列举动绝非一个佛教徒的举动——佛教徒对佛以及佛经只有信服，没有怀疑——这便是熊十力引起佛学界口诛笔伐的根本原因。简而言之，熊十力与反对者的矛盾，就是理性的哲学家与虔诚的佛教徒之间的矛盾。

《新唯识论》出版不到两个月，熊十力还没有从新著问世的兴奋中缓过劲儿，他曾经的"母校"——南京内学院便组织一帮学养深厚的弟子，向他发起了猛烈的反击，急先锋就是刘衡如，他针对熊十力的《新唯识论》，撰写了《破新唯识论》，并由欧阳竟无亲自作序，刊登在内学院的学刊《内学》特辑（1932 年 12 月刊）上，掀起了对熊十力《新唯识学》的大批驳。刘衡如在《破新唯识论》中，批评熊十力"众生为同源，宇宙为一体"的体用不二论；批评熊十力"仅求实证"的修行方法；指斥熊十力不了解唯识宗种子说的真义等。不久，太虚大师、周叔迦、欧阳竟无、吕秋逸、王恩洋、陈真如、印顺、巨赞、朱世龙居士等人，也先后加入批驳队伍，可谓声势浩大，力量雄厚。

这是怎样的一种学术压力啊！就好比是一个导演倾注全部才情，拍摄了一部耗资巨大的影片，本来想使之成为电影史上的不朽巨制，可是投入市场后，却招致一遍吐槽之声。在这种情况下，小导演可能会被唾沫淹死，大导演可能会爆粗口予以回击。

熊十力在强大的围攻声中，既没有被"淹死"，也没有"爆粗口"，他骨子里的那份较真劲儿被彻底地激发出来。针对刘衡如的文章，他很快写出了《破＜破新唯识论＞》，这就像拿着匕首冲到一线面对面地肉搏一样。

熊十力明确表示自己不能接受刘衡如的批评，为自己的理论创新进行辩护，反对拘泥经文，食古不化，主张不受佛经经文的局限，唯"真谛"是求。为了说明这个道理，熊十力还讲述了一个小故事，可谓寓意深刻：

> 有一天，小和尚问老和尚："师父，月亮在哪里？"
> 老和尚抬手指给小和尚看。可是，小和尚不是顺着手指的方向去看月亮，而是死死地盯着老和尚的手指看。
> 结果可想而知，小和尚始终不知道月亮在哪里。

显然，熊十力这是在嘲讽那些食古不化的不知变通者。

熊十力和刘衡如等人的论战持续了数十年，孰是孰非，没有定论。后世学者郭齐勇指出："熊十力与刘衡如等佛学家的分歧，并不是因为对佛教教义的理解不同造成的，而是各自所据的学术立场使然。刘衡如等人站在信仰的角度，极力维护佛家教义，当然不能容忍别人说三道四。熊十力站在研究者的立场上，对佛学既有肯定又有否定，他的理论取向是突破佛学的藩篱，创立取而代之的新论。"

我们感佩的是熊十力及其论敌辩论学术问题的认真与执着，也正是这份执着和认真，成就了一批学术大师，而这正是我们这个时代所缺乏的。

争来争去，导致了一个连熊十力都不愿意看到的结局——他的老师欧阳竟无视他为佛门的大叛徒，痛言"灭弃圣言，唯子真为尤"，断绝师生关系，从此不再相见。

《新唯识论》虽然没有得到佛学界的认可，但是在儒学大师们看来，却是一部极具原创力的哲学著作。蔡元培说："惜二千年来，为教界所限，未有以哲学家方法，分析推求，直言其所疑，而试为补正者。有之，则自熊十力先生之《新唯识论》始。"

总而言之，《新唯识论》的问世，奠定了熊十力新儒家的学者地位，而这一过程是那么的漫长和艰难。

第十章
国难当头谁好过

巧诗大骂卖国贼

　　1932 年 11 月，在离开六年之后，熊十力重回北平，继续在北大讲授唯识学，每周到校上一次课。"南漂"六年，世事变化令人感叹，当年离开时，这个城市叫作"北京"，是全国的首都；如今，这座城市已成故都，更名为"北平"。熊十力暂住在崇文门外缨子胡同 16 号，那是梁漱溟的家，当时，梁漱溟在山东邹平从事乡村建设工作，房子正空着。

　　北平的冬天很冷。作家梁实秋在《北平的冬天》中写道："在北平，裘马轻狂的人固然不少，但是极大多数的人到了冬天都是穿着粗笨臃肿的大棉袍、棉裤、棉袄、棉袍、棉背心、棉套裤、棉风帽、棉毛窝、棉手套。穿丝棉的是例外。至若拉洋车的、挑水的、掏粪的、换洋取灯儿的、换肥子儿的、抓空儿的、打鼓儿的……哪一个不是衣裳单薄，在寒风里打颤？在北平的冬天，一眼望出去，几乎到处是萧瑟贫寒的景象，无需走向粥厂门前才能体会到什么叫做饥寒交迫的境况。北平是大地方，从前是辇毂所在，后来也是首善之区，但也是'朱门酒肉臭，路有冻死骨'的地方。"

作为哲学家，熊十力所感受到的北平冬天，比起梁实秋的感受，恐怕不会有更多的暖意，或许还会更冷。病未痊愈的熊十力，冬天是不能穿皮毛大衣和烤火的，否则会咳嗽得厉害。不过，熊十力在冬天里的生活也并非毫无暖意，平日里，一大帮学生和朋友的到访，总能给他所租住的梁宅带来融融暖意。

1933 年春，熊十力搬到后门二道桥。房子原先是钱穆的，经汤用彤撮合，钱穆让出一进房子给熊十力居住。那段时间，钱穆、蒙文通、汤用彤、张尔田和张东荪兄弟经常和熊十力一起交游纵谈。特别是与蒙文通的交往，如前所述，他们俩经常因为观点不同而争论不休，汤用彤在一旁"观战"，钱穆从中解劝缓冲。两人虽然当面吵个不休，但是，在别人面前，他们却都推崇对方的学识。

几个月后，熊十力又搬到了沙滩银闸胡同 6 号。这里原是谢石麟与亲戚合租的房子。熊十力回北平仅三年，却搬家三次，可谓居无定所，但是，他对此并不介意。在与友人交游纵谈的同时，他潜心治学，成果显著：出版了《新唯识论》，并与刘衡如等人论战，先后发表了《破〈破新唯识论〉》《答某君难新唯识论》《略释"法"字义》《杂感》《循环与进化》《无吃无教》《英雄造时势》《易佛儒》《答谢石麟》等著作和文章，特别是1933 年 5 月 9 日，他给胡适写了一封长信，大约有五千字，要胡适"在根本处注意，莫徒作枝节之论"。

胡适收到长信后，并没有生气，将长信加上标题《要在根本处注意》，并写上编者附记，一起发表在《独立评论》上，还给了熊十力一笔稿费。在编者附记中，胡适写道："熊十力先生现在北京大学讲授佛学，著有《新唯识论》等书，是今日国内最能苦学深思的一位学者。……熊先生此次来信，长至五千字，殷殷教督我要在根本处注意，莫徒作枝节之论。他的情意最可感佩，所以我把全文发表在此。"

写长信直陈己见，这是熊十力的率直；全文刊发长信，这是胡适的宽怀。那个时代的学人们正是以这种率直和宽怀，构建了令后世仰慕的特殊关系。除此之外，熊十力与胡适之间还有一次令人瞩目的交集。

1935年，已经占领东北三省的日本人又觊觎我国华北地区，于是策动一些亲日派汉奸发动所谓"五省自治运动"，阴谋变华北五省为"第二个东北"。5月2日和3日，天津《国权报》社长胡恩溥和天津《振报》社长兼伪满洲国中央通讯社记者白逾桓，先后在天津日本租界内被刺身亡，这两家报纸都是由日本特务赞助的汉奸报纸。两人的死，其实是日本人所为。但是，5月29日，华北驻屯军参谋长酒井隆却放话，说上述两人的死是国民党蓝衣社所为。

6月9日，酒井隆约见北平军分会代理委员长何应钦，就胡、白被杀事件，向何应钦递交梅津美治郎拟订的"备忘录"。梅津美治郎是日本华北驻屯军司令官，在"备忘录"中，他竟然提出国民政府宪兵第三团、军委会政训处等撤出华北的无理要求。酒井隆甚至还狂妄地向何应钦提出，让国民党中央军撤出河北，并罢免对日本态度强硬的河北省主席于学忠。

何应钦一面向蒋介石报告事态，一方面与酒井隆当面交涉。日本人吃定了国民党政府的软弱无能，多次故意挑衅撒野，逼迫何应钦就范。6月10日，何应钦第四次与酒井隆面谈时，酒井隆竟然使出流氓无赖手段，完全不顾外交礼仪，把臭烘烘的靴子脱掉，放到谈判桌上，然后盘腿坐在椅子上，并不时地用佩刀敲打桌子，要求何应钦按照日方拟订的条约签字。

不过，何应钦当时并没有应允。酒井隆见一招不成，竟大发脾气，骂骂咧咧地走出门。走到院子里的时候，他又做出更加下流的事情，竟然解开裤带，当着众人的面，撒起尿来。

在日本人的一再纠缠下，何应钦特地到南京向蒋介石汇报华北的情况。由于蒋介石当时正在加紧围剿中国共产党领导的红军，根本无暇北顾，便授意何应钦于7月6日正式复函梅津美治郎，表示对"所提各事均承诺之"。何应钦与梅津美治郎之间往来的备忘录和复函，就是臭名昭著的《何梅协定》。实际上，通过这个协定，国民政府完全放弃了华北主权，为后来日本全面侵华打开了华北大门。

《何梅协定》的签订激起了全国人民的巨大愤慨，社会各界都义愤填膺。中国妇女革命的领袖、中国同盟会首位女会员、廖仲恺的夫人何香凝女士就曾以独特的方式，表达着自己的愤怒。她派人把自己的一条旧裙子送给蒋介石，在裙子上题了一首诗：

> 枉自称男儿，甘受倭奴气。
>
> 不战送山河，万世同羞耻。
>
> 吾侪妇女们，愿赴沙场死。
>
> 将我巾帼裳，换你征衣去！

在诗中，何香凝女士愤怒地抨击了蒋介石不抗日的卖国行径，表达了自己愿作巾帼英雄奔赴抗日前线的决心。与裙子一起送给蒋介石的，还有一副对联：

井底孤蛙小天小地自高自大
厕中怪石不中不正又臭又顽

这幅对联由续范亭所作，联中嵌有蒋中正（字介石）的名字，几乎是指名道姓地咒骂。续范亭是国民党元老，曾经退隐江湖，不问政事，"九一八"事变后，他感到国难当头，自己应该担起责任，便马上出山呼吁抗战。参加国民党"五大"时，因抗日主张得不到理睬，有朋友建议他前往中山陵去"哭陵"，以示对蒋介石政府的抗议，但是，续范亭却说："大丈夫流血不流泪，只有用热血才能把这些败类冲到人类行列之外。"

第二天清晨，续范亭穿戴整齐，叫了一辆黄包车去了中山陵园，直到下午仍然未归。朋友们感觉不对劲，忙赶往中山陵，结果在孙中山的灵堂前，发现续范亭倒在血泊之中，昏迷不醒，腹部已被他自己剖开一个大口子。幸亏朋友们及时发现，经抢救，续范亭才最终脱险。

由此可见，人们对蒋介石政府的不抵抗政策是多么的愤恨。这种背景之下，熊十力这帮做学问的夫子们也没有沉默，他们以自己的方式表达着主张。当时，住在北平的熊十力，每天忧心如焚，大骂蒋介石是"王八蛋""卖国贼"，并主动跑到邓高镜家中，说："时局至此，我们难道要坐等着去当亡国奴吗？"

邓高镜是墨子研究专家，也正为时局发愁，痛恨国民政府的腐败无能。熊十力一来，正好凑在一块儿，商量起应对办法来。商量来商量去，最后决定由熊十力给汤用彤写一封信，让他出面去敦请胡适领头，联合一批爱国人士，共同发表声明反对《何梅协定》。熊十力之所以不直接写信给胡适，也许是顾忌过去曾与胡适之间的一些过节。过去，他是瞧不起胡适的，曾经还让偷偷听课的胡适"滚蛋"。

最终，在熊十力、邓高镜和汤用彤等人的努力下，胡适出面牵头，联合北平教育界人士，发表联合宣言，坚决反对任何脱离中央、破坏国家统一的阴谋。同时，胡适还撰写《华北问题》一文，指出日本人逼迫华北"自治"，"正是一百分的侵略我主权，正是一百分的干涉内政，正是一百分的谋我疆土！"当熊十力读到这样的文章时，内心有了些许的宽慰。他知道，自己的努力总算有了一些实际效果。

1936 年 12 月 12 日，为了劝谏蒋介石改变"攘外必先安内"的既定国策，停止内战，一致抗日。时任国民革命军第十七路总指挥、西北军领袖杨虎城和时任西北剿匪副总司令、东北军领袖张学良，发动"西安事变"，扣留了蒋介石。

熊十力一向对蒋介石没有什么好感。曾经流传这样一个小故事，非常有趣。说的是蒋介石过 50 岁生日的时候，时任国际反侵略同盟中国分会副主席、国民外交学会会长的邵力子，邀请熊十力一起去为蒋介石祝寿。席间，高官显贵们吟诗作赋，赞颂老蒋。熊十力刷刷写好诗后，佯装尿急而逃席。众人拿诗一看，那诗写道：

> 脖上长着瘿葫芦，
>
> 不花钱买篦子，
>
> 虮虱难下口，
>
> 一生无忧，

秃秃秃，

净肉，

头！

这是一首倒宝塔诗，使脑袋光光的蒋介石气得差点背过气。

如今，熊十力听到蒋介石被抓的消息，先是一喜，后又一忧。喜的是，令人讨厌的老蒋居然也成了人家的"阶下囚"；忧的是，老蒋被抓，会不会引发全国性的内乱呢？那一段时间，熊十力密切关注着事态的发展，把几份报纸都快翻烂了。

后来，在中国共产党的主导下，"西安事变"得到和平解决，蒋介石签订抗日协议，接受"停止剿共、一同抗日"的主张。得知这个消息的那天，熊十力特地宰杀一只母鸡，炖了香喷喷的一罐子鸡汤，畅畅快快地吃了一顿。

一次艰辛的逃离

可以肯定的是，1937 年 2 月，熊十力的心情很好，因为他的又一部著作《佛家名相通释》在时任南京国民政府司法院院长兼任最高法院院长，同时兼任中华民国法学会理事长居正的资助下，由北大出版社正式印行，马一浮为新书题签。

然而，熊十力的好心情并没有保持多久，就不得不和我们这个多灾多难的国家一起，迎接日本军国主义所强加的苦难。

1937 年 7 月 3 日，时任关东军参谋长的东条英机，向日本政府提议，要求立即发动侵华战争，给中国以打击。7 月 7 日夜，日军借口一个名叫志村菊次郎的士兵，在北平西南卢沟桥附近演习时"失踪"，要求进入由中国军队驻防的宛平县城搜查，遭到中国第 29 军第 37 师第 110 旅第 219 团严辞拒绝。日军一面部署战斗，一面假意与中国方面交涉。中国方面为了防止事态扩大，经与日方商议，同意协同派员前往卢沟桥调查。事实上，所谓的"失踪"士兵志村菊次郎这时已经归队，但日军故意隐而不报，有意让事态升级。第二天早晨 5 点左右，日军突然向中国守军开枪射击，接着又炮轰宛平城。中国第 29 军司令部立即命令前线官兵："确保卢沟桥和宛平城"，"卢沟桥即尔等之坟墓，应与桥共存亡，不得后退！"守卫卢沟桥和宛平城的第 219 团第 3 营，在团长吉星文和营长金振中的指挥下奋起抗击。这就是震惊中外的"七七事变"，又称"卢沟桥事变"。

卢沟桥事变发生后，中国共产党中央委员会于 7 月 8 日第一时间发出全国通电，呼吁："同胞们，平津危急！华北危急！中华民族危急！只有全民族实行抗战，才是我们的出路！"并且提出了"不让日本占领中国！""为保卫国土流血！"的口号。7 月 17 日，蒋介石也发表了关于解决卢沟桥事变的谈话。"卢沟桥事变"揭开了全国性战争的序幕。

7 月下旬，日军大批增援部队到达中国，向北平、天津发动大规模进攻，第 29 军虽经英勇抵抗，但是力量相差悬殊，未能抵挡住日军的猛烈攻击，第 29 军副军长佟麟阁和 132 师师长赵登禹英勇牺牲。7 月 28 日，奉蒋介石命令，中国守军从北平撤退到保定，29 日，日军占领北平，30 日又占领天津。

日军占领北平后，北平城开始了地狱般的噩梦。在北平，日本人仿效在东三省的"南满株式会社"殖民模式，成立了"华北开发股份有限公司"，推行掠夺政策，搞得北平市场一片混乱，物价波动巨大，民不聊生。据说，在前门大街有个杂货铺老板，没安好心，曾经借高利贷囤积了很多货物，企图发一笔国难财。可是，令他没想到的是，市场价格突然在几天里一路狂跌。眼看血本无归，绝望的杂货铺老板选择了上吊自杀。结果，第二天，他囤积的货物价格又突然暴涨。这只是日本人占领北平后社会生活的一个缩影。

熊十力当然不愿做亡国奴。卢沟桥事变前夕，北京大学就已经撤离北平南迁，参与组成了后来的西南联大。那时有规定，只有教授职称的教师才可以随迁任职，而当时熊十力仅是讲师职称，不在随迁之列，因此成了失业待岗教师，滞留在北平，只能自行想法离开。

熊十力离开北平可谓历经千辛万苦。8 月的一个夜晚，已经53 岁的熊十力和弟子刘公纯乔装成商人，混过日本人的岗哨，出南城，搭乘一辆运煤大货车，一直往南。坐在煤堆上，无遮无拦，车一开，扬起的煤灰直往眼鼻嘴里钻，两人顾不得斯文，黑头黑脸地相偎在一起，实在受不了，就用脏兮兮的衣袖捂住口鼻。最大的困难是在半路上，天公不作美，下起了倾盆大雨，幸亏车上有一块雨布，黑魆魆地沾满了煤灰，师生俩扯过来，裹在身上，结果，雨水还是把他们的衣服和鞋子淋了个透湿。就这样，师生两人一路上又冷又饿，吃尽了苦头，最终总算挨到了武汉。

回到武汉后，熊十力仍旧暂住在王孟荪的家里。几个月后，冬天来临，熊十力才回到黄冈，住在团风粮道街。

回到家乡的熊十力，引来不小轰动，许多乡亲都来看望他，打探时局，了解外面的情况。在这些人中，有一个叫段亚杰的湖北省六中学生，来得特别勤，打听的问题也都是国家大事。熊十力从段亚杰身上看到了年轻时的自己，当年他也是这样缠着从北京回到黄冈的何焜阁先生，了解天下大事，然后，一步步走上了推翻清廷统治的革命道路。所以，对于段亚杰的提问，熊十力有问必答，详细介绍了当时国内极其严峻的局势。

卢沟桥事变后，日军展开全面侵略中国的大规模战争。8 月 13 日至 11 月 12 日，中国军队在上海及周边地区与日军展开淞沪会战。战役初期，日军见久攻上海不下，便进行侧翼机动，在杭州湾的全公亭、金山卫间登陆。中国军队腹背受敌，蒋介石下令全线撤退，11 月 12 日上海失守。日军趁势兵分三路，进攻当时首都南京。11 月 20 日，国民政府宣布迁都重庆。蒋介石派唐生智组织南京保卫作战，但是，由于战略和战术的失误，南京守军最后大溃败。12 月 13 日晨，日军攻入南京城，实施了惨绝人寰的"南京大屠杀"，致使三十多万无辜平民死在屠刀之下。

讲到痛心处，熊十力禁不住破口大骂："王八蛋，蒋介石，脓包、软蛋、卖国贼！他内仗内行，外仗外行，致使大片国土沦丧，人民惨遭日寇蹂躏。"说得激动时，他声音哽咽，泪流满面。

有时，熊十力还以长者的口吻教育段亚杰道："你们年轻人，一定要加强民族观念，提高民族自尊心和自信心！依我看，当今真正能够扛起抗日大旗的，恐怕只有陕北的共产党，你们这些年轻人就应该去找共产党，跟他们一起去打小日本。"

在熊十力的影响下，这个叫段亚杰的年轻人后来果真参加了共产党，成为了抗日队伍里的一名骨干。跟段亚杰类似的，还有一个青年，叫陈道堂，也经常来请教熊十力，最终也从黄冈去了延安，参加了共产党的抗日队伍。

在团风住了 4 个多月后，1938 年 2 月，熊十力带着妻子傅既光以及 14 岁的小女儿熊再光，离开家乡去往四川。没有想到，这一去就是整整八年。

难得饱一次口福

重庆是中国乃至世界上最大的山城。她西望青藏高原，北屏秦岭、巴山，东据长江三峡天险，南临云贵高原，雄峻攸险，山高水长。1937 年 12 月 11 日，重庆正式成为中国的"战时首都"。

随着国民政府迁都，重庆随之也就成为了内迁学校的集中地，大批有志于民族复兴、抗日救亡的青年学子纷至沓来，一大批著名的教育家、学者来到重庆执教，众多文化艺术界的名流也来到重庆工作定居。熊十力就是这批"西迁大军"中的一员。

到达重庆后不久，由于住房紧张，熊十力一家和一个学生一起来到璧山县，恰巧碰到了熊十力曾经的学生钟芳铭。时任璧山县中学校长的钟芳铭见到老师，当然非常高兴，慷慨相助，将熊十力一家人安排在来凤驿住下。

稍稍安顿之后，熊十力就经常同邓子琴、钱学熙、刘公纯、陈亚三等一帮入川的学生谈论时局。有一次，他满怀信心地说："我有一坚确信念，日本人决不能亡我国家，决不能亡我民族，决不能亡我文化！"这些话，给了学生们极大的信心和鼓舞。熊十力不仅坚持鼓励学生，同时也进行自我激励。他常常在空闲的时候，来到山边，对着山谷高声呼喊，聆听四面回响，以使自己始终保持一种勇猛精进、自强不息的精神状态。

1939 年的一天，蒋介石特派两名侍从官，开着小车来请熊十力去重庆林园谈哲学问题。熊十力听说是蒋介石请他，便说：

"我是一个普通人，蒋先生日理万机，何必要请我?"一名侍从官说："如果熊先生不便到蒋委员长那里去，蒋先生来看先生行不行?"熊十力说："我只是一个做学问的人，不懂政治，哲学也研究得不好，还是没有那个必要。"然后，不管两位侍从官如何劝说，熊十力就是不愿去林园见蒋介石。两个侍从实在没法，回去复命的时候，只得撒谎说，熊先生身体不适，不能来见面。

这年夏天，教育部筹资在乐山乌尤寺创办复性书院，聘请马一浮为院长，马一浮又邀请熊十力到书院共同主讲。蒋介石为笼络人心，派肖赞育送两百万元到复性书院。肖赞育拿着钱兴冲冲地对马一浮和熊十力说："蒋委员长交待，这两百万，一百万补助给马先生，一百万给熊先生。"熊十力推辞说："我的生活简单，不需要蒋先生的钱。"肖赞育只好将熊十力的一百万带回去。

类似拒收蒋介石馈赠金钱的事情，后来也发生过几次。但是，对于趣味相投的人，熊十力却是另外一番情景。

1941年，梁漱溟在重庆北碚郊区山上办了"勉仁书院"和"勉仁中学"，熊十力是"勉仁书院"的导师，住在"勉仁书院"，生活非常艰苦。这时，有一个很重要的人物出现在他的生活中，给他带来了别样的惊喜。这个人就是郭沫若。

郭沫若，四川乐山人，原名郭开贞，沫若是其笔名。他早年赴日本留学，后接受斯宾诺沙、惠特曼等人思想，决心弃医从文，他的诗集《女神》摆脱了中国传统诗歌的束缚，充分反映了"五四"时代精神，在中国文学史上开拓了新一代诗风。1923年后，他系统学习马克思主义理论，提倡无产阶级文学；1926年参加北伐，任国民革命军政治部副主任；1927年蒋介石发动"四一二"政变后，他参加了南昌起义；1928年2月，因被国民党政府通缉，流亡日本；1937年抗日战争爆发后回国，任军事委员会政治部第三厅厅长，后改任文化工作委员会主任，团结进步文化人士从事抗日救亡运动。

身为文化工作委员会主任的郭沫若得知熊十力在勉仁书院的消息后，决定前去拜访。当然，郭沫若没有空手去见熊十力，他对熊十力爱吃肉，尤其爱吃鸡的名声早有耳闻。当年，熊十力为了多吃到一点肉，骂过自己的学生，还闹出过一些笑话。所以，这一次，郭沫若特地买了两只鸡挂在滑竿上，前往勉仁书院求见熊十力。没有想到，声名赫赫的熊十力一看见两只鸡，高兴得就像小孩子，赶紧把郭沫若让进屋里，一见如故，聊得非常投入，从此成为了朋友。

郭沫若走后，熊十力吩咐妻子傅既光立马杀鸡炖汤，好好地饱了一次口福。这是自入川以来，他吃鸡吃得最香最解馋的一次。熊十力在住的方面不在意，在穿的方面也不在意，唯独在吃的方面，特别在意。但是，他绝对不是乱吃，而是特别讲究营养搭配，不抽烟、不喝酒，对当时绝对算"高大上"的罐装食品，他沾都不沾。他只爱吃糙米，吃鸡肉，不管在多么困难的情况下，他总要想方设法在家里养几只鸡，供自己食用。

天下的吃货都有一个共同的特点，那就是为自己寻找贪吃的借口，熊十力也不例外。

熊十力觉得自己成为"吃货"天经地义。他认为，自己的身体与道统是合二为一的，只有珍惜自己的生命，才能传道、救国、救世。他坚信自己的这个逻辑是讲得通的，不是自私之念，而是大公之心。他曾在《十力语要初续》中说："吾虽孤陋，犹思独握天枢，以争剥复。"他还曾经多次劝告朋友们，应当"留得此身，发明正学，以救斯人"。

他的这种思想体现得最充分的一次，是与朋友的小孩争食红烧肉。有一天，熊十力被朋友请去吃饭，在桌子上，朋友的小孩夹住一块红烧肉，刚要吃，熊十力用筷子按住，说："我身上负有传道的责任，不可不吃，你吃了何用？"说着，硬是把孩子夹住的那块肉夹到自己碗中，坦然地吃了起来。幸亏人家孩子还算懂事，没有马上哭鼻子。

师生共度难日子

当然，能够安心吃鸡的日子毕竟是少数，像所有重庆人一样，躲空袭才是熊十力生活的常态。

全面抗战爆发后，重庆成为中国政府的战时首都和世界反法西斯战争远东指挥中心，在政治、军事、经济、文化等方面具有极其重要的战略地位。由于重庆深处中国内陆，在中国军民的顽强抵抗下，日本侵华陆军一直未能从地面进入重庆。但是，为了摧毁中国的抗战意志，达到"迅速结束中国事变"的目的，从1938年2月到1944年12月，日本空军对重庆及其周边地区进行了长期的无差别轰炸。

1939年8月初，熊十力应马一浮邀请，到复性书院担任教职。复性书院在乐山乌尤寺，位于岷江、青衣江和大渡河三江交汇处的江心中，与乐山大佛相望。这里虽然距离重庆有350公里的路程，但并非是世外桃源，同样遭到了日本飞机的轰炸。

8月19日那天，熊十力正在乐山的居所里准备讲义，窗外阳光明媚，鸟语花香，江上船只穿梭，隐约可听到船工的号子和渡轮的汽笛声，一切都显得生机勃勃。熊十力把目光从文字上移开，转动了几下脖颈，抻了抻腰身，起身倒了杯茶，重新坐下。

正在这时，一阵凄厉的空袭警报声突然传来，将一切打乱了，接着，低沉的轰鸣声由远而近。熊十力一惊，赶紧起身，揣着讲义，又从书架上拿了两部重要的书籍，招呼妻子和女儿往外跑。可是，没有跑多远，一颗炸弹落在了居所附近。随着一声巨大的爆炸声，熊十力被气浪推出老远，重重地摔倒在地，昏迷了过去。

苏醒过来时，熊十力发现自己躺在医院，妻子和小女儿在一旁抹着眼泪，自己左膝盖缠着白色的绷带，不能弯曲。原来，随着重重一摔，左膝严重受伤，血流不止。幸亏几个学生眼尖，跑过去把昏迷不醒的熊十力背到安全地带，包扎止血，空袭结束后赶紧送到了医院。

命是保住了，可是，居所却没有这么幸运，爆炸所引发的大火将房子全部烧掉，最令熊十力心痛的是，他尚未出版的积稿被全部焚毁。幸亏有一群好样的学生一直跟在身边，不然那些书稿可能永无面世之日。为了使那些手稿能够面世，熊十力的学生陈仲陆、邓子琴等花费了大量精力，最终从笔记副本中编辑整理出《十力语要》卷二。对于自己的这些学生，熊十力真是打心眼里喜欢。

其实，何止是这几个学生，类似的铁杆"熊粉"还有很多。早在1938年冬，熊十力就着手将《新唯识论》的文言文本翻译成白话语体文本。因为是意译，对内容有所增删，熊十力口授，学生钱学熙负责记录整理。到1939年冬，熊十力的另一个学生韩裕文接过钱学熙的工作，继续帮自己的熊老师记录整理。1940年夏，全书翻译完成，在学生吕汉财的资助下，印行了两百本。

这是一种令人羡慕的师生情分。试想，如果熊十力不是真诚对待学生，又怎么可能得到学生的耿耿忠心？从下面的事例可以看一看熊十力与学生之间那种独具特色的坦诚。

熊十力在勉仁书院时，学生李渊庭也在学校任教。有一天，李渊庭在熊十力的书桌上看到一部手稿，发现熊十力引用王船山的一句话显得很生硬，就对熊十力说："在这里引用王船山语，语义不符，还是删掉为好。"

熊十力一听，火冒三丈，一边大骂："王八蛋，简直胡说！难道我错了？"一边追着李渊庭，举着拳头要打人。

李渊庭也不示弱，说："请先生再看看所引的那段话的上下文，就会明白，您讲的根本不符合原意。"李渊庭怕熊十力打人，边说边退，一直退到自己家里。结果，熊十力还是追过来，一拳打在李渊庭的左肩上。"您打我，我也是这个意见。"李渊庭不再退避，坚持说。

打过了，熊十力气呼呼地离开李渊庭的家。李渊庭的妻子阎秉华责怪丈夫道："你对熊先生讲话的态度太生硬了，伤了老人家的自尊心和自信心，应该说得委婉些才对啊！"

李渊庭说："你不懂，对熊先生不必虚情假意，那样他会更生气。我这样直来直去，他会接受的。"

果然不出李渊庭所料，第二天一早，熊十力推门进来，笑着说："渊庭啊，你对了。晚上，我又看了一下上下文，的确是你说的那个意思，是我冤枉你了。"至此，师生俩相视一笑，和好如初。

熊十力和李渊庭所在学校经费十分困难，教职员工的工资待遇都很低，仅可糊口。当时，李渊庭和妻子阎秉华已经有三个孩子，阎秉华又怀着第四个孩子，使得生活更加艰难。有一天，由于营养不良，阎秉华晕倒在自家厨房里。李渊庭将妻子送到医院后，一检查，发现胎儿已经死在腹中，而且遇到的医生竟然在病人的生命与金钱的两选中，都更加愿意抓住后者。当时，医生取出阎秉华肚子里的死婴，故意不取出胎衣，走出手术室来跟李渊庭谈判，要其先交清医疗费，才愿意取出胎衣。可是，李渊庭手里实在没钱，最终还是阎秉华苏醒后从手指上取下一枚祖传的金戒指，让李渊庭拿出卖掉，凑足了医疗费，医生才取出胎衣。

熊十力得知这种情况后，破口大骂医院和医生是"王八蛋"，并从自己的薪水中拿出一部分塞给李渊庭。不久，一个叫刘汉的学生来信说，他接办了重庆捍卫中学，需要熊十力介绍几个学生过去帮助办学。相比较而言，重庆待遇当然会高出很多，熊十力第一个想到的人选就是李渊庭，便马上向刘汉进行了推荐。

李渊庭到重庆捍卫中学任教后，一家人的生活果然得到了极大改善。

"真得感谢熊先生啊！"妻子阎秉华有一天对李渊庭说，"如果没有他的推荐，我们恐怕还要吃上顿愁下顿。"

"是的，别看熊先生脾气古怪，其实是一位宅心仁厚的大善人。"李渊庭说，"要让孩子们永远记得熊爷爷的好。"

"嗯，那是当然。"阎秉华点着头说。

第十一章
志不同道不相谋

合得来就合，合不来就走

伤愈后的熊十力从医院回到乐山乌尤寺。不久，复性书院正式开学，熊十力作《复性书院开讲示诸生》，就书院规制、地位、性质和研究旨趣等问题，以及学风、学习方法等问题，给学生们作了长篇谈话。他的"开学第一课"非常振奋人心，使得在座的学生都看到了未来的希望，暗暗下定决心，好好地在书院里学习。

然而，随着时间的推移，在复性书院里，熊十力越来越感到憋闷，这种憋闷主要是由于书院的"掌门人"马一浮引起的。是的，其实从书院创办之初，马一浮的很多想法就与熊十力的想法存在着冲突。比如说，马一浮主要希望通过复性书院培养

"几颗读书的种子"，所以主张学生自愿就读，其他一切都不管，不管住宿生活，也不管毕业分配，而熊十力则希望书院能够考虑学生的实际生活问题，包括就业等。还有，熊十力希望书院能够逐渐扩大规模，办成北京大学那样的一流学校，并像校长蔡元培那样能够"循思想自由原则，取兼容并包主义"，而马一浮则主张循序渐进办学，"书院规制大小，从缘而定"，换言之，就是任其发展，能大则大，大不了的话，小也未尝不可。

马一浮也是一个极具个性的人，当然不肯轻易改变自己的主张，熊十力更是坚持己见，宁折不弯。古人云：道不同，不相与谋。所以，经过一番认真考虑后，熊十力在 10 月下旬向马一浮提交了辞呈。

这就是熊十力的个性所在，合得来就合，合不来就走。当年，他与陈铭枢的交往也是如此。

其实，熊十力与陈铭枢的交情不可谓不深。1928 年，陈铭枢任广东省政府主席，熊十力正贫病交困，陈邀请熊去广州任高级参谋，熊不去；陈铭枢便送钱，熊十力不收。陈铭枢坚持要送，熊十力说："那好，我每月生活费大洋三十元，你如果舍得，就送吧。"陈铭枢果然按月寄来三十元，熊十力只得"笑纳"。一次，陈铭枢的出纳员忘了寄钱，熊十力立刻给陈铭枢去了一封信，上书一百多个"王八蛋"。陈铭枢接信后，二话不说，赶紧命人将钱补寄到位。

抗日战争中，在重庆长江边，有一天，陈铭枢请熊十力吃饭。饭后到江边散步，熊十力面对浩浩长江大发感慨，陈铭枢背对长江，使劲地盯着熊十力看。熊十力问："干吗？这么好的风景你都不看？"陈铭枢笑着说："哈哈，老熊，你就是最好的风景啊！"的确，那时的熊十力天庭饱满，长须拂胸，器宇轩昂，还真就是一道独特的风景。

即便两人感情如此之铁，可是，当熊十力觉得陈铭枢不够朋友时，照样立马翻脸，不留情面。事情还得从"一·二八"抗战说起。

1932 年，陈铭枢的 19 路军进行"一·二八"淞沪抗战，结果触犯了蒋介石南京政府的对日不抵抗政策。于是，在《淞沪停战协定》签订的第二天，老蒋就对陈铭枢的 19 路军进行"整肃"，下令将该军 3 个师分别派到皖、鄂、赣三省"剿共"前线去打内战，10 月，陈铭枢愤然辞职，远赴法国。1933 年回国后，陈铭枢与李济深一起，发动福建事变。11 月 20 日，李济深等在福州召开中国人民临时代表大会，发表《人民权利宣言》。21 日，李济深等通电脱离国民党，随后联合第三党和神州国光社成员发起成立生产人民党，推举陈铭枢为总书记。22 日，中华共和国人民革命政府正式宣布成立。由李济深、陈铭枢、陈友仁、冯玉祥（余心清代）、黄琪翔、戴戟、蒋光鼐、蔡廷锴、徐谦、何公敢、李章达等 11 人组成人民革命政府委员，由李济深担任主席；废除南京政府年号，改民国二十二年（1933 年）为"中华共和国元年"，福州为中华共和国首都；废除原来的青天白日满地红国旗，另立新国旗。并宣布革命政府的中心任务是外求民族解放，排除帝国主义在华势力；内求打倒军阀，推翻国民党统治，实现人民民主自由，发展国民经济，解放工农劳苦群众。中华共和国人民革命政府成立后，受到各地民众和海外华侨的拥护。

不过，在蒋介石分化瓦解和优势兵力的攻击下，福建事变终告失败。李济深、陈铭枢等逃往香港，第 19 路军的番号被取消，军队被蒋介石改编。

　　后来，由于多种因素的综合作用，死对头又成了好朋友，陈铭枢居然与蒋介石有了重新合作。一次与熊十力等几个朋友聚会时，陈铭枢在谈论这段经历的时候，借报纸上刊载的致胡汉民电文中的一句话说："胜广揭竿于先，沛公继起于后。"这是把 19 路军比作陈胜吴广，把蒋介石比作沛公刘邦。熊十力听后，非常反感这种说法，也许在他看来这不仅有辱 19 路军，也有辱整个福建事变，是出卖同志讨好老蒋的谄媚之语，便当即说："放屁，放屁！"从此，熊十力好长时间不与陈铭枢往来。

　　与陈铭枢这么好的朋友，熊十力都能因为一句话而翻脸，那么，与马一浮闹翻，也就太正常不过了。

　　离开复性书院后，恰好当时武汉大学迁至乐山，在武汉大学教务长朱光潜的邀请下，熊十力到武汉大学讲了一段时间的课。后来，熊十力返回到璧山来凤驿，与梁漱溟等人一起借住在古庙西寿寺内。

　　这时，南京支那内学院迁到江津。熊十力听说老师欧阳竟无也一同迁来，便特地赶到江津去看望。其实，这个时候，熊十力与内学院弟子们的争论并没有罢休，一直在报刊上打着笔仗。搁在一般人身上，此时去见论敌的总后台，多少是应该有所顾忌的。但是，熊十力不在乎这些，他觉得应该去看老师，所以，也就毫不犹豫地去了。

　　遗憾的是，欧阳竟无果真没有忘记熊十力的"叛逆"言行，在熊十力到来的时候，并没有给他什么好脸色，始终不再认熊十力为弟子，甚至还分别写了《答陈真如论学书》和《与熊子真书》，对熊十力进行了严厉批评。

　　熊十力在学术上与欧阳竟无存在分歧，但是，在他的心里，却一直敬重着欧阳竟无大师，完全没有那种"合得来就合，合不来就走"的做派。

这就是熊十力的奇特之处，总会留给世俗者一些意料不到的东西。

恰似曾经少年时

在人们的印象中，熊十力向来是相当自负的，在学界似乎很少有几个人能够入得了他的法眼，可是，一个比熊十力整整小 20 岁的青年学者张荫麟，却能够使得他佩服有加，赞不绝口，这多少有些令人感到意外。

那么，张荫麟又是何许人也？

1905 年 11 月，张荫麟出生于广东东莞的官宦之家，小时候家境殷实，在父亲的严格教育下，读过许多典籍，不幸的是，父亲去世后家道中落。16 岁那年，张荫麟考入北京的清华学堂，求学八年，对中西文学、史学、哲学都有极大兴趣，尤其喜爱历史，是当时名闻全校的学霸级人物，与钱钟书、吴晗、夏鼐并称为"文学院四才子"，先后在《学衡》《清华学报》等刊物上发表论文和学术短文四十多篇。

有一件很牛的事情发生在张荫麟 18 岁那年，他在大学者吴宓主编的《学衡》杂志第 21 期上，发表自己的处女作《老子生后孔子百余年之说质疑》。这可不是普通的质疑文章，他质疑的竟然是大名鼎鼎的梁启超。在文章中，他对梁启超考证《老子》认定其在孟子之后的六条证据，逐一进行批驳。当初，《学衡》的编辑在收到稿子时，并不知道这个叫张荫麟的作者仅仅是个学生，还误以为是清华的国学教授。

想想看，如果今天，一个默默无闻的大学没毕业的在校生，发表文章质疑赫赫有名的一位学界泰斗，会是怎样的一种情形？绝对算得上一件可以登上头条的重大新闻。

当时，张荫麟的文章发表后，不仅震动了整个清华园，也引起了学界的极大关注。人们都认为，这下肯定会把梁老先生气得不轻。可是，出乎大家意料的是，梁启超读到那篇文章后，不仅没有怪罪张荫麟"大逆不道"，反而觉得他是个"天才"，并给予大大的褒扬，还想结识这位"天才"学生。

一天晚上，梁启超在清华大学作中国文化史演讲，忽然问："哪位是张荫麟？"并从衣袋里取出一封信，接着说，"这封信是张荫麟同学写给我的，质疑我前次演讲中的问题，现在，我可以当众答复一下。"

可是，梁启超的这次"点名"却没有得到张荫麟的回应。事后，张荫麟的同学都说他傻，把这次与学界前辈搭上关系的绝好机会就这样轻易放弃了，真是可惜。直到几年后，张荫麟才被同学硬拉着去拜见梁启超。当时，梁启超见到自己的这位小老乡，非常高兴，夸道："你有做学者的资格！"

梁启超的书法作品，可谓一字千金。能够得到他的墨宝，是很多人梦寐以求的事情。当时，清华学生中，就有很多人跟梁启超套近乎，以求老先生能够惠赐一幅字。张荫麟内心里也很想得到，但是，始终不好意思开口。后来，他在写给同学的一首诗中表明自己的心迹："为学贵自辟，莫依门户侧。"

原来，从当初课堂上以沉默回应梁启超到后来不求墨宝，张荫麟自始至终都不想戴上"攀附权威"的帽子。

1929 年，张荫麟以优异成绩毕业于清华大学，获公费留学美国斯坦福大学，攻读西洋哲学史和社会学，提前获哲学博士学位。回国后，他应清华大学之聘，任历史、哲学两系专任讲师，并兼北大历史、哲学课。1935 年暑假，张荫麟受国民政府教育部委托（一说受托于国防设计委员会），由傅斯年推荐，主编高中及小学历史教科书，编撰高中历史教材《中国史纲》（上古篇，止于东汉开国）。

然而，天妒英才，博才张荫麟不幸早逝。在撰写《中国史纲》的两年内，张荫麟生活极不规律，常常因为写文章几天几夜不睡觉，直到文章完成后，才大睡几天，大吃几顿，结果把自己的身体搞垮了，罹患严重肾脏炎。1942 年 10 月 24 日，张荫麟在贵州遵义病世，年仅 37 岁。弥留之际，他与立在病床前的诸位学生逐一握别，口诵《庄子·秋水篇》，慢慢地闭上了自己的双眼。

熊十力与这位小自己整整 20 岁的年轻学者相识，是在 1942年，当时他就对这位年轻人的学识十分赞赏。张荫麟的早逝，令他非常震惊和惋惜。1943 年元旦，《思想与时代》杂志为悼念张荫麟，特别推出纪念专号，熊十力发表了《哲学与史学——悼张荫麟》。在文章中，熊十力写道："张荫麟先生，史学家也，亦哲学家也。其宏博之思，蕴诸中而尚未及阐发者，吾固无从深悉。然其为学，规模宏远，不守一家言，则时贤之所夙推而共誉也。"又写道："昔明季诸子，无不兼精哲史两方面者。吾因荫麟先生之殁，而深有慨乎其规模或遂莫有继之者也。"

作为前辈学者，熊十力能够对一名青年才俊不吝赞美，固然有张荫麟确实才学过人的原因，但恐怕还在于张荫麟为人处世的风格作派，与熊十力有着某些相通与共鸣。

张荫麟也是一个狂放率真之人，褒扬或者挖苦全凭自己的判断和认识。当时，"清华学派"中的重要人物都对鲁迅没有什么好感，斥之为"匪徒""文丐"，可是，作为"清华学派"中的一员，张荫麟不为别人所左右，根据自己的判断，写出了一篇《〈南腔北调集〉颂》，称赞鲁迅是"当今国内最富于人性的文人"。

1923 年，冰心以优异的成绩取得美国威尔斯利女子大学的奖学金。出国留学前后，20 多岁的冰心开始陆续发表总名为《寄小读者》的通讯散文，从此名满中国文坛。1926 年冰心获得文学硕士学位回国，先后在燕京大学、北平女子文理学院和清华大学国文系任教。1932 年，北新书局出版了《冰心全集》三卷本（小说、散文、诗歌各一卷），这是中国现代文学中的第一部作家全集。

冰心的这些成就在当时是令无数人仰慕的，可是，张荫麟在《所谓"中国女作家"》一文中，对以冰心为代表的"立于女子之传统的地位而著作"的"女士"们，极尽嘲讽之能事，说她们不过是前代袁枚"女弟子"之流，"言作家而特标女子，而必冠以作者之照相"，"作品署名之下必缀以'女士'二字"，而所书写者，莫非"毫无艺术意味之 Senti-mental rubbish（意为'感性垃圾'）"，以中学生作文标准衡量，"至多不过值七十分左右"。

胡适撰写的《白话文学史》（上册），被当时的人们称为名著，可是，张荫麟却能指出其中定义混乱、去取多由主观的毛病，并且逐一举证，言之凿凿，叫人不得不服。

郭沫若翻译歌德的长诗《浮士德》，由于出版社催稿很急，郭沫若急于脱稿。结果，书印出后，张荫麟毫不留情地指出，书中"谬误荒唐、令人发噱之处，几于无页无之"，并择要纠正。

不过，张荫麟虽然批评胡适的《白话文学史》有诸多毛病，却能敏感地发现此书具有方法、取材及考证的优点。虽然对郭沫若的德文水平很是看不起，却能客观地指出《中国古代社会研究》能够"拿人类学上的结论作工具去爬梳古史的材料"，"建设中国古代社会演化的历程"，实在是一项"重大贡献"。

不可否认，张荫麟这样的一种治学和处事风格，与熊十力曾经的作为非常相似。有一年，熊十力住在武汉，听说有个大仟法师设坛讲学，而且派头十足，要求听课的人都要行磕头礼。熊十力便抽空去会他，结果，通过对几个问题的交流，他发现这个大仟法师完全是个"水货"，并当面毫不客气地说："你好大胆！许多东西你自己都没有搞明白，竟然敢四处讲学！"训得大仟法师面红耳赤，第二天赶紧卷起铺盖偷偷闪人。

或许，在写作《哲学与史学——悼张荫麟》这篇文章的时候，熊十力眼前闪现的正是当年的自己。

冷脸面对新权贵

1942 年，除了张荫麟，另一个人的去世，也使熊十力深感痛惜，这个人就是他的佛学老师欧阳竟无。

这一年的 2 月 23 日，欧阳竟无大师逝世于江津。熊十力得知消息，内心震动极大。从身份上讲，这个时候，他已经不是欧阳大师的学生了，因为自从他与内学院诸多弟子发生论战以后，已经深深地得罪了欧阳大师，被其当作佛门的叛徒而"逐出师门"。熊十力还清楚地记得，上一次他特地赶到江津求见老师，却没有得到欧阳大师的谅解。那时，他的心里盛满了憋屈。

其实，他对欧阳大师一直心怀崇敬。在支那内学院生活的点点滴滴，熊十力都记忆犹新。当年，他初入内学院，学习吃力，生活困顿，是欧阳大师引领他进入佛学殿堂，尽心为他传经送典，为他答疑解惑，使得他一步一步渐入佳境。所以，熊十力觉得不管曾经发生过什么，就冲着当年的那份师生之情，也应该前去吊唁欧阳大师。

北碚到江津有八十多公里的路程，路又不好走，那时即便乘车也得两个多小时，但是，熊十力还是拖着病体，雇了滑竿，一路颠簸，走走停停，费尽周折，终于赶到了欧阳大师的灵堂前。可是，令他痛心的是，内学院的众位弟子，看见他到来，组成人墙，硬是挡住他，不许他祭拜欧阳大师。熊十力实在没法，只得在很远的地方，遥望老师的灵堂，深深地鞠了三躬，然后惆怅地离去。

后来，在与吕秋逸的通信中，熊十力全面评价了欧阳大师的一生，他赞扬老师"为学踏实，功力深厚""规模宏廓""开辟一代风气"；同时，也毫不隐晦地对欧阳大师的某些方面提出了批评。而正是这些批评之语，又引发了他与吕秋逸之间的一场论战。

这就是熊力士为人处世的特点，坚持以"真"示人，绝不虚头巴脑的，不管对任何人，他都是如此。

1943 年 8 月 1 日，熊十力终于结束了国立北京大学哲学系讲师的身份，这一天，北大校长蒋梦麟续聘他为北大文学院教授，聘书由北大昆明办事处发给。其实，这一切还应该拜教育部长陈立夫的教育新政所赐。

抗战爆发后，陈立夫担任国民政府的教育部长。实事求是地讲，在中国社会最艰难的时期，陈立夫确实竭尽所能，为中国的教育事业做了不少事。第一，他适应抗战需要，建立了一套有利于战时教育的制度和纲领；第二，励精图治，兴办中国的大学；第三，对教育制度进行了改革；第四，推进国民教育运动。在他的"教育新政"中，就有一条新规，改革了过去任教授或副教授必以留学回国得学位者的制度，为那些本国大学毕业任教多年有成绩、有著作，甚至所教学科与国外研究无关的教员提供了晋升之路。

在旧制度规定下，既无留学背景，又无高等学历的熊十力，尽管在学术上风生水起，誉满天下，却一直是北大哲学系讲师，职称总是上不去。如今，新政一出，北大校长蒋梦麟马上贯彻落实，将一批没有留洋背景但在北大任教多年且取得成就的学者聘为教授，熊十力就是新政的受惠者之一。

可是，在熊十力看来，事情一码归一码，新政固然不错，但是，对陈立夫这个人，他依然是不感兴趣的。也许，熊十力觉得陈立夫只是一名政客而已，而对于政客，他向来是厌恶的。更为关键的是，陈立夫是蒋介石的心腹之人。

陈立夫与蒋介石的关系如此不同一般，正所谓"恨"乌及屋，所以一直对蒋介石没有什么好印象的熊十力，对陈立夫也就没有什么好感。1943 年 9 月的一天，身为教育部长的陈立夫到北碚的勉仁书院"视察"，特地去看望年近六旬的熊十力。搁在一般人身上，这无疑是一种荣耀，少不了要讲一番"万分感激"之类的客套之语，也少不了做一些双手紧握、喜笑颜开的标准"镜头动作"。可是，熊十力则不同，他没有按照上述的标准去做，对于陈立夫的来访，他竟然冷脸相向，表现出相当的不悦，给了陈立夫一个极大的难堪。

熊十力难道真的是不懂人情世故吗？显然不是，他只是不知道如何在人前做戏，不知道掩藏真心而已。

熊十力的这一性格特点，有个叫徐复观的人是深有体会的。

徐复观，湖北浠水县人，是熊十力的黄冈老乡，曾经留学日本，考入陆军士官学校，"九一八"事变后，因秘密从事抗日活动被遣送回国，先后在国民党军队任团长、军参谋长、师管区司令；"七七"事变后，参与指挥湖北阳新半壁山、山西娘子关等战斗；1943 年曾受命担任过六个月的驻延安高级联络参谋，与毛泽东等中共领导人有所交往；回到重庆后，任蒋介石侍从室机要秘书，并被授予少将军衔，是蒋介石十四位核心幕僚之一。

1944 年，徐复观在友人处读到熊十力的《新唯识论》上卷，被其构思之精，用词之严，辩证之详所折服，便到勉仁书院拜谒熊十力。在与熊十力的交谈中，他对熊十力的一句话深有感触，于是从那以后，他便开始由政转学，拜熊十力为师，潜心于研究中国文化典籍。熊十力的那句话是这样说的："亡国者，常先亡其文化。"

熊十力比徐复观年长 18 岁，他对这个学生非常看重，要求也非常严格。有一次，徐复观身着少将军服去拜见熊十力，请教应该读什么书。熊十力教他读王船山的《读通鉴论》。徐复观随口答道："此书我早已读过了。"

熊十力听罢，当即沉下脸，说："你并没有读懂，应当再读！"

徐复观不敢再说什么，只得连连点头。过了一段日子，他再去见熊十力，汇报说："这回，《读通鉴论》真的是已经读完了。"

"嗯。"熊十力问，"有什么心得呢？"

徐复观自我感觉读得很细，还有些独特的感悟，便自信满满地说出自己的一些看法，且多与书中相悖。

熊十力还没有等徐复观说完，便大声斥骂起来："你这个东西，怎么会读得进书！……（像你）这样读书，就是读了百部千部，你会受到什么益处？读书是要先看出它的好处，再批评它的坏处，这才像吃东西一样，经过消化而摄取了营养。譬如《读通鉴论》，那一段该是多么有意义，又如这一段，理解是如何深刻，你记得吗？你懂得吗？你这样读书，真太没有出息！"熊十力指着那些经典段落给徐复观看，越骂越生气，胡子乱颤。要知道徐复观当时可是 40 岁的中年人了，而且还是一个少将，熊十力可不管那么多，就像训斥小学生一样。

徐复观后来在文章中写道："这一骂，骂得我这个陆军少将目瞪口呆。脑筋里乱转着，原来这位先生骂人骂得这样凶！原来他读书读得这样熟！原来读书是要先读出每一部的意义！这对于我是起死回生的一骂。恐怕对于一切聪明自负，但并没有走进学问之门的青年人、中年人、老年人，都是起死回生的一骂！"

由此可以看出，熊十力是一位不会讲客气话的人，只要他想说的话，不管对象是否是达官贵人，他都照说不误；他不想说的话，即便你"权倾一时"，显赫无比，他也会不给面子。

与其说这是一种"狂"，不如说是一种地道纯粹的"真"。

君子爱财，取之有道

熊十力被聘为北大文学院教授后，薪水或代用品都由西南联大发给，收入虽然有所提高，但是总体来说，他的生活仍然是困顿的，一部分著作也是靠居正等人的资助才得以出版。1944 年，他写作《读经示要》的时候，条件极其艰苦。

当时，北碚镇镇长卢子英是个豪爽的人，听说熊十力要开办一个哲学研究所，便慷慨地把自己的一栋房产腾了出来。可惜，由于各种原因，熊十力的哲学研究所没有办成，房子便留给熊十力暂住。就是在这所房子里，熊十力开始写作他另一部著作《读经示要》。

屋子里没有什么家具，只有一张破旧的小桌，熊十力自己也没有什么像样的文房四宝：所谓的砚台，不过就是两只粗糙的黑陶碗，一个盛满墨汁，另一个盛满朱红；笔呢，则是一支掉毛的秃笔；纸，是发黄的草纸。凭着这样简单粗陋的工具，熊十力硬是在十多个月里，完成了《读经示要》的写作，同年12月，由重庆南方印书馆印行。

有一次，徐复观去看望熊十力，临走的时候，熊十力出门送行，陪徐复观走了很长一段路，一边走一边谈到自己的穷困经历，进到动情处，禁不住潸然泪下。

即便如此，当一笔数量可观的财富摆在熊十力面前的时候，为了一种气节，他竟然能够一拒再拒。

原来，《读经示要》出版后，徐复观给蒋介石送去了一本。蒋介石读过后，非常欣赏，对徐复观说："熊先生是当代大哲，时局如此混乱之际，还能著此大作，实属不易。你代我送两百万法币给他，以示关心，使他更专心于著述。"虽然当时法币已经贬值得不成样子，但是这个数目还是具有不小的购买力。

徐复观高高兴兴地拿着这笔钱去见熊十力，本以为生活困顿的老师会高兴不已，欣然收下的，可是，万万没有想到的是，熊十力听徐复观讲完事情的经过后，竟然大发雷霆，怒斥道："王八蛋！你送书给蒋先生，为什么不事先跟我讲一声？告诉他，我不会要他的钱！"

徐复观受到训斥，深感委屈，但他知道熊十力的脾气，所以没有做过多的辩解，只是说："如果就这样退回去，委员长肯定会训斥我办事不力，这如何是好？"

熊十力沉默了好一会儿，也许是想到徐复观所说有理，出于爱护学生的考虑，他说："这笔钱，我是一定不要的！你如果觉得不好办，不妨把钱捐给那些西迁到江津的学校吧。"

徐复观实在没法，只得照办。当然，徐复观回去向蒋介石复命时并没有如实报告内情。于是，便有了蒋介石另一次送钱给熊十力的举动。

1945 年 8 月 14 日正午，日本天皇向全国广播了接受波茨坦公告、无条件投降的诏书，15 日，日本政府正式宣布无条件投降。中国人民经过八年艰苦卓绝的斗争，终于迎来了抗战的胜利，举国欢腾。而且，国民党蒋介石和共产党毛泽东在重庆举行了为期 43 天的和平谈判，签订了《政府与中共代表会谈纪要》（即《双十协定》）。国共双方在协议中同意避免内战、和平建国，共同推动政治民主化、军队国家化，以及与其他政党合作组建多党制民主联合政府。也就是说，从此以后全国人民将会过上远离硝烟战火的和平生活。

同全国人民一样，熊十力无法抑制自己喜悦的心情。当年，唐代大诗人杜甫闻官军收河南河北后，怀着无比激动的心情写下这样的诗句："剑外忽传收蓟北，初闻涕泪满衣裳。却看妻子愁何在，漫卷诗书喜欲狂。"料想熊十力的心情应该与此差不了多少，也会是"漫卷诗书喜欲狂"。1946 年的春天，熊十力回到武汉，仍然暂住在王孟荪的家里。

这个时候，蒋介石已经成为全国人民衷心拥护的领袖，心情自然是相当的不错。得知熊十力去了武汉，为了表示自己"礼贤下士"的气魄与胸怀，蒋介石对熊十力的好友和老乡陶希圣（蒋介石著《中国之命运》一书的执笔者）说："你打个电话给湖北省主席万耀煌，要熊十力在武汉办一个哲学研究所，并代我送一百万元给他，以示关怀。"陶希圣马上打电话给万耀煌，万耀煌不敢怠慢，迅速派人带着钱找到熊十力，转达蒋介石的"关怀"与"问候"。熊十力听明来意，表示坚决不收这笔钱，并冷冷地说："当局如为国家培元气，最好任我自安其素。"送钱的人叫苦不迭，说："您如果不收，我回去实在不好向上峰交代啊！"熊十力说："这不关你的事，我熊某对抗战无功，愧不敢当！"最终，送钱的人只得无可奈何地离开。

显然，熊十力一拒再拒受蒋介石馈赠，并不是他不需要钱，而是在执着地坚守自己的人格操守。他对蒋介石一直反感，将其摆在自己的对立面，时刻提防他，排斥他，目的就是要维护自己的独立人格。不得不说，熊十力的骨子里所透出来的，正是中国传统知识分子身上的那种"不为五斗米折腰"的精神。

熊十力的这种行为也许受到过教育家张伯苓的影响。早年，熊十力曾在南开学校教过书，当时的校长就是张伯苓。1919年5月，在"五四"运动冲击下，时任北洋政府交通总长的曹汝霖不得不辞职，悄悄来到天津，当时张伯苓正在筹建南开学校大学部，亟需经费，曹汝霖表示愿意捐出一万元，条件是成为南开学校大学部校董。消息传出，南开学校的留日、留美同学会投书张伯苓，纷纷表示反对。张伯苓采纳多方意见，最终拒绝了曹汝霖的捐款。后来，张伯苓说了一句很有名的话："用军阀的银子办教育，就如同拿大粪浇出鲜嫩的白菜是一个理儿。"

其实，在熊十力的内心里多么希望能够把哲学研究所办起来啊！只是他心目中的哲学研究所应该是一所民间机构，绝不沾染官方的秽气，以保持独立性。他很清楚，一旦拿了官方的钱，特别是拿了蒋介石这种独裁者的钱，那么，他的哲学研究所就要受到钳制，就要为老蒋服务，而这是他极不愿意看到的结果。

1946年的夏天，熊十力应孙颖川邀请，二度入川，去主持黄海化学工业社附设哲学研究部。孙颖川是熊十力当年在南开学校的同事，时任四川五通桥黄海化学工业社社长。这是熊十力距离开办哲学研究社的梦想最近的一次，可惜的是，最终因为经费不足，这个哲学研究部办得不甚理想。

第二年春天，熊十力由重庆乘船回到武汉，不久北上，回到了阔别十年的北京大学，先后住在子民堂后院集体宿舍和沙滩松公府宿舍。这一年，他已经是一位63岁的老人，胡须花白，发落齿稀，然而，他的心依然是充满活力的，他的理想也仍然是丰满的，这从他回北大后，与一个重要人物的深入长谈中完全可以看得出来。

在北大与熊十力长谈的这个人，名叫胡先骕，是一位植物学家和教育家。胡先骕比熊十力小9岁，江西南昌人。胡先骕曾经是个"神童"，3岁时就随私塾先生学习《三字经》《千字文》，一年后，就能认识几千个汉字。5岁时，学完《论语》，不仅能识字达万余，而且晓反切、通训诂。8岁时因父亲病逝而家道中落。11岁时遵母命赴南昌府学考试，被录取为府学庠生。1906年，中国废止科举制度，12岁的胡先骕至南昌府办的洪都中学堂学习，开始接受现代自然科学教育；15岁考入京师大学堂预科学习；18岁参加江西省留学考试，被录取为西洋留学生，学成后归国。从1918年起，胡先骕先后任南京高等师范学校、国立东南大学、北京大学、北京师范大学等校教授，中正大学校长，中央研究院评议员、院士。

在教育上，胡先骕倡导"科学救国、学以致用；独立创建、不仰外人"的教育思想，熊十力觉得很切合自己的主张，便与之就学术和养材问题，进行了深入交谈，并建议在北大设立哲学研究所。

不过，理想很丰满，现实很骨感，熊十力建立哲学研究所的梦想，始终没有成为现实。

第十二章
爱他人胜过爱家人

一个怪才老师背后的非凡学生

从 1938 年春天入川，到 1946 年春由川返武汉，熊十力在四川整整漂泊了 8 年。这 8 年里，他多次辗转迁徙，而且还受过伤，可谓生活困顿；这 8 年，他看到日军的铁蹄践踏中华大地，生灵惨遭涂炭，他内心的痛楚如巴山一样沉重，如蜀水一样绵长。然而，作为一个学者，他并没有因为环境的艰难和精神的压抑，而停止学术的探索。

1938 年夏天，熊十力写成 6 万字书稿《中国历史讲话》，后由重庆中央军校石印；8 月，他在《文哲月刊》上发表论文《科学真理与玄学真理》；冬天，他指导钱学益将《新唯识论》文言文翻译为白话语体文。

1940 年夏天，《新唯识论》白话语体本上卷由吕汉财资助印刷出版两百本，《十力语要》由周封歧资助印刷四百本。

1941 年，他着手将《新唯识论》中卷改写成白话语体本。

1942 年正月，《新唯识论》上中两卷的白话语体本，在居正的资助下，由勉仁书院哲学组出版。他还在《思想与时代》杂志上发表《体相论》《儒家与法墨》《谈生灭》《答谢幼伟论玄学方法》等论文。

1943 年春天，他完成《新唯识论》下卷白话语体本改写工作，在《思想与时代》杂志发表《哲学与史学——悼张荫麟》；在《孔学》杂志上发表《研究孔学宜注意大易、春秋、周官三经》。

1944 年 3 月，《新唯识论》上、中、下三卷白话语体本，共计 37 万字，由中国哲学会列为"中国哲学丛书甲集"第一部著作，由重庆商务印书馆出版，在《哲学评论》杂志发表《新唯识论问答》《说易》《论性》《论文》《情感与理智》《谈郭象注》等一系列论文，还替居正、李西屏、谢幼伟等人的著作写序。在《三民主义》半月刊发表论文《与人论执中》，这一年，他还历时近十个月写完《读经示要》一书。同年，他在《图书集刊》《中国文化》《三民主义半月刊》等刊物分别发表《重印周易变通解序》《说食》《公诚与自由》等文章。12 月，《读经示要》全书三卷，由中国哲学会列为"中国哲学丛书甲集"之三，由重庆南方印书馆出版。

1945 年，他写成《吴昆传》《何自新传》，收入由张难先所著的《湖北革命知之录》，由重庆商务印书馆出版。

在如此密集的写作、出版工作中，熊十力还先后承担着复性书院、勉仁书院和勉仁中学的授课任务，同时还要与吕秋逸等人就《新唯识论》的诸多问题进行激烈的论战。也正是在这一时期，熊十力凭借《新唯识论》白话语体文本和《读经示要》这两部著作，真正确立了其一流哲学家的地位。在抗战末期，学界对熊十力的学术思想越来越重视，对其评论也越来越多。

就这一时期的重要成就，学者郭齐勇曾这样评价道："特别应该指出的是，熊十力、冯友兰、金岳霖、贺麟的哲学，是抗日战争时期中国哲学的瑰宝。他们是在艰难困苦、颠沛流离之际，满怀悲愤、悲情、悲愿和中华民族必定复兴的坚定信念，发愤创制了各具特色的民族化的哲学体系的。在吸纳古今中西印各种思想资源的基础上，他们的哲学体现了民族文化的主体性，为传统哲学现代化作出了难能可贵的探索。"

当然，一个伟大教授的背后往往站着一群非凡的学生，熊十力也不例外。在这些颠沛流离的日子里，他的身边总有几个铁杆的"熊粉"如影随形，或照顾他的生活，或帮助他整理书稿，或资助他出版书籍，或与之谈学慰藉心灵。

比如说，前面所提到的张立民和高赞非就是其早年的两位令人感佩的学生。抗战之前，张立民一直随侍在熊十力身边，吃住同屋，朝夕相处，亲如父子。1939 年，陈立夫让马一浮到四川乐山办复性书院，马一浮任院长，邀请熊十力前去讲学。此时，张立民也在邀请之列，师生二人既是同事，还是邻居。高赞非曾随熊十力辗转武昌、北京、上海、南京等地，后来还将熊十力的谈话记录整理为《尊闻录》出版。

高赞非的这一做法被熊十力的其他学生效法，比如，学生云颂天、谢百麟曾将熊十力1932 年到1935 年写的短札数十篇整理成书，名为《十力论学语辑略》，由北京出版社出版，后来还在此基础上编成《十力语要》第一卷；邓子琴、潘从理根据学生陈仲陆的部分笔记，将熊十力1936年到1940年的笔札、言论编辑整理为《十力语要》第二卷出版；学生王星贤整理熊十力1942年到1946年的短札、信函，汇编为《十力语要》第三卷出版，还以当年的《尊闻录》为基础，汇入熊十力在抗战期间发表的言论、短札，编辑成《十力语要》第四卷出版。他们对熊十力哲学思想的传播起到了积极的推动作用。

卢沟桥事变后，熊十力冒险搭乘运煤的货车逃出北平城，一同随行的就是他的学生刘公纯。1938年，熊十力进入四川后，他的一帮学生邓子琴、钱学熙、刘公纯、陈亚三、刘冰若、王绍常、任伦昉等，与他一起相依于患难之中。其实，熊十力的《新唯识论》早就出版，但是出版后影响却并不大，很重要的一个原因，就是老版的《新唯识论》是文言文，影响了普及。1938年，学生钱学熙决心先将《新唯识论》文言文本翻译成白话语体文本，然后再翻译成英文，只是可惜得很，在熊十力的指导下，钱学熙翻译到文言文本第三章、语体文本第四章的时候，因故离开了四川，翻译工作随即停止。后来，另一个学生韩裕文接手，才将翻译工作继续下去，完成了语体文本上卷的翻译工作，经学生黄艮庸校对出版，而出版的经费则是由学生吕汉财资助。

熊十力与学生的这种融洽关系，不禁使人联想到孔子与学生们的关系。公元前497年，为了保持自己清高的人格，也为了寻求新的从政机会，孔子离开生他养他的父母之邦——鲁国，疲马凋车，开始了为期14年周游列国的生活，身边随行的就是一帮学生。这些学生肩负着多重责任，他们既是"保镖"，也是"保姆"；既是"弟子"，也是"秘书"。熊十力与他的学生们也有着这样一种"复杂关系"。如果不是像孔夫子一样，拥有着强大的人格魅力和学识引力，他是无论如何不可能与学生们构建起这种关系的。

要知道，在民国历史上，学生瞧不上老师的事情比比皆是，前面所说的傅斯年给北大教授朱蓬仙纠错的故事就是一例。

熊十力的学生对其都是极为尊重的，从来没有碰到过像傅斯年这样的"刺头"学生，很大程度上是因为熊十力与学生之间真的是亲如父子。

关心学生胜过自己的孩子

早年，熊十力还是"北漂一族"的时候，就与一帮学生租住在一起，过着简单清贫的集体生活。那时候，他和梁漱溟一道，凭借微薄的薪水，维持着日常生活，把学生们当作自己的孩子，该嬉闹的时候嬉闹，该训斥的时候训斥，关系融洽，俨然一大家子人。这就与那些特别喜欢强调"师道尊严"的老师有着巨大的区别，因而在学生们的心里，对熊十力更多的是尊重和亲近。

吴林伯是熊十力 1945 年 6 月，在游览重庆北碚金刚碑时收下的一个学生。他是湖北宜都县人，1919 年出生，毕业于国立师范学院国文系，先后执教于华东师范大学、曲阜师范学院、武汉大学等大学。他毕生精研群经诸子，著有《文心雕龙义疏》《周易正义》等 16 部专著，近八百万言。很多年以后，吴林伯对当年师从熊十力的一幕幕仍然记忆犹新。

当年，吴林伯带着钟泰师的推荐信去见熊十力，诚恳地表示想拜师。熊十力看过推荐信，脱口就说："听说你是某某的学生，那我们谈不成啊！"言外之意是不愿掠人之美。吴林伯赶紧解释，说明此次拜师与某某人并无瓜葛。熊十力听了，高兴地说："那就好啊！孔融《荐祢衡疏》里的两句话你还记得吧？'今之少年，喜谤前辈'。可是你这个新学校的青年教师，却还想从我读书，很好！"当即，熊十力留吴林伯吃午饭，边吃边聊。

"成家了吗？"熊十力关切地问。

"还没呢。"吴林伯答道。

熊十力点点头，说："治学必须专心致志，你们年轻人最怕有家室之累。从现在起，你就跟我学好了。教不严，师之惰，教师对学生就是要严，有时，我的话说得很重，你受得住就来。我的学生高赞非就是我打出来的嘛！"

吴林伯默默地听着，时不时地点着头。

"师从一家，读其书，不如亲承音旨。你辞去教职，一心来学吧！"熊十力诚恳地说，"为学当及时，你来我家学，不要你出饭钱，住宅狭窄，你就与我同住。"

熊十力的热忱，顿时令吴林伯感动得说不出话来，暗下决心一定终身跟随熊十力学习。

正是因为熊十力待学生如子，所以，向他求教执弟子礼的人很多，可谓桃李满天下，虽然比不上孔子"弟子三千，贤者七十二"那么多，但是出类拔萃者也不在少数，在中国学界颇有名望的就有张立民、唐君毅、牟宗三、韩裕文、徐复观、云颂天、黄艮庸、李渊庭、王星贤、郭大中、张云川、邓子琴、田慕舟、潘雨廷、唐至中、燕大明、刘子泉等人，其中，唐君毅、牟宗三、徐复观后来成为了熊十力新儒学的代表人物。

在这三大弟子中，牟宗三是跟随熊十力身边时间最久的一个，从1932年到1949年的17年间，牟宗三从23岁的青年学生变成 41 岁的中年学者，一直聆听熊十力的谆谆教诲，可谓受益匪浅。牟宗三曾经这样说过："生我者父母，教我者熊师，知我者君毅也。"熊师，指的就是熊十力；君毅，指的是唐君毅。

　　然而，查阅诸多资料，我们不禁非常吃惊，竟然很难找到熊十力照顾、关心、教育子女的记载，即便有所记述，也是只言片语，一笔带过。这是为什么呢？

　　一个很重要的原因，是熊十力潜心向学，主观上不愿受到家庭的牵累和羁绊，从而忽略了作为父亲的职责。熊十力的女儿熊幼光曾在长篇回忆文章《女儿忆熊十力——回忆父亲二、三事》中也说过："父亲因要研究学问，不愿受家室之累，基本不带家属。"可以看出，熊十力是把家庭和治学对立起来的。另一个重要原因，是熊十力为了理想，或革命，或求学，或就职，长年漂泊在外，客观上根本无暇顾及家庭，孩子们的教育都甩给了妻子傅既光。在他女儿的回忆文章中，对父亲如何教育他们姐弟俩的事情，极少提及。

　　不得不说，在子女教育的问题上，熊十力比起梁启超来，可能要逊色一些，从某种意义上讲，他算不上一个称职的父亲。

　　梁启超共育有九个子女，对这些孩子，可谓呵护备至，教育有方。梁启超虽然有政事重压在肩，平时还要治学作文，会见宾客，但是，不管时间多么紧张，不管多么忙碌，他总是不忘通过书信的方式，同儿女们沟通交流，教育他们成才，有时候甚至一天一封信。在给儿女们的书信中，他总是以"宝贝""小宝贝"之类称谓开头，或者亲昵地称呼他们的绰号，比如，他称三女儿梁思懿为"司马懿"，称小儿子梁思礼为"老白鼻"，白鼻，是英语单词 baby 的音译。

　　在孩子们的教育上，梁启超提倡"智育教人不惑，情育教人不忧，意育教人不惧"的"趣味学习法"。他总是像朋友一样，为孩子们的成长和发展提出建议，循循善诱，以自身的言行启发、引导孩子们树立爱国、奉献的信念。他十分注意学问之道，注重治学方法，细微地掌握每个孩子的特点，因材施教。

在梁启超的精心教育之下，九个孩子都成为了国家的栋梁之才。

熊十力和妻子傅既光一共生育了三个孩子，长女熊幼光生于 1915 年，晚年退休于北京航空学院。次子熊世菩生于 1921年，曾就读西南联大，后在上海船舶研究所任职，对其父的哲学没有什么兴趣。幼女熊再光生于 1925 年，也没有走上父亲的治学之路。自己的孩子没有一人继承衣钵，晚年的熊十力有一种深深的孤独感。不得不说，这是其人生的一大遗憾。之所以会有这种结果，很大程度上可能还要归咎于他作为一个父亲的缺位。

从这个角度看，熊十力虽然无愧于自己的学术事业，却有愧于自己的家庭。然而，纵观古今中外历史，类似于这样的无愧与有愧，在很多卓有成就的伟大人物那里则是一种常态。真正能够像梁启超那样事业与家庭兼顾者，实属凤毛麟角，少之又少。

不过，倒是还有一个孩子，能够给晚年的熊十力一些宽慰，这个孩子名叫熊仲光，是 1948 年熊十力认下的一个义女。

熊仲光原名池际安，生于 1920 年，祖籍湖北安陆，她的生父池师周是熊十力的好友，也是一名学者，1932 年编辑出版过《北平市工商业概况》一书。1948 年春天，池师周罹患肺病在武汉去世。王孟荪向熊十力介绍说，池师周的五个孩子（一男四女）个个聪明，最小的女儿池际安尤其奇特，曾经潜心儒佛诸学，益有超世之志，誓不嫁人。由于当时国共内战正紧，战火烧及安陆，池际安无所依托，王孟荪建议熊十力将其认作义女，传授哲学衣钵。熊十力欣然同意，认池际安为养女，为其改名为熊池生，字仲光，和自己亲生的女儿幼光、再光一起排行，"仲"，就是第二。

熊仲光喜欢安静，爱读佛书，帮助熊十力料理家务，抄写文稿，十分贴心。熊十力晚年得一女弟子，能够听他讲学，心中十分满意。他曾高兴地说："伏女传经，班女爱史，庞女传道，得仲光，又多了一个可以传道的人。"

这也许就是天意，在熊十力生命里，始终还是学生强过子女。

怎不牵挂故乡的亲人

1944 年春，熊十力在北碚时，适逢六十大寿，他的学生黄艮庸、陈亚三等人，要为他祝寿，并从山下请来摄影师，没有想到，熊十力却闭门不出，并且还大哭不止。学生们一时不知所措。熊十力边哭边说："我的兄弟子侄均在江西沦陷区，没有带他们出来，实在是对不起祖先啊！我哪里有脸面在此做寿？"

是的，德安一直是熊十力心中的牵挂，那里是他的第二个故乡，生活着他的兄弟们和一帮侄子后辈们。

1936 年的暑假，熊十力曾经从北京回过一次德安。之前，从家信中得知，二哥熊履痕在德安去世，他心中十分悲痛，但因事务繁忙无法脱身，没有赶回德安去祭奠二哥。这一次回到德安时，天色已经很晚，熊十力连夜赶到芦塘畈，过家门而不入，径直去了二哥的墓地。

暮色低垂，四周静寂无声，墓地阴森得有些吓人。熊十力从背包里拿出香烛和黄纸，这些都是他特意带回的祭奠用品。

在二哥的坟头，他首先点燃两支带有木杆的长蜡烛，分插在泥土里，接着点燃三炷香，整齐地插在两支蜡烛的中间，然后盘腿坐下，一张一张地烧着黄纸，边烧边哭边诉说着对二哥的思念，泪水映射着火光从他的面颊上滚落在泥土里。

第二天，有邻居早起干农活，经过墓地，发现躺着一人，吓了一跳；壮着胆子走近一看，发现是从北京回来的熊家三先生，便赶紧跑去熊家报信。原来，熊十力在二哥的坟头整整哭了一夜，凌晨的时候，实在太过疲倦才昏睡过去。这件事情经过乡亲们的传播，十里八乡无人不知，无人不夸，都说熊家兄弟是最重感情的人。

1945 年 8 月，抗日战争胜利后，尚在四川的熊十力给德安的四弟晋痕写信，询问他家里的田地是否都种得了，并建议他送一部分给当地无田地的乡亲耕种。

对侄子们的成人成才，熊十力是有过关心的，比如说对晋痕的次子熊世宁该走怎样的人生道路，他就曾有过明确的指导。

熊世宁完成学业后，被当地乡绅推荐当了乡长，熊世宁很高兴，颇有光耀门楣之感。熊十力得知后，不以为然，因为在外闯荡多年，他深知各个层级官吏的腐败，也深知百姓对官吏的怨愤，尤其是对基层乡长、保长这些小吏更是痛恨。有一次，在写给晋痕的信中，熊十力特地嘱咐，要熊世宁赶紧辞去乡长一职，回家做个好农民，勤劳耕作，安分守己。

熊十力的另一个侄子熊非武曾经不学无术，熊十力便给他写了一封长信，给予严厉批评教育：

> 非武，汝尚在做梦乎？不看旧书，不作日记，汝知识
> 全无。长成一副小流氓样子，汝将来何以吃饭？吾教汝课

外暂将《曾文正集》《资治通鉴》各买一套，苦心攻读，请云谷讲。

……

　　吾家几世好学守礼，若至汝而坠，真伤心事也。吾思汝父一生行善，将何以报之乎？

……

这是毫不留情的斥责，字里行间可以看出长辈对晚辈不学好的痛惜之情。可谓爱之愈深，斥之愈切。接着，熊十力用自己的亲身经历作为教材：

　　吾年十六七，便以革命从戎，狂野不学。三十左右，因奔走西南，念党人竞权争利，革命终无善果，又目击万里朱殷，时或独自登高，泪盈盈雨下。以为祸起于众昏无知，欲专力于学术，导人群以正见。自是不作革命活动，而虚心探求中印西方之学。自恨前此一无所知，至遇人不敢仰首伸眉，其丧怀之怆痛甚深也。

意思是说，他十六七岁开始参加革命活动，以至于放弃学习，三十岁的时候，感到党人争权夺利，革命没有什么好的结果，又见到处生灵涂炭，常常一个人登到高处，大哭不已。他认为产生这些乱象的根源在于民众浑然无知，迫切需要教育开化，便想专门致力于学术，引导人们树立正确的"三观"。从此，他不再从事革命活动，而是虚心探究中国、印度和西方的哲学。他非常悔恨从前不知这些道理，以至于碰到有学问的人都不敢抬头正眼看人家，心中极为不舒服。这段话是熊十力对自己前半生经历和思想的回顾和深刻反思，可谓推心置腹，言辞真切。接着，他发表了对做学问的看法：

> 余信学问之事，不由天启，不由人授，唯自心之诚，发不容已。将夙昔习染痛切荡除，而胸无滞础，则天地万物之理，自尔贯通，而不知其所以。古人所谓至诚所感，金石为开，至此始信其非妄语也。汝其念哉，及今愤发，其成就可限量哉！

意思是说，我相信做学问这件事，不靠天，不靠人，完全靠自己。如果将过去的恶习除掉，心胸就会开阔，世间的很多道理，自然而然地就会搞清楚。古人所说的"精诚所至，金石为开"，到那个时候你就相信不是假话了。你如果能够想清楚这些道理，从今往后发奋学习，将来你就一定会有很大的成就。在这段话中，熊十力重在鼓励侄子发奋学习，将来做一个有所作为的人。

其实，对于很多其他在学业上有所懈怠的青年学子，这封书信同样具有极强的指导意义。其核心意思，可以浓缩为一句话，六个字：不可虚度青春！

俗话说："师父领进门，修行在个人。"熊十力曾经为侄子们创造过条件，只是可惜，他们由于自身的原因，最终没有走出江西德安。

尽管如此，熊十力对侄子们的生活还是牵挂的。后来，德安的房子因失火烧毁，侄子们打电话告诉他，他首先关心的不是房产的损失，而是大人、孩子的安危，当得知家人都无碍后，才放宽心，并向侄子们汇款五千元，嘱咐他们把房子重新建造起来。

学生的家就是自己的家

1947 年 4 月，熊十力迎来了比较开心的一段日子，有个知名的外国人提出要对他进行专访。这个采访者，名叫柏特（E·A·Butee），是美国康奈尔大学教授。

康奈尔大学是美国名校，成立于 1865 年，坐落于美国纽约州伊萨卡。1931 年毕业于该校的威尔斯·比德尔是著名的遗传学家，获得过诺贝尔奖，还曾任芝加哥大学校长。能够接受来自康奈尔大学教授柏特的专访，无疑是熊十力人生中非常值得骄傲的事情，这说明他的哲学思想已经走出了国门，引起了外国学者的关注。而这，是熊十力不曾料到的事情。

这一年，还有几件事情也让熊十力感到很开心，一件是北京大学五十年校庆，另一件是自己的好友林宰平迎来了七十寿诞。熊十力按捺不住喜悦之情，写了一篇文章《纪念北京大学五十年并为林宰平祝嘏》。

另外，《新唯识论》白话语体文本全一册，由上海商务印书馆重印出版，特别是年底湖北版"十力丛书"印行，非常令人鼓舞。这一次筹印，全仰仗一帮朋友和学生的帮助。这一年，熊十力还发表了《论学三书》《答牟宗三论格物致知书》《略说中西文化》《与友论新唯识论》等一系列文章，可谓成果丰硕，喜事连连。

转眼到了第二年 2 月，应浙江大学文学院院长张其昀、哲学系主任谢幼伟的聘请，熊十力离开北京，再次来到杭州，在浙江大学讲学。

为了解决住房问题，张其昀、谢幼伟和文学院教授郑奠等人出资，在文学院附近，为熊十力修建了一座房屋。房屋不大，熊十力为其取名为"漆园"。漆园，曾是先哲庄子的故里，是其生活、为官的所在地。熊十力以"漆园"来命名自己的住所，意在告诉自己，要像庄子那样，知其不可奈何而安之若命。为此，熊十力还自称"漆园老人"。

熊十力应聘到浙江大学任教，竟然引起了另一个人的心中不快，这个人就是时任浙江大学校长的竺可桢。

竺可桢比熊十力年轻 5 岁，是卓越的科学家和教育家，中国近代地理学的奠基人，1918 年获美国哈佛大学博士学位。1936 年到 1949 年，他担任国立浙江大学校长，被公认为"浙大学术事业的奠基人"。竺可桢执掌浙江大学，希望通过吸纳有前途的青年学者，来提升浙江大学的学术事业。所以，他虽然对熊十力的国学和哲学造诣非常认可，但是觉得熊十力已经六十多岁，年龄太大，似乎对浙江大学不会有太大贡献，认为谢幼伟聘请熊十力是一次失败的行动。竺可桢在 1948 年 2 月 14 日的日记中写道："要发展一个大学，要紧是物色前途有望的青年。网罗龙钟不堪之过去人物，直是养老院而已。"

竺可桢产生这样奇怪的看法是可以理解的，因为他是自然科学家，并不知道人文学者其实是越老越值钱。好在这个时候，熊十力认下了义女熊仲光，心情比较爽，对浙江大学高层与中层之间的用人分歧而产生的负面影响，并未太在意。

1948 年是一个动荡的年份，国共内战形势发生了根本转变，辽沈战役、淮海战役与平津战役依次拉开序幕。这年秋末，在熊仲光的陪伴下，熊十力经上海坐船到广州。那里暂时没有战火的威胁。多年以来，熊十力四处讲学，漂泊不定，学生常常是他最大的后援团，这一次也一样，他的学生黄艮庸为他提供了住所。

黄艮庸原名黄庆，广东番禺化龙人，1918 年考入北京大学，师从梁漱溟和熊十力，"艮庸"这个名字是熊十力所取。黄艮庸的另一个身份是梁漱溟的侄女婿。他一直追随梁漱溟从事乡村建设和教育，曾任广州广雅中学校长，还在家乡创办过贲南中学，抗战胜利后在中山大学哲学系任教授，讲授宋明理学。不过，那时的广州已经很少有人对宋明理学感兴趣，据说，黄艮庸在哲学系讲授阳明学的时候，竟然只有一个学生。

黄艮庸将熊十力和熊仲光父女安排在广州郊外四十多里的番禺化龙黄氏观海楼，那里是他家的祖屋。每个星期天，黄艮庸都会从中山大学回到化龙看望老师。熊十力的另一个学生唐君毅后来把黄艮庸比作孔子的弟子颜回，确实非常贴切。那些日子，黄艮庸对熊十力可谓忠心耿耿，总是心甘情愿默默地为熊十力整理书稿，而自己并无著作留世。熊十力曾说："乃取积年旧稿复阅一过，多为番禺黄艮庸所选存。"从某种程度上说，黄艮庸是将自己宝贵的学术精力，慷慨地奉献给了自己的老师。

在番禺化龙，熊十力度过了一段相对安稳宽心的日子。观海楼建在化龙的小山坡上，绿树环抱，环境幽雅。登楼远眺，帆樯争渡，涛声可闻，海天一色，椰风送爽。有时候，熊十力会坐在门前沐浴着阳光，或一卷在握，或凝神静思；有时候，他会坐在屋内，伏案写作，长篇短札，一挥而就。而义女熊仲光，则服侍左右，尽心尽力。熊十力由衷地爱上了这个地方，爱上了这种世外桃源的生活，于是，他为观海楼题写了"仁宅"二字。

除了治学，熊十力也与周围的邻居经常来往，看见小孩子，也喜欢逗弄一番，抱起来，用胡子扎孩子的小脸。而小孩子们也很喜欢这个古怪的爷爷,经常跑到观海楼的花园里玩。那里,有很多乌龟壳,是孩子们非常喜爱的玩具。其实,孩子们有所不知,这些乌龟都是熊十力吃剩下的。

从 1948 年底至 1950 年初,熊十力在观海楼隐居一年多,有很多人给他寄钱寄好吃的,其中就有学生徐复观、刘子泉和王季思。为了使熊十力晚年有所依靠,徐复观还从自己所经办的《学原》杂志经费中,拿出十两黄金相赠。钱穆和唐君毅、唐至中兄妹还曾到观海楼看望过熊十力。

然而,熊十力这种世外桃源般的生活,在时代变革的大潮中,不可能不受到影响,也不可能不被改变。而这一变,注定是另一片天地,另一番气象,另一种人生。

第十三章
去留之间的正确抉择

何去何从费思量

　　熊十力在广州的生活随着局势的变化而不得不发生改变，因为，他正处在一个风云变幻的大变革的时代。这种变革早在三年前蒋介石撕毁"双十协定"的那一刻起，就已经注定要到来。

　　1946年6月26日，国共两党的军队在中原地区爆发大规模武装冲突，长达三年多的解放战争就此爆发。解放战争的第三年，人民解放军同国民党军进行了战略决战，通过辽沈、淮海、平津三大战役，歼灭了国民党军在东北、华北和华东战场上的主力，解放了东北、华北和长江以北广大地区，人民解放军总数达到四百万人，国民党军总数则下降到约两百万人。1949年4月，人民解放军发起渡江战役、占领南京，国民党政府在中国大陆的统治结束，从 6 月起，人民解放军对国民党军进行战略大追击。

从 1949 年 4 月底开始，广州的国民党当局实施戒严，大街小巷到处修建木栅，如临大敌。事实上，这个时候国民党败局已定，各路观望的人士云集广州，究竟是离开大陆另觅落脚之地，还是留下来迎接共产党的人民解放军，他们都还没有作出最后的抉择。

正在广州近郊番禺的熊十力也算得上这些观望者之一，那时，他的内心是彷徨不安的。对蒋介石，他一向没有什么好的印象，对国民党政府也早已失去信心，跟着蒋介石离开大陆，他是一百个不情愿的。但是，对共产党，他也心存疑虑，毕竟他对共产党并不十分了解，不知道共产党将如何对待他这个唯心主义哲学的研究者。

熊十力曾经一度打算回老家湖北，或者到四川去专心治学，或者做一个教书先生。但是，很快他就改变了回湖北的想法，因为当时从湖北方向逃难出来的人都说："武汉商务独占，人民无生路，多投江，有说武昌之下阳逻江段有回漩流处，尸浮二万余具是事实。"这是谣言，还是真实，根本无从证明。但是，对于身处兵荒马乱中的人们来说，宁可信其有，不可信其无，所以，"尸浮二万余具"的惨象，生生地就吓退了熊十力回湖北老家的念头。

老家回不去，那么，到四川去怎么样呢？熊十力也是纠结得很，在写给柯树平的信中，他说："川地大人多，到那里去弄点小本，以小生意营生，不知能否？不能，也就绝食了事。万一天不丧斯文，义尚可苟活即苟活，义不可活，吾也不遗污点，决然了事大吉。"看看，连死的打算都有了。

熊十力也曾有过一闪念，去印度，去香港，不过，这些念头最终也都打消了。

在给学生唐君毅的信中，熊十力吐露了自己的心声："吾年已高，何至以风烛余光为衣食而尽丧平生之所守？吾中国人也。中共既已统一中国，如不容吾侪教书，只可作夷、齐。如尚容吾侪教书，则无容吾侪'自经沟壑'而不去教书之理……实际问题，非余所能过问，不问方好守学术本位，谢绝不相干之事……余认为，吾人对中共只当站在自己正当立场上自尽己责。如吾一向为学即尽吾教学之责，以坦诚致诚之态度，立乎庠序，不必预先猜疑共党不相容。若彼果不相容，吾再洁身而退，饿死亦不足惜。"也就是说，熊十力认为自己年事已高，不愿意离开祖国，而且，他通过分析，认为共产党不至于为难他这样一个早就不问政治的书生。如果共产党继续让他当一个教师，那就再好不过，万一共产党容不下他，他就绝食而死。

几番反复，几番煎熬，最终，熊十力决意留下。不仅自己不打算离开，他还力劝自己的得意门生徐复观、牟宗三、唐君毅等留下来。熊十力曾写信给徐复观，让他千万不要带着老婆孩子跑到台湾去，因为台湾是弹丸之地，蒋介石肯定守不住。他甚至还为徐复观的未来作出了规划，让其脱去军装到南京中央大学哲学系教书。当然，这只是理想主义者的一厢情愿。当时，身为国民党军队少将的徐复观对老师的这种"糊涂"想法，感到非常好笑，在回信中，他毫不客气地让熊十力自己直接去问一问毛泽东"中央大学能不能去"。

徐复观这样极具嘲讽意味的措辞，令熊十力的自尊心大受打击，气得当即决定断绝与徐复观的师生之情，并分别给胡秋原、唐君毅、钱穆等人写信，表达对徐复观的强烈不满，还将徐的来信剪下来，附在信上，附言道："右为徐长者复观先生见教不才之信，略摘粘于前。"意思是让那些学生们看看，徐复观多么地"不是个东西"。

这样还不解恨，1949 年 9 月 30 日，熊十力又专门写信给唐君毅，再次反驳徐复观对自己不离大陆一事的嘲讽，并提出退回徐复观曾给过的十两黄金，态度非常坚决。在信中，他措辞强硬："此为人格问题。吾四人吃苦度日，决无饿死之虞。君子之爱人也以德，细人之爱人也以财。吾平生本不苟取予，以徐先生为乡里后进，川中以来颇相亲厚，故忘形而不相外也。"意思是说，退还黄金是人格问题，我熊十力一向不轻易接受别人的东西，之所以当初收下徐复观的馈赠，是因为徐复观是同乡，又是学生，自四川认识以来一直非常亲近，以至于才"得意忘形"没有把他当外人。当然，金子最终还是没有退成，因为那些学生们都已经离开，没有人能够再充当他的"快递员"。

徐复观走了，唐君毅走了，牟宗三也走了，唐到了香港，徐、牟去了台湾，熊十力感到了前所未有的孤独。他给四川大学教务长叶石荪写了一封信，说："吾到川与否，仍望吾子细思一番，方作进止。如吾果可赴川大，亦当在阳历十月内也。"在熊十力看来，入川也许是唯一的退路了。

然而，令熊十力万万没有想到的是，一封电报不期而至，将他一直以来积压在胸中的郁结之气一扫而光。电报是老朋友董必武、郭沫若联名发来的，在电报中，他们代表共产党热情地邀请他回北京，共商国事。

接到电报后，熊十力一宿没有睡着。

一封重要的试探信

接到董必武和郭沫若的邀请电报，熊十力喜忧参半。

首先是喜，喜的是董必武和郭沫若这两个老朋友没有忘记自己。熊十力和董必武是黄州府同乡，早年一起参加过辛亥革命，是亲密战友。后来，熊十力远离政治，潜心治学，而董必武则继续从事革命活动，成为共产党的创始人之一。虽然他们两人所走道路完全不同，但是朋友之情并没有终结。事实上，在抗战期间，熊十力和董必武关系还特别亲密，曾推荐过一个非常重要的人物给董必武认识。

抗战期间，熊十力住在重庆，曾经结交过一位名叫鲜英的朋友。鲜英与熊十力同年，早年参加同盟会，曾是国民政府的高官。1939 年，他放弃仕途回到重庆，创办实业。由于鲜英人脉广，善经营，重信誉，很多朋友都将富余的资金存放在他那里，或者入股投资，或者收取利息，熊十力就是其中一个。1943 年，《新唯识论》白话语体本出版，熊十力将两万元稿酬全部寄放在鲜英处，以便生息，鲜英十分仗义，保证熊十力随时支取本息。因此，熊十力把鲜英当成知心朋友。

当时老朋友董必武也在重庆，熊十力便将鲜英介绍给董必武。正是熊十力的这一次牵线搭桥，最终帮了董必武一个大忙。原来，鲜英曾在重庆嘉陵江畔上清寺旁，买下一块七十余亩的坡地，坡地中央有座小山头，曾是江西会馆，后来成为客死他乡的赣商墓地，1929 年，鲜英在小山头上建成一座私家别墅，取名为"特园"。抗战期间，中共中央南方局希望在重庆找到一个便于开展统战工作的场所，以便中共与各界人士共商国事。

董必武马上想到了鲜英和他的"特园",并与周恩来一道作鲜英的工作。鲜英不惧国民党的政治高压,欣然献出"特园"。从此以后,鲜家私宅"特园"便成为了中共南方局和八路军驻渝办事处活动的主要场地,社会贤达、进步人士开始频频出入。后来,董必武称赞"特园"为"民主之家"。

回忆起这段往事,熊十力不禁这样想:"也许,董必武正是惦记着我的这份'功劳'吧。还有郭沫若先生,当年在重庆的时候,他带着两只鸡上门求见,讨论学术问题,彼此交谈甚欢,颇有相见恨晚之感。如今,他们邀请我熊某人北上,看来还真是没有忘记我这个老朋友啊,难得,难得。"这样想着,熊十力心中不由升起一股自豪之情。

不过,喜过之后,熊十力也有忧,忧的是自己已成老朽,而且还是个唯心主义者,信奉唯物主义的共产党是否真的能够见容不弃。

为了稳妥起见,熊十力按捺自己迫切北上的心情,决定给董必武和郭沫若写一封带有试探性的回信。

在信中,熊十力提出了很多细枝末节的要求,有的近乎于刁难。他提出不做官,只想讲学或作学问;在去北京的途中希望有人照顾;到北京应有房子住,并且是坐北朝南,他甚至提出:"如不以官府名义相加,而听吾回北大,课本、钟点、及不上堂、冷天南行、暖时北还,一切照旧例,否则不欲北行。"信寄出之后,熊十力怀着忐忑的心情等待着,他不知道结局究竟如何。

等待的日子似乎特别漫长,熊十力倚门远眺,希望邮差的身影能够出现在乡间的小路上。那是怎样的一种煎熬啊!他的心中常常想起北宋词人晏殊的《蝶恋花》:

　　槛菊愁烟兰泣露。罗幕轻寒，燕子双飞去。明月不谙离恨苦。斜光到晓穿朱户。

　　昨夜西风凋碧树。独上高楼，望尽天涯路。欲寄彩笺兼尺素。山长水阔知何处。

　　等待终于有了回音。1950 年 1 月 28 日，熊十力接到董必武的回信，信中说："叠函均奉悉，并与沫若、彝初（马叙伦）、东荪、云川诸先生往复商酌，以为兄所提不做官、能讲学、路上要人招扶等，都容易办，只有找坐北向南房子一事，至今尚未弄妥。非敢缓也，求之实难。政府负责人现仍有住旅馆者，房子难觅，由此可见。但此非谓来京无住处也，只是不甚如意耳。西屏兄在言谈中表示兄留鄂，待返武昌后彼会与兄面谈也……此上来车盛，已函李主席（湖北省主席李先念）照顾，闻京汉路平时只有二等卧车开行，如无头等卧铺，亦请原谅！"

　　读过来信，熊十力悬着的一颗心终于落了地。他一刻都不再耽搁，立即起身北上。时任广东省人民政府主席的叶剑英为他买好车票，并亲往车站送行，安排专人一路作陪照顾。

　　车到武汉后，熊十力小住了几日，会了会在汉的一些老朋友。令熊十力没有想到的是，中南军政委员会主席、中南军区兼第四野战军司令员、中共中央中南局第一书记林彪，和中共湖北省委书记、省政府主席、省军区司令员兼政治委员李先念，不仅为他安排住处，还设宴款待，规格之高，令人有受宠若惊之感。

　　那时的林彪和李先念都是闻名天下的大人物，对于这两个人，熊十力还有另一层感情。他们俩，一个是湖北黄冈林家大湾人，一个是湖北黄安人，与熊十力都是老乡，其中，林彪的林家大湾与熊十力的上巴河张家湾相距不远。林彪比熊十力年轻22岁，见到熊十力执弟子礼，口口声声叫"熊老师"，殷勤得不得了。李先念还要年轻两岁，对熊十力也很尊重，口称"熊先生"。

1950年3月7日，住在武汉的熊十力再次收到郭沫若来信，说："已电李主席备车票并电示行期。董老所布置之住所，尚为北房无怪。至它一切，均请不必过虑。"看得出来，这是一封催人赶紧北上的信。

熊十力只得启程了。可是，谁也没有料到，刚刚一进入北京城，熊十力口无遮拦的一句话，竟然将一路陪伴的人和前来接待的人都生生地吓出了一身冷汗。

北上京城目睹新气象

沿着京汉铁路，熊十力一路北上。透过车窗，他看到了中华大地春意盎然，生机勃勃，车行在绿色的田野间，可见远处的农人在抢播春天的种子；车停靠在沿途的小站，可听见高音喇叭高唱着革命的歌曲，人们的脸上洋溢着幸福的笑容。

变了！真的是变了！一个崭新的时代已经扑面而来。

车近北京，熊十力忽然有一种近乡情怯的感觉。两年前，他离开北京，两年后，他重新回来，北京会以怎样的姿态迎接他这个"游子"呢？如今的北京还是当年的那个北平吗？那些老朋友们都还安好吗？

陪同的人似乎猜透了熊十力的心思，笑着向他讲述着北京这两年的故事，特别是北京和平解放的故事。

1949年1月15日，天津解放后，九十万人民解放军兵临北平城下，孤守北平的傅作义部二十五万人完全陷于绝境。为了使北平这座驰名世界的文化古城免遭战火，中共中央和中央军委力争以和平方式解放北平。在北平地下党的耐心工作和北平许多开明人士的敦促下，傅作义将军最终接受解放军提出的和平条件，并于1949年1月21日，签订了《关于和平解决北平问题的协议》。31日，人民解放军浩浩荡荡进驻北平城，北平和平解放。

2月3日，人民解放军举行了盛大的解放北平入城仪式。上午10点，四颗信号弹发射升空，入城部队以装甲车为先导，成线型列队前进，车上的红旗迎风飘扬。车队行至前门大街，装甲车队被欢迎的人群簇拥着，一些学生们甚至爬上车粘贴着标语："庆祝北平解放！""欢迎解放军！""解放全中国！"场面无比热烈。

"这些都是真的吗？"熊十力听得津津有味，眼睛里闪烁着兴奋的光芒。

"当然是真的。"陪同的人笑着说，"您知道吗，当时有家外国通讯社报道说：'中国人民解放军入城，规模空前，士气十分高涨，装备异常精良，实为一支强大的有战斗力的部队。''中国革命方兴未艾，南京当局大势已去。'"

"北京的那些古迹文物真的一点没有破坏？"熊十力说，"我记得1949年1月22日，报纸上刊登了《关于和平解决北平问题的协议》，协议的第一句话是：'为迅速缩短战争，获致人民公议的和平，保全工商业基础与文物古迹，使国家元气不再受损伤，以促成全国彻底和平之早日实现。'"

"那些古迹文物当然没有被破坏。"陪同的人说，"要知道，不得损坏北京城的古迹文物可是咱们人民解放军和新中国的铁的纪律。"

是的，陪同人员所说没错。1949年北平解放前，中央军委要求对北平城内文物进行保护，并请梁思成先生在军事地图上标注需要保护的文物单位。为了能够顺利接收重要的文物单位，避免国民党特务破坏，中共北平地下党还做了周密的筹备工作。北平和平解放后，国家文物局副局长王冶秋主持接收了故宫等重要的文物单位。

陪同人员还兴致勃勃地讲起盛况空前的开国大典。10月1日下午3时，开国大典正式开始，中国共产党领导人毛泽东在天安门城楼上，用浓重的湖南口音庄严宣告："同胞们，中华人民共和国中央人民政府今天成立了！"当时，工人、农民、市民、学校师生、机关工作人员、城防部队等约三十万人，在天安门前的广场上，目睹了这一历史时刻。人民群众纵情欢呼，"中华人民共和国万岁！""毛主席万岁！"的口号声响彻云霄。天安门城楼上，毛泽东主席探身栏杆外，不停地向广场上的群众挥手致意，情不自禁地在扩音机前大声高呼："人民万岁！"广场上，人们热情洋溢，载歌载舞，万众欢腾，尽情地欢度新中国的第一个夜晚，整个北京城都沉浸在幸福、喜悦和欢欣鼓舞中。

熊十力听到这些讲述，也倍感兴奋，听得十分投入。聊着聊着，车已经停靠北京站，陪同人员搀扶着熊十力走下列车。这时，早已等候在车站的一群人迎了上来，其中一名戴眼镜的中年人伸出双手，紧紧握住熊十力的手说："熊先生，我是齐燕铭，受周恩来、董必武等同志的委托，迎接您回到人民的北京！"

熊十力一时还没有反应过来，旁边陪同的人轻声地介绍道："熊先生，这位是中央人民政府政务院副秘书长齐燕铭同志。"

对于齐燕铭这个名字，熊十力并不陌生，知道齐燕铭曾经是一位历史学和训诂学的学者，30 年代在北平的几所大学教过书，还做过《文史》等几个杂志的编辑，是当时北平文化圈的活跃分子。文人相见，有着一种天然的亲近感，熊十力与齐燕铭一见如故，相谈甚欢。

回到北京的熊十力，在齐燕铭的安排下，先是住在西城车輦店胡同 51 号，6 月中旬，又搬到了西城大觉胡同 12 号，取斋名：空不空。

这个斋名，耐人寻味。佛教认为世间一切事物都是由五蕴和合而成，一人的生命个体也是由五蕴和合而成的。五蕴的"蕴"是梵文的音译，意思是积聚或者和合。五蕴分别是色蕴、受蕴、想蕴、行蕴、识蕴。《般若波罗蜜多心经》上说："五蕴皆空。"教导人们要放下一切，摆脱苦厄。如今，在经过了一番波折的熊十力看来，五蕴，是空，还是不空？这是个问题。

由于大觉胡同 12 号的环境比较嘈杂，不利于看书和写作，熊十力依然不是很满意。秋天，经组织安排，他搬进了位于大金丝套 13 号的一座小型四合院。大金丝套距离前海与后海比较近，胡同内居住人口也不多，环境幽静，是一个看书和写作的好地方，熊十力极为满意，在这里，他曾接待了董必武、徐特立、郭沫若、李四光、张东荪、张铭枢，以及梁漱溟、林宰平、贺麟等学者的到访。他的另一部重要著作《原儒》（上卷）就是在这个院子里写成的。闲暇之余，他常常到附近的河沿上散步。大金丝套 13 号真的留给熊十力很多美好的回忆。

意气相投的忘年交

回到北京，熊十力不仅联络上了一些老朋友，也认识了一些新朋友。在新朋友当中，就有著名国画大师齐白石，而且是一见如故，相互推崇。

齐白石比熊十力年长 11 岁，湖南湘潭人，本名叫纯芝，白石是他在 27 岁那年开始使用的别号。齐白石是一位典型的自学成才、大器晚成的艺术家，早年跟随叔祖父学做木匠，后来改学雕花木工，从民间画工入手，临摹古人真迹，作为雕花新样。24 岁时，他开始正式学习绘画，遍访名师，艺术日臻成熟。自40 岁起，他离乡出游，五出五归，饱览名山大川，广结当世名人；55 岁时躲避战乱北上，两年后定居在北京，与陈师曾、徐悲鸿、罗瘿公等艺术名家结下深厚友谊；65 岁时任教于北京艺术专科学校；87 岁担任中央美术学院名誉教授；1953 年，他年过九旬，被文化部授予"杰出的人民艺术家"称号。

看得出来，齐白石的这种自学成才经历，与熊十力的经历极为相似，不仅如此，齐白石的个性品质也与熊十力有着诸多共同点。

齐白石的画是非常值钱的艺术品，很多人都想得到。1937年，日军占领北平。齐白石不愿当汉奸替日本做事，坚持闭门不出，并在自家门口贴出告示："中外官长要买白石之画者，用代表人可矣，不必亲驾到门，从来官不入民家。官入民家，主人不利，谨此告知，恕不接见。"

同时，他还画了一幅《翡翠鸟捕虾图》表明心迹。在画中，齐白石一反常态，画完翡翠鸟，没有按照传统路数去画水面上的鲟鱼，而是画深水中的虾，并在画上题字："从来画翡翠者必画鱼，余独画虾，虾不浮，翡翠奈何？"显然，齐白石是自喻为虾，把作官的汉奸与日本人比作翡翠。当时，北平的国立艺专聘齐白石为教授，他坚辞不受，并在装聘书的信封上写下"齐白石死了"五个字，将原信退回。

有一天，北平警察司令、汉奸宣铁吾过生日，硬邀齐白石赴宴作画。齐白石实在没法，只得前往。宣铁吾非常高兴，为了显摆，当着很多客人的面，要求齐白石作画。齐白石也不推辞，略加思索，铺纸挥毫，几番点染，顿时，一只水墨螃蟹跃然纸上。众人赞不绝口，宣铁吾也开心得很。可是，齐白石画完螃蟹，并没有就此停手，而是提笔在画纸上写了一行字"看你横行到几时"，后书"铁吾将军"，然后拂袖而去。结果，宣铁吾气得脸色青一阵，白一阵，却无可奈何。

后来，又有一个汉奸也来向齐白石求画。齐白石特意画了一个不倒翁，头戴乌纱帽，手持白扇，形象滑稽可笑，俨然京剧里的丑角，旁边还题了一首诗：

> 乌纱白扇俨然官，
> 不倒原来泥半团。
> 将汝忽然来打破，
> 浑身何处有心肝？

拿着这幅画，那个汉奸竟然满意地走了。

齐白石还是一位很重情义的人，这一点也很能引起熊十力的情感共鸣。齐白石从前有个好友叫樊樊山，是前清的道台，廉明正直。晚年的时候，樊樊山退休回家，两袖清风，生活困苦，只有一个女儿侍奉在身旁。一天夜晚，樊樊山肚子很饿，女儿便取出两包酥糖给他充饥。樊樊山三口两口吃完，又将包糖纸上的糖末倒在手上，往嘴中一按，不料糖末呛入气管，樊樊山一口气没换上来，立刻晕死过去，所幸抢救及时才苏醒过来。后来，樊樊山离世了，齐白石一见酥糖，就想起从前一起吟诗清谈的亡友，嗟叹不已，自己对酥糖这个"致命的玩意儿"也就避而远之，再也不吃酥糖。

与这样一个有骨气、有情谊的人成为朋友，熊十力有一种高山流水遇知音的感觉。他不仅安排义女熊仲光拜齐白石为师学画，自己也向齐白石请教书法。熊十力的书法很少有人称赞，但是，齐白石则认为妙不可言，说他的字古朴雅健，自有风趣。

齐白石不顾年迈，常常主动拜访熊十力。熊十力过意不去，说："你是兄，我是弟，总是让你动步，实在是不敢当啊。"齐白石不管那么多，仍然坚持来访。意气相投的两个人常常聚在一块，吃着酒菜，谈论着艺术和学问，彼此深感惬意。对熊十力的人格和文采，齐白石十分佩服，曾请熊十力为自己故去的老母撰写祭文。熊十力欣然答应，一挥而就，文采斐然。齐白石读后，十分满意，感激不尽，当即画了一副《老少牛》相赠。

重回北大，依然那么"跩"

有一天，熊十力在家里指导义女熊仲光整理书稿，院门外非常嘈杂。熊仲光赶紧到院门口察看，原来是有位非常重要的客人前来看望熊十力。熊仲光将来客请进里屋，熊十力一看，不禁喜出望外。

这位客人不是别人，正是时任政务院副总理、文化教育委员会主任、中国科学院院长的郭沫若。

老友相见，少不了一阵寒暄。最后，郭沫若主动引入正题，问道："熊先生，您是否愿意到中国科学院工作?"郭沫若既是文教委的一把手，又是中国科学院的行政一把手，这样问，显然是希望熊十力能够到中国科学院工作。

这是一次非常诚恳地征求意见。当时，郭沫若正在为新中国的建设事业四处延揽人才。早在 1949 年 11 月 14 日，郭沫若曾有一个大会讲话，指出："科学院的任务是执行共同纲领，发扬新民主主义文化，即民族的形式，科学的内容与大众的方向，反对封建的法西斯主义的文化。""国家施政有缓急轻重，我们的国家现在必须要尽速恢复战争疮痍，因此，现在的政治重点应该放在经济建设方面。提高发展生产需要技术科学、自然科学。现在人才太少，我们得赶快训练大批人才，掌握住进步的技术以达到发展生产的目的。""科学院的任务很重大，各方期望甚殷，我们不要使人民失望，只要我们抱定为人民服务的精神，同心协力地去做，我相信我们一定能做得好的。"

不过，对于郭沫若的邀请，熊十力有自己的想法，他觉得自己乃文化学者，与自然科学家不是一个路数，所以并不愿意到中国科学院。熊十力毫不隐瞒观点，说话也不转弯："我原在北京大学任过教，还是让我回北大的老巢吧！"郭沫若一听，不好再多说什么，表示尊重熊十力的意见。

不久，在郭沫若亲自过问下，熊十力如愿以偿，被安排到北京大学哲学系担任教授，每月工资为八百斤小米，这是当时的最高标准。熊十力十分满意，心存一份感激。要知道，不久后朝鲜战争爆发，中国人民志愿军入朝参战，致使国家财政经济形势更加严峻。在当时的困难情况下，国家对熊十力的待遇仍然能够维持每月八百斤小米的高标准，实属不容易。

回北京大学哲学系当教授，熊十力仍然享受着过去的"待遇"——每周两钟点课时，而且不到校上课，很多学生都到他家里听他讲授"新唯识论"，比如，贺麟和任继愈就常常带领学生去听课——熊十力很可能是那个时候北京大学最"跩"的一个教授。

当然，熊十力的这种"跩"，不同于傲慢，而是他教育思想的一种体现，早年他就反对围于一室的班级教学模式，提倡师生对谈式的教学方法，就像孔子与他的弟子们那样。事实证明，熊十力的教学方法是成功的，在数十年的实践中，他培养出了一批颇有成就的知名学者。

除了教学之外，熊十力专心治学，笔耕不辍，写出了四万字的《与友人论张江陵》等著作。更为重要的是，这一年，他竟然按捺不住满腔的激情，向毛泽东主席递交建言书，为国学的复兴而呼吁。

在这封建言书中，熊十力既感谢了党和政府对自己无微不至的关怀，也向毛主席提出了很具体的建议，主要是四点：第一，设立中国哲学研究所，这是他多年的夙愿；第二，由吕秋逸主持，恢复内学院；第三，由马一浮主持，恢复杭州智林图书馆；第四，由梁漱溟主持，恢复勉仁书院。熊十力在建言书中写道："我拥护中国共产党，热爱新中国，只是一辈子研究唯心论，哲学观点不易改变。"很快，毛泽东便回了信，对熊十力关心国学的一片诚心表示感谢。

熊十力也经常给老朋友董必武写信。初回北京的那些日子，只要一遇到生活上的不便，他就写信给董必武。那时，董必武是政务院副总理，可谓日理万机，但是，只要一接到熊十力的求助信，都是有求必应，毫不含糊。有一次，两个老朋友见面，董必武开玩笑道："好你个熊夫子，我都成了你一个人的副总理了。"熊十力听后，得意地大笑不止，就像一个率真的孩子。

第十四章
高山流水遇知音

注意，不是什么话都能说

大概是在 1952 年的一天，熊十力的学生李渊庭前去看望他，可是刚一进门，熊十力就给他跪下说："渊庭啊，救救我！快给我去买安眠药，免得受辱！"李渊庭被搞得摸不着头脑，赶紧把自己的老师搀扶起来，问道："您先别急，究竟出了什么事情？"熊十力长叹一口气，把事情的经过对李渊庭一五一十地说了一遍。

原来，这天早晨，家里来了两位自称是统战部的人，说是根据组织安排前来征求意见，要他谈一谈对国家大政方针的看法。熊十力想到自己一介书生，回到北京后，得到了党和政府无微不至的关怀和照顾，感激都还来不及，哪里有什么意见呢？

于是，他说："共产党和政府为人民服务，很好嘛！"

那两人也许觉得这样简单的回答，太过表面化，担心到领导面前交不了差，就一个劲儿地启发熊十力说点实实在在的"干货"，而且态度非常诚恳。熊十力经不住两人一再"恳求"，也没有想太多，便说："如果一定要说存在的问题，我看就是学苏联。我觉得我们国家现在就像视苏联为祖，视斯大林为父，而对中华民族几千年优秀传统文化避而不提，真是数典忘祖！"

没有想到的是，那两人一听这话，脸色顿时变了，起身就走，也不打招呼。熊十力暗自吃了一惊：莫非是话说错了？果然，不一会儿，其中一人返回来，对熊十力冷冷地说："领导叫我来请你到部里去一趟。"

熊十力心想，坏了，真的是闯祸了。他边想边去换衣服，准备到统战部交代问题。这时，又急匆匆地来了两个人，对熊十力说："你不要去了！"并且叫走了先前传话的那个人。

一会儿让去，一会儿不让去，到底怎么回事呢？熊十力越想越不对劲。看来这回是真的惹出大麻烦了，搞得不好的话，怕是要被打成反革命。

"渊庭啊，你说说看，我是不是闯了大祸？我怕受辱，不如早死。"熊十力惶恐地说，"你快给我买一瓶安眠药。我求你了！"

李渊庭对自己的老师再熟悉不过了，心中不禁掠过一丝伤感。他想：曾经天不怕地不怕的熊老师，如今竟然也有如此脆弱的时候，看来真的是岁月不饶人啊！

面对眼前这位善良的老人，李渊庭安慰道："没事的。"

"怎么会没事？"熊十力依然神色紧张地问。

李渊庭分析道："学习苏联是毛主席定的国策。您那些话太伤人，所以，领导一听就派人来叫您去，人家那是生气！但是，后来他们可能想到是派人来征求意见的，如果把您再叫到统战部，您还那样讲，该怎么办？怎么收场呢？所以，他们急忙派人来阻止您到统战部，这是对的，是高招。依我看，这件事情就此会不了了之的。不过，您以后说话可要先想一想。"

熊十力听了，还是将信将疑。

李渊庭说："您再等两天，如果真有事，我再替您去买安眠药。现在就死，岂不是白死？"

熊十力觉得有些道理，冲着李渊庭呵呵一乐，那神情根本不像一位年近七旬的老人，果真就像是一个天真烂漫的孩子。

京城虽好，却不是久居之地

总的来说，在党和政府的照顾下，熊十力回到北京的几年生活是安逸的。

不过，他的学说毕竟属于唯心主义范畴，与时代发展的大潮越来越不相容。由于孤傲的性格使然，他拒绝适应时代的潮流去改造自己。

中国哲学会曾经邀请他做委员，他毫不客气地开出两个条件：一不开会；二不改造思想。他坦率地对学生讲："我是不能去开会的，我是不能改造的，改造了就不是我。"如此一个"老顽固"，其结果就可想而知了，他必然会被逐渐边缘化，昔日在家授徒会友的门庭若市情景一去不返。老人的内心非常地孤独，他曾写信向老朋友诉说过心中的苦闷："吾常愁苦一室当中无人可与言斯学者"，"吾之学，百年之后能否有人讲，甚难说。吾书恐疑难存下去"。

事实上，与他同时代的很多人正在或者将要改弦更张，虚心接受着马克思主义哲学的改造，不少人还取得了累累硕果。冯友兰便是其中之一。冯友兰，唐河县人，1919 年赴美留学，1923 年毕业于哥伦比亚大学研究院，获哲学博士学位；回国后，历任中州大学教授兼哲学系主任、文科主任，广东大学哲学系教授，燕京大学哲学系教授，清华大学教授、哲学系主任、校秘书长、文学院院长、代理校务会议主席，西南联合大学教授、文学院院长；1949 年任清华大学校务会议主席；1952 年调任北京大学哲学系教授。

冯友兰比熊十力小 10 岁，一直是谈得来的好朋友，但是，进入 50 年代，熊十力的学术研究陷入了与时代不合拍的境地，而冯友兰则迎来了学术的又一个春天。冯友兰学术生涯的早期，确立了新实在主义的哲学信仰，并把新实在主义同程朱理学结合，建立了极有特色的完整的新理学哲学体系。进入 50 年代后，他开始转型，放弃其新理学体系，开始以马克思主义为指导，研究中国哲学史，著有《中国哲学史新编》第一、二册，《中国哲学史论文集》《中国哲学史论文二集》《中国哲学史史料学初稿》《四十年的回顾》和七卷本的《中国哲学史新编》等著作。

相比之下，熊十力对自己学术思想的坚守，则要执着得多，纯粹得多，故而也就显得"顽固"得多。从时代发展的角度看，这种"顽固"显然"不合时宜"，可是，从另一个角度看，他的这种"顽固"，多少有一点"率直"的味道。

转眼到了 1954 年 10 月，天气转冷，年近古稀的熊十力，因为多年的老病根未除，冬天里既不能在屋内生火炉子取暖，又不能穿上皮衣，仅靠一身棉袍，实在难以抵御北京的寒冷，常常冻得浑身发抖。于是，他向组织提出请求，搬到气候相对温暖的上海，与儿子熊世菩住在一起。

其实，熊十力要求离开北京，除了气候不适的原因之外，还有一个很重要的原因，那便是因为他的好友梁漱溟遭到了批判，引起他内心的郁闷，迫切希望换一个新环境。

在董必武的关照之下，熊十力如愿以偿。离开北京的那天，董必武在北京饭店设宴，特地为他饯行。这一次，义女熊仲光没有一同随行，而是留在了北京，在一所中学里担任教师。

知我者，陈毅也

熊十力南下上海定居，得到了当时的上海市长陈毅的特别关心和帮助。当陈毅接到北京方面的通知，获悉熊十力抵达上海，马上派人帮助安排住房。在闸北青云路 169 弄 91 号有一幢两层楼的房子，熊世菩家在二层，楼下是另外一户。通过组织上出面做工作，楼下那家人被安排到了别处，熊十力和儿子住在了一起。

然而，这处房子临街而建，比较嘈杂，对于需要安静的熊十力来说，有些不堪其扰。所以，住了不多久，实在受不了的熊十力，给陈毅写了一封求助信，详细说明嘈杂的环境不利看书和写作，恳请市政府能够帮助调换住处。

陈毅当即亲笔回信，表示同意，并安排办公厅的同志速去办理。经过努力，办公厅的同志终于在上海淮海中路（旧霞飞路）找到了一座两层花园式小楼，这里宽敞、明亮，更关键的是安静。搬过去后，熊十力感到非常满意，对陈毅市长的关怀极为感谢。

自从熊十力住进淮海中路，陈毅市长在百忙之中，多次抽出时间特地前去看望。陈毅不仅是一位叱咤风云的革命家，同时也是一位满腹经纶的儒雅之士，在战火纷飞的年代，曾经留下许多脍炙人口的诗篇。

对于陈毅这样的儒雅将军，熊十力本来就有着亲近感，再加上陈毅多次帮助解决生活困难，更使得熊十力对陈毅有一种相见恨晚的感觉。尽管熊十力比陈毅年长 16 岁，尽管陈毅是高官，而熊十力仅为一介布衣，但是，丝毫没有影响到两人之间的交情。陈毅每一次看望熊十力，都会坐下来与之长谈数小时，有时谈国家形势，谈生产生活，有时谈哲学，谈诗词。在性格上，两人都是直爽之人，说话也都是直来直去，无所隐瞒。

有时候，陈毅因为太忙，担心看望熊十力的时间间隔太长，便嘱咐秘书，说："我如果忙于工作，长时间没去看望熊先生，你就提醒我一下。"秘书遵照吩咐，隔一段时间，就提醒一次陈毅："今天，您是否需要去看望熊先生？"

每当此时，陈毅就会一拍脑壳，说："对啰，是该去拜见熊老夫子嘛。"

除了到熊十力家里看望，陈毅还经常请熊十力到自己家里做客，有鸡有肉地好生款待。熊十力倒也不客气，有请必到。每次回到家里，他总是很兴奋地对子女们描述做客经过，把陈毅的一些很风趣的谈话绘声绘色地进行转述。他曾不止一次地赞叹道："陈毅市长真不简单啊！他从世家子第到将军，从诗人到军人，从戎并未投笔，文武双全，位居高巅，平易近人，真真难得啊！"

熊十力曾经向陈毅谈起自己心中的郁闷，说如今很少有人愿意找他谈学问了，尤其是过去的一些经常来往的老朋友，都怕戴上唯心主义的帽子，而不愿意与他过多接触。陈毅便在一次上海高校教师大会上讲："听说有些人连熊十力那里也不愿意去，这很不好。熊十力先生才高八斗，其学问博大精深，是我们的国宝，你们要大胆地去向他问学，请教，不要怕这怕那，也不要怕别人说是封建迷信。"熊十力知悉陈毅的这番讲话后，非常激动，他说："知我者，陈毅也！"说这话时，老人的眼角带着泪痕。

陈毅后来调中央工作，熊十力感到巨大的失落，不过，两人仍然保持着书信往来。

1956年2月，北京召开"两会"，熊十力和老友马一浮等人一同以特邀代表名义，列席全国政协知识分子会议。从上海到北京，一路上坐的是火车。熊十力有个很奇怪的习惯，不管多冷的天，都不让人关车窗。结果，大风直往车厢里灌，冻得随行的参会代表们都吃不消。等到了北京，这些人便跑到陈毅那里去"告状"，说熊十力简直太难侍候，并把一路上如何陪着熊十力挨冻的情况一五一十地说了。

陈毅听了，问那些人："中国有几个熊十力？"

他们回答："一个。"

陈毅批评道："我们这么大一个国家，只有一个熊十力，你们就不能多动些脑筋好好照顾他吗？对像熊十力这样有很大影响的特殊学人，要特殊对待，特殊照顾。如果大家怕冷，你们完全可以给他买四张软卧票包一个车厢嘛。"

从此以后，每次到北京开会，熊十力单独被安排在一个车厢。这样，他可以自由地敞开车窗，尽情吹风，享受着"超等"待遇。

除了陈毅之外，周恩来、董必武等人也对熊十力关怀备至，每次开会，他们总会对熊十力嘘寒问暖。

由于年事已高，熊十力坐久了就不舒服，所以，每次开会，他明确表示，自己只保证"三到"，即开幕到、照相到、闭幕到，其他的时间，则在会务宾馆里看文件，或者会见友人。熊十力的这些特殊要求，最终都得到了满足。

不过，在1956年全国政协二届二次会议上，熊十力的另外一个"特殊化"表现遭到了毛泽东主席的批评，使得熊十力的"非主流"形象有所改变。

当时，由于北京的天气很冷，熊十力一直戴着一顶瓜皮帽。长袍马褂瓜皮帽，曾是清末民初读书人的标配，只是时过境迁，进入50年代，这种装扮已经显得相当地落伍了。可是，熊十力并不在乎，一直还保持着这副"非主流"装扮。那一天，政协会场里，就他一个人这副样子，毛泽东在主席台上看得清清楚楚，讲话的时候，便以熊十力的瓜皮帽说事："我们什么人都有，解放这么多年了，还有人戴满清时代的瓜皮帽。"大家齐刷刷地把目光投向熊十力，搞得他尴尬不已。从此以后，他再也不戴那顶瓜皮帽了。也许，他觉得毛主席的批评是正确的，自己真的不能够与时代脱节。

1956年这一年，对于熊十力来说，可谓喜事连连，除了当选为全国政协委员，还被北京大学评为一级教授，工资从过去的200元涨到345元，每个月从由北京大学寄给熊十力，后来改由上海市政协发给。另一桩喜事，是他的另一部重要的国学专著《原儒》，由上海龙门书局出版，总共印了一千部。本来有6000元的稿费，但是，熊十力考虑到国家正处在经济困难时期，不打算领取稿费，后来经过有关负责人反复劝说，他才领取一半稿费。这部书是熊十力国际影响最大的一部著作，曾被中央政府作为国礼赠给印度、日本、苏联和东欧各国。

永怀一颗悲悯的心

1958 年 4 月，春意盎然，熊十力的又一部著作《体用论》由上海龙门书局影印两百部，全书九万字，集中表达了熊十力的哲学创见，特别是"体用不二"学说的充分发挥。这一年，他还开始着手写作《明心篇》。

当然，熊十力并不是一个两耳不闻窗外事、闭门只写学术书的"呆萌"型学者，在写作之余，他依然不忘关心时局。

1958 年 8 月，福建金门炮战爆发，作为一介书生的熊十力，当时并不理解这次炮战的政治意涵，仅仅从一个普通百姓的视角，向党中央和毛泽东写了一封信，表达了自己的反战立场。虽然在政治家们看来，这封信中的观点是肤浅的，但是却体现了熊十力心忧天下、敢于直言的赤诚与率真。

8 月 23 日下午 6 时 30 分，解放军炮兵开始猛烈炮击金门，三天之间，将 10 万发炮弹倾泻到金门国民党守军的指挥所、观测所、交通中心、要点工事及炮兵阵地上，国民党守军猝不及防。金门防区司令胡琏因躲入地下指挥部，幸免一死，副司令吉星文、章杰、赵家骧均被炸死。

蒋介石得到战报后，反应非常奇怪，不是气急败坏，而是情不自禁地连声说："好，好，好！"一时间，搞得他身边的人都不明所以。

不过，毛泽东似乎对蒋介石的心事摸得很透。在金门炮击开始后的一天，毛泽东突然对身边的人说："向金门打炮，也不是为了解放金门，而是蒋介石希望我们打炮，这样他就有了借口，可以抵抗美国的压力。"

原来，美国一直妄图使台湾从中国分裂出去，频频向蒋介石施压，要其尽快放弃临近大陆的金门、马祖等岛屿，用辽阔的海域隔绝大陆与台湾的联系，以期达成"台湾中立化""台湾地位未定""托管"等分裂目的。蒋介石不想做历史的罪人，但是，面对美国人的步步紧逼，一直苦于找不到有力的理由进行回绝。恰在此时，毛泽东打响金门炮战，给他送上一个顺理成章的借口，所以，他情不自禁地连说了三个好字。

这就是后来一直被毛泽东津津乐道的金门炮战，这场炮战是利用军事手段达成政治目的的经典之作。

如此复杂而高深的政治博弈，熊十力一个埋头学术的书生，当然不能洞悉。但是，强烈的社会责任感和悲悯之心，使得他对重燃战火有着近乎本能的反感和厌恶。当他从报纸和广播里得知金门炮战的消息后，再也坐不住了，向中央政府和毛泽东写了一封信，表达着希望和平的强烈心愿，他写道："国共内战结束只有七八年时间，两岸人民都要休养生息，双方以和为好，希望政府再不要对金门进行大规模的炮击，也不要提马上解放台湾。"

这虽然是肤浅的书生之见，但其爱国爱民的拳拳之心真实可感。所以，当毛泽东收到这封信后，对熊十力并没有责怪之意，而是特地托人给熊十力回话说："您的信收到了，所提建议，政府会有考虑。"

熊十力的悲悯之心还体现在对待亲朋好友上。1958年10月，已经74岁的熊十力退休，他的北大教授名义解除，工资关系转到了全国政协。曾经有人说熊十力吝啬，总是自己钱财自己管，不让妻子插手，只给妻子一些小零钱。这其实是一种误解，熊十力不仅不是一个"葛朗台"，还是一个乐善好施的人。

他之所以只给妻子一些小零钱，是因为其他的钱，另有它用。每逢发薪水，熊十力总要一包一包分好，资助那些陷入困境的亲朋好友，包括老家的一些远房亲戚。有个叫席朝杰的学生，1952年因受辱而自杀，他的儿子席廷铭没有钱念书，熊十力曾两次寄钱过去进行接济。还有周朋初、韩庠生等老学生，由于生活困难，也得到了熊十力的接济。他的老朋友、著名思想史家钟泰，晚年生活困顿，也得到过熊十力的资助。

不过，他对钱没什么概念倒是真的，而且是一贯的。早年，熊十力蛰居在德安的时候，哥哥熊仲甫家的一头猪被狼咬死，乡亲们都来买肉。熊仲甫忙着剁肉，让熊十力收钱，没想到，他竟然稀里糊涂地怎么也算不清账。熊仲甫见他笨拙的样子，是又好气又好笑，只得对买肉的乡亲们说："你们买多少肉，就自己算一算，把钱放在桌子上吧。"幸亏那些乡亲淳朴善良，钱给得分文不少。后来，熊十力当"北漂"，跟学生住在一起，仍然对钱的概念不强。只是到了后来，熊十力慢慢有了一些经验，懂得了"做账"。比如，在1958年8月23日这天，熊十力记的流水账是："付家中生活费六十元，阿平二十元，预付一亭、阳生九月份各三十元，共六十元。又即日寄周朋初三十元。"这里的阿平、一亭、阳生和周朋初，都是熊十力接济和帮助的人。

1958年，全国"大跃进"，到处"放卫星""吃饭不要钱"，浪费粮食现象严重。熊十力本就是农村放牛娃出身，对粮食生产是在行的，专门写信给家乡的人，告诉他们千万不要浪费粮食，把糙米和米糠保存一些，以备将来一旦发生饥荒，能够支撑一阵子。那时，谁也没有料到，他的预见性如此之强。果然，没有过多久，三年困难时期就真的降临了。

在这场全国性粮食困难面前，熊十力表现出强烈的责任感和自觉性，在 1960 年最困难的时候，主动向组织提出减薪请求，决心与全国人民一道共同度过困难时期。他的这种觉悟和情怀，非常难得和可贵。

不过，中央领导考虑熊十力请人做文书工作，还请了专人做饭，需要支付工钱，而且医药费开销也比较大，所以最终拒绝了他减薪的请求。

可是，谁也不会想到，这一年熊十力的身上会发生一个重大意外。这次意外，差一点使熊十力丢掉性命。究竟发生了什么呢？

"魏晋人"的风度

1960 年 2 月，由于天气寒冷，熊十力的房间里生起了火炉，由于门窗关闭得过紧，空气不流通，结果导致煤气中毒，幸亏抢救得及时，他才脱离危险。

经此变故，熊十力的老病根儿神经衰弱更加严重了。难能可贵的是，他仍坚持笔耕不辍，开始写作又一部新著《乾坤衍》，到 1961 年立春前，全部完稿，共计 20 万字。当时，由于纸张紧张，一直拖了很久都没有出版，后来在熊十力一再催促，以及郭沫若亲自过问下，由中国科学院印刷厂影印了一百部。

1962 年秋天，在上海淮海中路 2068 号公寓西侧的一座黄色小楼前，站着一位四十多岁的来访者，他被小楼门前的一张留言条拦阻住了，那留言条的纸张已经褪色，但字墨尚浓，留言条的大意是说，本人年老体衰，请勿来访！为了证明自己的确"年老体衰"，留言者在说到自己的身体情况时，写得特别详细，什么"面赤""气亏""虚火上延"等症候都写得很具体。从留言条来看，留言者率真得似乎有些搞笑。

来访者凑近看了看落款，没错，是他：熊十力。

这座黄色小楼就是熊十力的住所，前来拜访的人名叫王元化，是我国著名文学理论家、评论家、现代作家、著名学者、《文心雕龙》研究学者。解放后，曾任中国作家协会上海分会党组成员、上海文艺工作委员会文学处处长、上海新文艺出版社副社长等职。1955 年，在对胡风文艺思想的批判中，王元化受到牵连，处境相当不好。

这一天，经朋友介绍，王元化慕名来拜访熊十力。那朋友事先就给他打过预防针，说："近年来，熊十力先生谢客造访，他脾气古怪，不知见不见你。"见了门上的留言条，王元化相信了朋友所说非虚。不过，既然已经来了，与其"畏而却步"，不如硬着头皮敲门一试。这样想着，王元化怀着惴惴不安的心情，敲了几下门。

结果，王元化见到的熊十力并非如留言条所写"病入膏肓"的模样，"他的身体瘦弱，精神矍铄，双目奕奕有神，留有胡须，已全白，未蓄发，平顶头，穿的是老式裤褂"。原来，熊十力之所以要在留言条上那样写，是因为他不愿意因会客而耽误宝贵的写作时间，便找了那样的借口。

不过，这次王元化的到访，熊十力并不反感，通过一番交谈，得知王元化因胡风案而受牵连后，还给予深深地同情。王元化后来回忆这次见面时说："我觉得他具有理解别人的力量，他的眼光似乎默默地含有对被侮辱被损害者的同情，这使我一见到他就从自己内心深处产生了一种亲和力，这种感觉似乎来得突兀，但我相信它。"

从此，处境不好的王元化经常到熊十力这里来求教、学习。

熊十力对他也是高看一眼，厚爱一层，关系非同一般。有年夏天，王元化像往常一样，来到熊十力住处。熊十力的助手说："先生正在里间洗澡，您稍等。"王元化点点头，刚要坐下，就听见熊十力在里屋喊："进来！进来！"

王元化推门进去，被眼前的情景弄得很不好意思，进退两难。原来，熊十力正赤身坐在澡盆里呢。熊十力一指旁边的凳子，示意王元化坐下，然后边洗澡边和王元化聊了起来。

王元化后来说，熊十力"虽然最不喜六朝清谈名士，但从生活上来看，我觉得他颇有魏晋人的旷达风度"。

第十五章
不是每个疯子都是精神病

改变不是那么容易的

随着政治形势的变化，到 1964 年，仍然坚守在唯心主义阵地的熊十力，已经彻底地陷入孤独的境地，登门的人极少，写成的新书《存斋随笔》也没有地方出版。

更糟心的是，这年春夏之交，熊十力又生了一场大病，住了很久的医院。他出院后在家静养，但是身体状况再也没有恢复到之前的状态。12 月份，病体尚未痊愈的熊十力接到通知，要到北京出席全国政协四届一次会议，列席三届全国人大第一次会议。尽管身体虚弱，已到 80 岁高龄，但是，熊十力还是欣然登上了北上的列车。

人大会议开幕的那天，熊十力本来是应该前往人民大会堂列席会议的，但是，由于严重的神经衰弱，害怕电光刺激，经请假后，他未到大会堂听会，而是在住地研读周恩来总理的《政府工作报告》。

对周恩来总理，熊十力有着深厚的感情。早在重庆的时候，周恩来为了把一批知名的人士团结在中国共产党的周围，经常去位于北碚的勉仁书院看望熊十力和梁漱溟等人。经过深入交谈，熊十力对周恩来的印象极好，建立了良好的私人关系，熊十力也经常回访拜见周恩来。当时，北碚离重庆八路军办事处比较远，路又不好走，熊十力便向国民政府的大员、自己的老朋友居正借用汽车，专程前去拜见周恩来。回到北碚后，他逢人就说："周先生很厚道，平易近人，智慧过人，是个大好人！"

全国解放后，周恩来担任政务院总理，对熊十力关怀有加。每次开政协会议，见到熊十力也总是嘘寒问暖。据说有一次散会后，因为人多车多，熊十力一时找不到自己该上去的那辆专车，便生气地大骂"王八蛋"，责怪司机和后勤人员不负责任。正骂着，恰好周恩来从礼堂里走了出来，见熊十力一脸怒气，忙上前询问原委。知道来龙去脉后，周恩来劝道："熊先生，不要生气，我叫人派车把您送到住地就是了。"经这一劝，熊十力感到自己有些过火，同时也感到周恩来的可亲。

熊十力对周恩来极有好感，所以，在住地研读周恩来的《政府工作报告》时，特别用心，特别细致，可谓是逐字逐句，一丝不苟。

当他读到报告中引述毛泽东同志关于自由王国与必然王国之间的关系论断后，心中感触良多，不顾身体不舒服，趴在桌子上，把心得体会全都写了下来。在写作的过程中，老人体会到了久违的快乐，越写越兴奋，越写越有话说。最后，他觉得有必要把自己的这些思想成果向党中央汇报，于是提笔给毛泽东写了一封信。他写道："经反复数番研读，唯觉得伟著（注：即《政府工作报告》）广大深远，精细正确，不独是我国革命和建设之宝典，而实乃全世界人类反资、反帝、反殖民，消灭三大毒物，趋近于共产主义社会之慧也。""我若不读周总理之伟著，将长期在糊涂中过活，此次参加大会真是幸事……"他甚至还将自己的心得札记请董必武阅后转呈毛泽东和周恩来。显然，这时的熊十力的思想已经在悄然地发生着变化——由过去"顽固"地信奉唯心主义向辩证唯物主义方向转化。

这种变化当然是可喜的。后来，为了巩固这一成果，在周恩来的建议下，董必武给熊十力送去了毛泽东主席的著作《实践论》《矛盾论》和恩格斯的著作《费尔巴哈与德国古典哲学之终结》等。为了方便年迈的熊十力阅读，周恩来还自己花费九十元，特地让工作人员买来线装大字本的《毛泽东选集》等书，送给熊十力。中央领导同志的意图非常明显，就是希望熊十力能够像冯友兰一样，重新建构自己的哲学体系，由唯心主义者转变成唯物主义者。

然而，一个以毕生精力都在研究唯心主义并因此而获得荣誉的人，要其完全放弃自己的哲学思想，彻底改头换面，并不是一件容易的事情。当所有人都在家里悬挂"马恩列斯毛"的时候，熊十力在自己的书房中，赫然悬挂着三张自书的条幅，中间写着"孔子"，左边写着"王阳明"，右边写着"王船山"——他仍然以自己的方式，坚守着自己所痴迷的传统文化。

写成的书虽然没有地方可以出版，但是，熊十力仍然坚持不断地写作，而且是拼命地写作。此时此刻，除了写作，他实在找不到更大的生活乐趣。1965 年暑假，熊十力曾经的学生习传裕从武汉到上海来看望老师。见到熊十力时，不禁被眼前的情景所震惊：老师形容憔悴，穿着一件没有纽扣的灰色长衫，腰间系着一根麻绳，谈吐也大不如从前。那时，正值"文化大革命"前夕，师生相见，"执手相看泪眼，竟无语凝噎"。

春天虽然迟到，但毕竟还是来了

1966 年，史无前例的"文化大革命"爆发。

在那个年代，熊十力变成了"反动学术权威"，被列为"牛鬼蛇神"，是要被"扫除"的对象。他，一个曾经经历过战争风云，走南闯北，天不怕地不怕的老人，在红卫兵小将们的强势冲击下，崩溃了，倒下了。

很多年以前，熊十力曾经说过，一旦有一天不能够自由地做学问，他便饿死自己。1968 年，他果真践行着自己的诺言，拒绝饮食，后来又改为减食，以求速死。即便如此，他仍然不忘写书，只不过，他写了撕，撕了又写，仿佛是在与冥冥之中的一股强大力量进行着艰难地博弈。

1968 年春夏之交，熊十力罹患肺炎，虽住进了医院，但终因病体衰弱，救治无效，于 5 月 23 日走完了他 84 年的坎坷人生。

那一天，东南季风把大量的暖湿气流从海上运送到上海的天空，聚合成乌云，不停地翻滚着，变化着，凝成豆大的雨滴，伴着电闪雷鸣，倾泻而下，打在医院的窗玻璃上，噼啪作响。

哲人已逝，亲友们的哭泣声被淹没在风声、雷声、雨声中。

1976 年 10 月，中华大地一声惊雷，粉碎了万恶的"四人帮"，"文化大革命"十年动荡岁月终于结束。党的十一届三中全会以后，全国拨乱反正，一批冤案、错案、假案的当事人被平反昭雪，熊十力也是其中之一。1979 年 4 月 10 日，春天的上海特别暖和。这一天，上海市委统战部召集各界人士，在龙华革命公墓举行追悼大会，隆重纪念熊十力这位享誉中外的哲学家。

1985 年 12 月，"纪念熊十力先生诞生 100 周年学术讨论会"在湖北黄冈召开，主办单位北京大学、武汉大学、湖北省政协学委会、黄冈地区行署和黄冈县政府，以及来自全国和海外的学者对熊十力先生的哲学思想展开了深入讨论，并取得了丰硕成果。

2001 年 9 月，"熊十力与中国传统文化学术研讨会"在武汉大学召开，来自中国大陆和港澳台地区的知名专家、学者，以及来自美国、德国、日本的研究者，济济一堂，深刻发掘了熊十力哲学著作文本，努力诠释其当代意义，从不同视角作出了创造性诠释，把熊十力研究的水平提升到了一个崭新的高度。

结束语

郭齐勇先生评价熊十力时说过这样一句话："熊先生这个人的性格特征，可以用三句话来概括：禅的机趣、道的自然与佛的真性。"是的，机趣、自然和真性，正是熊十力作为哲学家之外，尤其令我们喜爱的品性。

当然，不仅限于此。

回顾熊十力坎坷的一生，他是如此一个充满正能量的人，令人不得不为之喝彩与点赞。

第一，熊十力是一个草根逆袭的典范。他出生于穷乡僻壤，没有受过正规的学堂教育，却能凭借自己的刻苦和执着精神，自学成才，从一个放牛娃成长为北大教授和享誉世界的哲学家。从他的身上，我们可以得到这样一个启示：一个人不能因为人生的起点低而停止追逐梦想的脚步，要相信付出足够多的努力，梦想就会成为现实。

第二，熊十力是一个不迷信权威的学者。他从不迷信书中的教条，也不迷信所谓的专家学者，他与同时代的学人们交流时，从不随声附和，而是辩难、争论、碰撞，并从中获得真知。他虽师从佛学大师欧阳竟无，熟读各种佛经典籍，却并未俯首膜拜，而是大胆质疑，勇于表达。大科学家爱因斯坦曾说："在真理的认识方面，任何以权威者自居的人，必将在上帝的嬉笑中垮台！"熊十力正是懂得权威不等于真理的道理，最终在不断的质疑中，成就了自己的学说。

第三，熊十力是一个独辟蹊径的创客。他曾经将自己数万字唯识学讲义全部焚毁，然后吞吐百家，熔铸儒佛，独创思辨缜密的中国化的哲学，重新构建自己的"新唯识学"；他写成33万字的《原儒》，发掘儒学中有价值者，并按自己的理解，以"六经注我"的精神，重新阐释儒学经典和儒学史。创新是一个民族的灵魂，是人类发展的不竭动力，熊十力身上强烈的创新精神，无疑值得我们学习和传承。

第四，熊十力是一个蔑视权贵的牛人。他早年远离仕途，选择艰辛的学术之路，自觉与权力场切割；他曾数度拒绝蒋介石的重金拉拢，为的就是坚守一份纯洁的操守，"质本洁来还洁去，强于污淖陷渠沟"。汉代的桓宽曾说："不以穷变节，不以贱易志。"熊十力的一生无疑是这句话最好的注脚。

第五，熊十力还是一个拥有强烈社会责任感的爱国者。为了救国救民，他冒死参加辛亥革命；为了开启民智，他弃政治学；为了抵御外辱，他挺身游说；为了传承国学，他数度上书；为了与国人一起共度时艰，他主动申请降薪减酬。孟子说："达则兼济天下，穷则独善其身。"而熊十力呢，其实从来没有"达"过，但是，他即使身处"穷"境，也不忘"兼济天下"，一颗火热的赤子之心无时无刻不在有力搏动。

第六，熊十力更是一个不畏困境积极豁达的乐观主义者。他从农村到城市，游学任教于东西南北中，一生中大半时间漂泊不定，疾病缠身，生活困顿，但是，他始终积极面对，从没有因为困厄而放弃著书立说。司马迁在《报任安书》中写道："盖西伯拘而演《周易》；仲尼厄而作《春秋》；屈原放逐，乃赋《离骚》；左丘失明，厥有《国语》；孙子膑脚，《兵法》修列；不韦迁蜀，世传《吕览》；韩非囚秦，《说难》《孤愤》。"显然，熊十力与这些历史人物有着极高的相似性。

也许，对于今天的青少年来说，熊十力的哲学思想艰深难懂，而且属于唯心主义。但是，作为一个哲学家之外的熊十力，他的人生经历，他的品性操守等等，有太多太多的东西值得每一个青少年学习和继承。

熊十力年表

公元 1885 年　1 岁

正月初四，熊十力出生在湖北黄冈县（今团风县）上巴河张家湾，取名为熊继智，字子真。

熊十力出生的具体日期不详。有一年，学生询问此事，熊十力表示自己也不知道，之所以定在正月初四，是刻意避免大年新春前三天。

公元 1886 年　2 岁

熊十力"抓周"，最先抓的是笔墨。据鄂东习俗，认为先抓笔墨者，日后必读书中举当大官。

这一年，董必武、黄侃出生。后来，他们成为了熊十力的朋友。

公元 1887 年　3 岁

熊十力显出淘气的性格特点，喜欢"人来疯"。

公元 1888 年　4 岁

熊十力经常同小伙伴们在房前屋后到处跑,弄得满身是泥,父母并不责怪。

这一年,陈铭枢出生。日后,他成为熊十力好友。

公元 1889 年　5 岁

他的父亲熊其相开始对他进行启蒙教育。

公元 1890 年　6 岁

熊十力随父亲第一次到黄州,参观了黄州考棚和东坡赤壁,对赤壁二赋竟能过目成诵。

公元 1891 年　7 岁

熊十力听父亲讲述"武穴教案",开始懵懵懂懂地知道侵华列强的可恶。

公元 1892 年　8 岁

熊十力替邻家放牛。父亲熊其相常在节假日回家,指导他读书。

这一年,胡适、郭沫若出生,日后,他们成为熊十力的友人。

公元 1893 年　9 岁

熊十力继续放牛,并常借放牛之机,到塾师何圣木教馆附近去"蹭课"。

这一年,梁漱溟、汤用彤出生,日后,他们成为熊十力的挚友。

公元 1894 年   10 岁

熊十力进入由父亲熊其相授课的乡塾读书，学习五经章句和历史，那是他少年时最畅快的一段时光。

这一年，蒙文通出生，日后，他成为熊十力很重要的辩友。

这一年，中日甲午战争爆发。孙中山在檀香山成立兴中会。

公元 1895 年   11 岁

父亲熊其相病重，熊十力从乡塾退学回家。

这一年，钱穆、金岳霖、冯友兰、张申府出生，日后，他们成为熊十力朋友。

公元 1896 年   12 岁

父亲熊其相病逝，不久母亲也去世。熊十力重新替富贵之家放牛，开始走上自学之路。

这一年，吕澄（秋逸）出生，日后，他与熊十力进行了长期而激烈的学术辩论。

公元 1897 年   13 岁

哥哥熊仲甫同意熊十力进入何圣木的教馆读书。

公元 1898 年   14 岁

熊十力是何圣木教馆中年龄最小，但成绩最好的学生。

这一年，戊戌变法失败。

公元 1899 年   15 岁

熊十力到寺庙中鞭打辱骂菩萨像，遭老和尚告发，被学东驱逐出教馆，从此辍学。

有一天，熊十力目睹草木凋零，忽然心生悲感，开始相仿六朝名士，放荡不羁，经常赤条条地跑到寺庙、河边乘凉。

公元 1900 年　16 岁

熊十力在家一边跟随哥哥务农，一边自学。

这一年，义和团运动爆发，八国联军侵入北京，慈禧太后仓皇西逃。

公元 1901 年　17 岁

熊十力游学乡间，结识邻县浠水何焜阁先生及其弟子王汉、何自新，开始接触进步新学书籍，视六经为粪土，开始转变成为革命青年。

公元 1902 年　18 岁

熊十力与王汉、何自新一同到达武汉，想联合有志之士，共谋革命大计。先在豆腐店打工，后投武昌新军第三十一标（凯字营）当兵，秘密从事革命活动，结识了宋教仁、吕大森、刘静庵、张难先、胡瑛等革命者。

公元 1903 年　19 岁

在军营中，熊十力非常刻苦，白天上操练武，晚上读书看报。

这一年，徐复观出生，日后，他成为熊十力三大弟子之一。

公元 1904 年　20 岁

刘静庵、吕大森、曹亚伯、张难先等人在武昌成立科学补习所掩护革命，熊十力与何自新大力批驳一部分人所持的"武昌不易发动革命"的观点。11月，受长沙起义失败牵连，科学补习所解散。

公元 1905 年　21 岁

正月，熊十力的挚友王汉刺杀铁良失败，壮烈牺牲。冬，熊十力考入湖北新军特别小学堂，仍秘密从事革命活动，曾写文章嘲讽湖北新军统制张彪。

公元 1906 年　22 岁

2月，熊十力加入日知会，同时还加入了同盟会；2月到5月，他还发起成立并主持黄冈军学界讲习所。后遭到张彪悬赏通缉，藏身在何自新家的阁楼里，后又乔装逃出武昌，回到黄冈。

公元 1907 年　23 岁

元月，刘静庵被捕，日知会遭查封，何自新逃回黄冈，与熊十力一起隐居到江西德安，跟随迁居在此的熊仲甫一起劳作，同时不放松自学。

公元 1908 年　24 岁

熊十力从德安返回黄冈，改名周定中，在百福寺白石书院孔庙任教，被县视学林鄂平认出，开玩笑道："先生的头可值钱啊，我如果报上去，便可以得到五百金。"熊十力回答："周定中的头就不值钱啦。"说完，两人相视而笑。

公元 1909 年　25 岁

熊十力转到马鞍山黄龙岩任教，认识未来岳父傅晓榛，深得傅的欣赏。

这一年，唐君毅、牟宗三出生，日后，他们分别成为熊十力三大弟子之一。

公元 1910 年　26 岁

熊十力革新教学方法，带领学生开展体育活动。在教学之余，他发愤读王船山等人著作。

这一年，何自新病逝。

公元 1911 年　27 岁

10 月 10 日，武昌起义爆发，熊十力参加了光复黄州的活动，后赴湖北革命都督府任参谋，与吴昆、刘子通、李四光并称"黄冈四杰"，四人相邀登雄楚楼吟诗明志。

公元 1912 年　28 岁

熊十力任武昌日知会调查记录所编辑，编纂《日知会志》；上书黎元洪，请求将王汉、何自新列入武昌烈士祠；拒绝胡瑛北上辅助袁世凯的邀请，并发表反袁檄文。

公元 1913 年　29 岁

"二次革命"讨袁失败后，熊十力带三千元遣散费回到德安，为兄弟们购田置产。

公元 1914 年　30 岁

熊十力与傅晓榛之女傅既光在黄冈结婚。蜜月期间，傅既光以二十四史为题，考察熊十力的记忆能力。

公元 1915 年　31 岁

熊十力一面耕作，一面自学。

这一年，长女熊幼光出生。

公元 1916 年　32 岁

夏天，熊十力写成《船山自学记》。

梁漱溟在《东方杂志》上发表《究元决疑论》，文章点名指责了熊十力对佛家的批评。

公元 1917 年　33 岁

孙中山领导的护法运动兴起。秋天，熊十力离开德安，参加湖南军民抗击北洋军阀的战斗；不久，南下广州辅佐孙中山。

公元 1918 年　34 岁

在广州工作期间，深感国民党人争权夺利，革命终无善果，拒绝了陈铭枢让其做高级幕僚的建议，决心弃政向学，经上海回到德安，安心读书。编成《熊子真心书》，请北大教授蔡元培作序后，自费印行于世。

公元 1919 年　35 岁

熊十力到天津南开中学教授国文，暑假时，主动找曾经撰文指责自己的梁漱溟沟通交流。

这一年，"五四"运动爆发。

公元 1920 年　36 岁

秋天，经梁漱溟介绍，熊十力赴南京支那内学院，向欧阳竟无学佛。

公元 1921 年　37 岁

由于用功过度，熊十力患上神经衰弱症。

这一年，儿子熊世菩出生。

这一年 7 月，中国共产党在嘉兴南湖的一条游船上宣告成立。

公元 1922 年　38 岁

熊十力继续在内学院学习，并着手起草《唯识学概论》。冬天，被蔡元培聘为北京大学哲学系特约讲师，与梁漱溟以及一帮弟子一同租住在地安门吉安所，开始了"北漂"生活。

公元 1923 年　39 岁

10 月，北京大学出版组印刷熊十力的《唯识学概论》讲义，后遭熊十力焚毁。熊十力另辟蹊径，自创"新唯识论"。他反对"师生蚁聚一堂"的教学模式，让学生到自己的住处听课。胡适前来"蹭课"，遭到熊呵斥后悻悻而退。

公元 1924 年　40 岁

熊十力为自己更名为"十力"，有自比佛祖释迦牟尼之意。夏天，离开北大，随梁漱溟"南漂"山东办学，终失败。

公元 1925 年　41 岁

1 月，熊十力发表《废督裁兵的第一步》，12 月，发表《境相章》。

　　春，应校长石瑛邀请到武昌大学任教，不久因校长换人而离开。

　　这一年，小女儿熊再光出生。

公元 1926 年　42 岁

　　北大印刷熊十力第二种《唯识学概论》讲义，熊十力的"新唯识论"哲学思想体系初具规模。因用功过度，神经衰弱症复发。

公元 1927 年　43 岁

　　年初，熊十力到南京大学休养，后到杭州西湖养病，教育部关照北京大学仍然每月支付 200 元生活费。

　　"八一"南昌起义爆发，中国共产党打响了武装反抗国民党反动统治的第一枪。

公元 1928 年　44 岁

　　熊十力住西湖孤山广化寺，蔡元培前来看望。应汤用彤邀请，到中央大学短期讲学。

公元 1929 年　45 岁

　　熊十力帮助学生胡秋原成为湖北省官费留日学生。

公元 1930 年　46 岁

　　熊十力的《唯识论》由公孚印刷所印刷。学生高赞非、张立民根据熊十力谈话、手札等编辑《尊闻录》，印存线装本一百五十部。收唐君毅为弟子。

公元 1931 年　47 岁

张难先主政浙江，与熊十力经常来往。"九一八"事变，日军强占东三省。冬，熊十力上书国民政府主席林森，指陈抗日救国大计。年底，赴上海力劝陈铭枢督率 19 路军抗日。

公元 1932 年　48 岁

"一·二八"事变，日军进攻上海，19 路军英勇抵抗。文言文本《新唯识论》由浙江图书馆出版，马一浮题签并作序。支那内学院弟子刘衡如作《破新唯识论》，欧阳竟无为之作序，痛斥熊十力"灭弃圣言"。熊十力收牟宗三为徒。

公元 1933 年　49 岁

2 月，熊十力作《破〈破新唯识论〉》，由北京大学出版部印行，对刘衡如之论进行全面反驳。

公元 1934 年　50 岁

熊十力在北京大学讲学，住在北平沙滩银闸胡同 6 号，在《独立评论》和《大公报》上发表了几篇短文。

公元 1935 年　51 岁

华北危机，熊十力联合友人敦请胡适领头，公开声明反对《何梅协定》。10 月，《十力论学语辑略》出版。

公元 1936 年　52 岁

夏秋，熊十力写作《佛家名相通释》。在《文哲月刊》《中心评论》《北平晨报》上发表多篇文章。冬，与意大利米兰大学教授罗雪亚诺·马格里尼通信，评论、介绍老子的哲学思想。

这一年，西安事变爆发。

公元 1937 年　53 岁

2 月，《佛家名相通释》在好友居正的资助下，由北京大学出版组正式出版。7 月，卢沟桥事变爆发，熊十力在学生刘公纯的陪同下，逃离北平。冬，迁入四川重庆。

公元 1938 年　54 岁

2 月，熊十力到钟芳铭任校长的璧山中学暂住。与学生邓子琴、钱学熙、刘公纯、陈亚三等人谈论时局，坚信日军决不能亡我国家、民族。写成六万字《中国历史讲话》，由中央陆军军官学校作为教材印行。

公元 1939 年　55 岁

熊十力到马一浮主持的复性书院讲学。拒收蒋介石派人送达的一百万法币。8 月，被日军军机炸伤左膝。10 月下旬，与马一浮意见相左，离开复性书院，至已迁乐山的武汉大学讲学。

公元 1940 年　56 岁

夏天，《新唯识论》白话语体本上卷由学生吕汉财资助印行。梁漱溟在北碚金刚碑创办勉仁中学和书院，熊十力应邀前往执教。

这一年，蔡元培先生去世。

公元 1941 年　57 岁

4 月，《十力语要》卷二由周封岐资助印行。熊十力仍在勉仁书院执教，孟秋，完成《新唯识论》白话语体文改写工作。

公元 1942 年　58 岁

在老友居正资助下，《新唯识论》上卷和中卷白话语体本由勉仁书院哲学组出版。发表文章悼念张荫麟。

公元 1943 年　59 岁

欧阳竟无去世，熊十力前往吊唁。完成《新唯识论》下卷语体文改写工作。北大校长蒋梦麟聘熊十力为文学院教授，聘书由昆明办事处发给，特许其可以不到学校上课，每月薪金照发。收徐复观为徒。

公元 1944 年　60 岁

中国哲学会将《新唯识论》上、中、下三卷语体本，作为中国哲学丛书甲集之第一部著作，由商务印书馆在重庆出版。这部著作标志着熊十力哲学体系最终成熟。

公元 1945 年　61 岁

熊十力又一重要著作《读经示要》由重庆南方印书馆作为中国哲学丛书甲集之三印行。

8 月，日军投降，中国人民取得抗日战争胜利。

公元 1946 年　62 岁

春，熊十力由重庆返回武汉，两次拒绝蒋介石派人送达的资助经费。夏，熊十力到四川乐山附近的黄海化学工业研究社附设哲学研究部主持工作。

公元 1947 年　63 岁

4 月，熊十力返回北京大学。接受美国康奈尔大学教授柏特专访。湖北省主席万耀煌拨款印行《十力丛书》，其中《新唯识论》和《十力语要》，各印一千册。

公元 1948 年　64 岁

熊十力离开北京大学，到浙江大学讲学，住"漆园"。收老友池师周之女池际安为义女，改名熊池生，字仲光。秋末，离开浙江大学，赴广州，住在学生黄艮庸家。

公元 1949 年　65 岁

《读经示要》由上海正中书局再版。熊仲光整理编辑的《十力语要初续》由香港东升书局出版。10 月 1 日，新中国成立。董必武、郭沫若联名电邀熊十力北上入京，共商国事。

公元 1950 年　66 岁

熊十力回北京大学任教，工资为最高标准，每月八百斤小米，仍援旧例，每周两次课，学生到家中听讲。

6 月，朝鲜战争爆发，中国人民志愿军跨过鸭绿江抗美援朝。

公元 1951 年　67 岁

六万多字《与友人论六经》由大众书店出版。向党中央和政府建议恢复南京支那内学院、浙江智林图书馆、勉仁书院，筹建中国哲学研究所。毛泽东主席回信表示感谢。

公元 1952 年　68 岁

熊十力搬到北京什刹海后海的鼓楼大金丝套 13 号居住，这里环境宽敞、安静，非常适合读书写作。

公元 1953 年　69 岁

陈荣捷英文著作《现代中国宗教之趋势》在美国出版，其中第一次比较系统地向西方世界介绍了熊十力的哲学思想。

公元 1954 年　70 岁

熊十力离开北京，移居上海，与陈毅交往密切。

公元 1955 年　71 岁

熊十力新著《原儒》上卷排印一百册，并起草下卷。

公元 1956 年　72 岁

熊十力应邀出席全国政协知识分子会议，被增选为全国政协委员。《原儒》下卷排印一百部。

冬，《原儒》上下卷由上海龙门联合书局出版发行。被北京大学评为一级教授，月薪涨到三百四十五元，相当于一个部长的工资水平。那时，十大元帅和国家领导人的工资在四百七十八元到五百九十四元之间，一个大学毕业生的月工资才五十元多一点。

公元 1957 年　73 岁

熊十力写成《体用论》。为当年好友何自新的妻子撰写了《贞节夫人何母杜氏墓志》。全国开展大鸣大放大辩论大字报和反右运动，一批人被打成"右派"，熊十力思想受到震动。

公元 1958 年　74 岁

《体用论》由上海龙门联合书局影印二百部。10 月，熊十力的北京大学教授名义被解除，但薪水未减，改由全国政协发放。

公元 1959 年　75 岁

4 月，《明心篇》由龙门书局排印出版。开始起草《乾坤衍》。

公元 1960 年　76 岁

《读经示要》由台北广文书局再版。熊十力向组织提出减少薪水的要求，表示要与全国人民一起共渡难关。

公元 1961 年　77 岁

《乾坤衍》由科学院印刷厂影印一百部。

这一年，熊十力的朋友林宰平、连襟王孟荪去世。

公元 1962 年　78 岁

熊十力出席全国政协三届三次会议。

这一年，著名学者胡适去世。

公元 1963 年　79 岁

熊十力写成《存斋随笔》。陈荣捷英文版《中国哲学资料书》在美国出版，其中用专门篇章介绍熊十力。

公元 1964 年　80 岁

熊十力列席全国人大三届一次会议，出席全国政协四届一次会议，有感于《政府工作报告》，写下心得，转呈中央领导阅，得到毛泽东等人赞赏。

这一年，老友汤用彤去世。

公元 1965 年　81 岁

周恩来用自己的工资购毛泽东和恩格斯的著作赠熊十力。

这一年，老友陈铭枢去世。

公元 1966 年　82 岁

"文化大革命"爆发，熊十力被抄家、批斗，寓所被强占，只得与儿子一家同住。

公元 1967 年　83 岁

《美国百科全书》将熊十力列上专条。

熊十力老病交瘁，但求速死。

这一年，老友马一浮去世。

公元 1968 年　84 岁

《大英百科全书》将熊十力列上专条。

熊十力精神失常，后罹患肺炎，医治无效，于 5 月 23 日去世。